教育部人文社科青年基金项目资助（编号：19YJC630229）

制造商入侵下闭环供应链定价、协调与渠道选择研究

郑本荣◎著

PRICING AND CHANNEL STRATEGIES IN CLOSED—LOOP
SUPPLY CHAINS WITH
MANUFACTURER ENCROACHMENT

图书在版编目（CIP）数据

制造商入侵下闭环供应链定价、协调与渠道选择研究/郑本荣著. —北京：经济管理出版社，2021.4
ISBN 978-7-5096-7940-1

Ⅰ.①制…　Ⅱ.①郑…　Ⅲ.①制造工业—供应链管理—研究　Ⅳ.①F407.405

中国版本图书馆 CIP 数据核字（2021）第 075723 号

组稿编辑：胡　茜
责任编辑：胡　茜　詹　静
责任印制：黄章平
责任校对：陈　颖

出版发行：经济管理出版社
　　　　　（北京市海淀区北蜂窝 8 号中雅大厦 A 座 11 层　100038）
网　　址：www.E-mp.com.cn
电　　话：（010）51915602
印　　刷：唐山玺诚印务有限公司
经　　销：新华书店
开　　本：720mm×1000mm/16
印　　张：15.25
字　　数：201 千字
版　　次：2021 年 6 月第 1 版　2021 年 6 月第 1 次印刷
书　　号：ISBN 978-7-5096-7940-1
定　　价：78.00 元

·版权所有　翻印必究·
凡购本社图书，如有印装错误，由本社读者服务部负责调换。
联系地址：北京阜外月坛北小街 2 号
电话：（010）68022974　邮编：100836

前　言

　　近年来，产品更新换代周期不断缩短，消费者需求逐渐向多元化方向发展。市场快速发展的同时需要企业能迅速做出反应，以在竞争中获取优势。在提倡可持续发展和绿色发展理念的背景下，企业传统的生产—销售模式需做出改变。随着大量废旧产品的涌现，如何有效"变废为宝"、充分对资源实现再利用成为了企业发展的重要课题。从供应链管理的视角分析，将产品回收过程纳入企业战略决策体系中至关重要。经过十多年的发展，废旧产品再制造行业的实践取得了巨大进步，闭环供应链管理模式已逐渐被大多数企业所采用。例如，Dell、Kodak 和 Xerox 已经建立了完整的产品回收网络，将废旧产品的回收、运输、拆卸和再制造等流程进行了有机整合。其中，Xerox 利用回收产品再制造比新产品节约了 40%~60% 成本，2011 年公司对废旧产品的利用量达到了 1300 万磅。随着再制造产业实践的不断发展，不同行业的企业纷纷加入了该行列之中。以电子电器产品企业为例，Apple 和 HP 公司均在近两年开始推出"以旧换新"业务，并同时销售新产品与再制造产品。苹果公司通过信贷方式实施产品以旧换新（Trade–in Credit）；HP 公司先后在加拿大和北美地区分别推行产品的以旧换新业务。我国知名电子电器厂商联想、华为公司分别在企业的社会责任报告和可持续发展报告中提出将积极推进产品的回收与再制造实践。

在企业内在发展需要和政府外在力量的联合推动下，产品再制造成为了当前行业和学术界普遍关注的热点问题。然而，从目前行业实践及研究的视角分析，关于再制造和闭环供应链的研究主要集中于分析如何有效地促进产品的回收方面，而较少关注逆向产品回收与正向产品销售决策之间内在关系的分析。然而，随着信息化技术和互联网的不断发展，近年来双渠道模式、代销模式和全渠道模式相继在行业中出现。2016 年，我国电子商务交易额达到了 22.97 万元，较 2015 年增长 25.5%。在电子商务和"互联网+"背景下，线上与线下相结合的销售模式快速发展。目前，一些大型企业（如 Apple、HP、Cisco 和联想等）均采用了线上直销与线下分销相结合的模式并取得了巨大成功。在以上背景下，制造商是否引入直销渠道（称为"渠道入侵"）是一个关键问题，因为渠道入侵在带来直接收益的条件下，也产生了渠道冲突。现有文献对一般供应链中制造商入侵策略及影响问题做了深入探讨，并得到了丰富的研究结论。然而，在闭环供应链中，入侵是否仍为制造商的占优策略并不清晰，制造商入侵是否会受益于零售商和消费者并不明确；在双渠道闭环供应链中，如何科学定价、选择销售渠道和设计供应链协调契约需要深入进行研究。

基于上述背景，本书对制造商入侵背景下闭环供应链定价、协调与渠道选择问题展开研究，研究思路为：首先，分析制造商渠道入侵策略及对零售商、供应链系统和消费者的影响，并探讨渠道竞争、回收模式、回收转移支付价格外生、渠道权力结构等因素下，入侵是否为制造商的占优决策，零售商、消费者是否仍然能从制造商入侵中受益；其次，在给定制造商入侵的双渠道闭环供应链中，分析消费者渠道偏好、渠道权力结构和回收模式对供应链成员定价和渠道选择策略的影响，设计合理的契约以实现双渠道闭环供应链的协调。本书的特色体现在两个方面：第一，不同于传统供应链入侵领域

前言

的研究，本书基于闭环供应链管理的视角，分析制造商入侵即对供应链的策略性影响，是对供应链入侵理论的延伸与发展；第二，已有文献主要分析了一般供应链的渠道选择或协调契约设计问题，本书则以双渠道闭环供应链为对象，揭示了产品再制造、渠道竞争和制造商入侵之间的关系，丰富和发展了闭环供应链定价、渠道与协调契约设计理论。

本书在编写过程中，得到了华中科技大学杨超教授和杨珺教授、桂林电子科技大学黄宏军博士、南昌大学金亮博士的指导与帮助，在此一并表示感谢。由于笔者水平有限，编写时间仓促，所以书中错误和不足之处在所难免，恳请广大读者批评指正。

郑本荣

2021 年 3 月 12 日

目 录

第一章 产品再制造、渠道竞争和制造商渠道入侵 …………………… 1

第一节 引言 ……………………………………………………… 1

第二节 问题描述 ………………………………………………… 5

第三节 无再制造情形 …………………………………………… 7

    一、单渠道供应链模型（模型 NN） …………………… 7

    二、双渠道供应链模型（模型 NE） …………………… 8

第四节 产品再制造情形 ………………………………………… 10

    一、单渠道供应链模型（模型 YN） …………………… 10

    二、双渠道供应链模型（模型 YE） …………………… 11

第五节 问题延伸 ………………………………………………… 18

    一、零售商回收模式 …………………………………… 18

    二、产量竞争 …………………………………………… 21

    三、N 个零售商 ………………………………………… 24

本章小结 …………………………………………………………… 27

第二章 回收模式对制造商渠道入侵决策的影响 ……………………… 29

第一节 引言 ……………………………………………………… 29

第二节 相关研究评述 …………………………………………… 30
　　一、闭环供应链回收渠道选择 ……………………………… 31
　　二、制造商渠道入侵 ………………………………………… 33
　　三、双渠道闭环供应链决策 ………………………………… 35
第三节 问题描述 ………………………………………………… 37
第四节 无渠道入侵的闭环供应链模型 ………………………… 39
　　一、制造商回收（模型 SM） ……………………………… 39
　　二、零售商回收（模型 SR） ……………………………… 41
第五节 渠道入侵下的闭环供应链模型 ………………………… 44
　　一、制造商回收（模型 DM） ……………………………… 45
　　二、零售商回收（模型 DR） ……………………………… 49
第六节 回收模式与制造商渠道入侵之间关系分析 …………… 53
第七节 算例分析 ………………………………………………… 56
本章小结 …………………………………………………………… 60

第三章 转移支付价格外生下制造商渠道入侵策略研究 ………… 62

第一节 引言 ……………………………………………………… 62
第二节 问题描述 ………………………………………………… 65
第三节 制造商回收模型 ………………………………………… 67
　　一、无直销渠道（模型 MN） ……………………………… 67
　　二、引入直销渠道（模型 ME） …………………………… 69
　　三、两模型间对比 …………………………………………… 69
第四节 零售商回收模型 ………………………………………… 73
　　一、无直销渠道（模型 RN） ……………………………… 73
　　二、引入直销渠道（模型 RE） …………………………… 74

三、两模型间对比 …………………………………………… 75

　第五节　回收模式对制造商渠道入侵策略的影响 ……………… 78

　第六节　算例分析 ………………………………………………… 80

　本章小结 …………………………………………………………… 86

第四章　权力结构对闭环供应链渠道入侵决策的影响 ……… 88

　第一节　引言 ……………………………………………………… 88

　第二节　文献综述 ………………………………………………… 91

　　一、逆向回收渠道选择 ………………………………………… 91

　　二、制造商入侵 ………………………………………………… 92

　　三、权力结构对闭环供应链的影响 …………………………… 93

　第三节　问题描述 ………………………………………………… 94

　第四节　模型和分析 ……………………………………………… 97

　　一、制造商 Stakelberg 模型 …………………………………… 97

　　二、零售商 Stakelberg 模型 …………………………………… 102

　　三、垂直 Nash 模型 …………………………………………… 104

　第五节　权力结构对制造商入侵的影响 ………………………… 105

　第六节　模型延伸——初始需求不对称 ………………………… 113

　第七节　算例分析 ………………………………………………… 120

　本章小结 …………………………………………………………… 123

第五章　渠道偏好异质下闭环供应链销售渠道选择决策 …… 125

　第一节　引言 ……………………………………………………… 125

　第二节　问题描述 ………………………………………………… 126

　第三节　单渠道闭环供应链模型 ………………………………… 130

一、模型 SR ……………………………………………… 130

　　二、模型 SD ……………………………………………… 132

　　三、模型 SD 与模型 SR 之间对比 …………………… 133

第四节　双渠道闭环供应链模型 ………………………………… 137

　　一、集中决策（模型 DC） …………………………… 137

　　二、分散决策（模型 DD） …………………………… 142

本章小结 …………………………………………………………… 150

第六章　不同权力结构下双渠道闭环供应链定价与协调策略 …… 152

第一节　引言 ……………………………………………………… 152

第二节　问题描述 ………………………………………………… 153

第三节　模型与均衡 ……………………………………………… 155

　　一、集中决策（模型 I） ……………………………… 155

　　二、制造商领导（模型 M） …………………………… 157

　　三、零售商领导（模型 R） …………………………… 158

　　四、第三方领导（模型 C） …………………………… 159

第四节　不同决策模型对比 ……………………………………… 160

　　一、渠道相对地位对称情形 …………………………… 160

　　二、渠道相对地位不对称情形 ………………………… 166

第五节　双渠道闭环供应链协调分析 …………………………… 168

　　一、模型 M 的协调 …………………………………… 169

　　二、模型 R 和模型 C 的协调 ………………………… 170

第六节　算例分析 ………………………………………………… 172

　　一、参数 θ 对契约的影响 ……………………… 172

　　二、θ 对闭环供应链均衡决策的影响 ………… 174

本章小结 …………………………………………………………… 176

第七章 第三方回收下闭环供应链的销售渠道选择与协调 …………… 178

第一节 引言 …………………………………………………………… 178
第二节 问题描述和模型假设 ………………………………………… 180
第三节 分散化决策模型 ……………………………………………… 183
一、单渠道闭环供应链模型（模型 SD） ……………………… 183
二、双渠道闭环供应链模型（模型 DD） ……………………… 184
三、闭环供应链模型的销售渠道选择 …………………………… 186
第四节 集中化决策模型 ……………………………………………… 191
一、单渠道闭环供应链模型（模型 SI） ………………………… 191
二、双渠道闭环供应链模型（模型 DI） ………………………… 192
第五节 双渠道闭环供应链的协调机制 ……………………………… 194
一、价格契约（w^{SC}、p_d^{DI*}、b^{SC}）的协调性分析 …………… 195
二、将收益分享契约与（w^{SC}、p_d^{DI*}、b^{SC}）相结合 ………… 197
三、将两部收费制契约与（w^{SC}、p_d^{DI*}、b^{SC}）相结合 ……… 197
第六节 算例分析 ……………………………………………………… 198
一、消费者渠道偏好对均衡解及利润的影响 …………………… 199
二、契约对双渠道闭环供应链协调的分析 ……………………… 205

本章小结 …………………………………………………………… 208

参考文献 ……………………………………………………………………… 210

附录 …………………………………………………………………………… 226
附录 A ……………………………………………………………………… 226
附录 B ……………………………………………………………………… 228

第一章 产品再制造、渠道竞争和制造商渠道入侵

第一节 引 言

电子商务和信息技术的不断发展导致企业营销渠道策略发生了根本性变革，线下与线上渠道相结合模式逐渐被大多数企业所采用。在有效处理好直销渠道与传统零售渠道竞争所产生的渠道冲突下，双渠道销售模式在很多行业中均实现了巨大的成功。根据我国电子商务报告公布的数据，2015年我国网络销售总额达到了3.88万亿元，同比增长33.3%，占社会消费品零售总额的10.8%[①]。整个电商行业不断发展的同时，一些知名企业也广泛地采用了双渠道的营销策略。例如，Apple、华为等公司在双渠道模式的实践中取得了巨大的成功[②]。在此基础上，许多学者开始关注双渠道供应链中的定价、

---

① 参见http://www.fj.xinhuanet.com/yuanchuang/2016-06/30/c_1119142385.htm。
② 参见http://money.163.com/08/0710/03/4GF9DGM5002524SC.html，http://www.yicai.com/news/4060916.html。

库存和协调等一系列问题并取得了广泛的研究成果。

然而，企业在制定双渠道营销策略时会受到多种因素的影响。从供应链企业相互作用的角度分析，上游制造商开通直销渠道会直接影响下游零售商和消费者的最优决策。目前，大部分研究均假定在双渠道模式中分析供应链企业的决策行为，而较少分析企业选择双渠道模式的条件和其他一些因素对渠道选择决策的影响。Chiang 等（2003）和 Arya 等（2007）从理论的角度证明了双渠道存在的必要性及对下游零售商有利的一面。与他们研究不同的是，本书分析产品再制造对制造商渠道入侵决策的影响，并一步探究再制造环境中零售商对制造商渠道入侵决策的反应。实际上，很多采用双渠道模式的企业同时实施了废旧产品的回收与再制造。例如，苹果公司在中国市场采用直销渠道销售模式的同时大力回收废旧手机、电脑等，并实施产品的"以旧换新"策略①。Cisco 近年来在推行直销与传统分销模式相结合的实践中取得了巨大成功，且 Cisco 同时在努力提高企业对废旧产品再利用和再制造的效率②。但总体来看，很少有研究将产品的再制造与企业的销售策略结合起来进行分析。本书通过建立博弈模型旨在分析产品再制造与制造商渠道入侵之间的内在关系，在关于一般性双渠道供应链文献的基础上，考虑再制造对制造商渠道入侵决策的影响。

与本书相关的文献包括两方面：一方面，是关于一般化双渠道供应链的研究和关于闭环供应链渠道选择问题的研究。对于传统双渠道供应链问题的研究，Chiang 等（2003）分别考虑了集中与分散决策下双渠道模式存在对供应链成员决策的影响，分析指出当消费者对于直销渠道接受程度高于一定的阈值下，双渠道模式对零售商有利。Arya 等（2007）从另一角度证明了这一结论，指出当零售商的销售渠道具有足够大的成本优势时，制造商的渠道入

---

① 参见 http://images.apple.com/environment/pdf/Apple_Environmental_Responsibility_Report_2015.pdf。

② 参见 http://www.cisco.com/assets/csr/pdf/CSR_Report_2015.pdf。

侵会受益于零售商。其主要原因是制造商渠道入侵导致批发价格下降从而缓解了供应链的"双重边际化"效应。Yoon（2016）分析了制造商渠道入侵与技术投资对零售商及供应链的影响。分析发现，即使零售商不存在渠道成本优势，在制造商技术投资环境下渠道入侵仍能让零售商受益。Hsiao 和 Chen（2012）研究了二级供应链中制造商与零售商的网络渠道引进策略、定价策略和渠道结构之间的关系，分析了渠道竞争对供应链成员渠道选择决策的影响。王先甲等（2017）研究了存在生产规模不经济的双渠道闭环供应链的协调问题，指出带固定补偿的收益共享契约可实现分散化供应链的协调。Ha 等（2015）分析了渠道间的质量差异对于供应商渠道入侵决策的影响。然而，一些学者则研究了不对称信息下制造商的渠道入侵决策及双渠道供应链协调机制设计的问题。Mukhopadhyay 等（2008）研究了不对称信息下双渠道供应链的契约设计问题。聂佳佳（2012）研究了零售商预测信息分享对制造商选择单渠道或双渠道的影响，通过设计一种信息分享补偿机制激励零售商自愿分享信息。Li 等（2013，2015）将 Arya 等（2007）的模型拓展至信息不称条件下进行了研究，并指出在不对称信息下制造商渠道入侵可能对制造商与零售商均不利。然而，上述关于双渠道的研究并未将产品的回收再制造与正向销售渠道的选择结合进行分析，从而揭示产品再制造、渠道竞争与制造商渠道入侵行为之间的内在关系。

另一方面，是关于闭环供应链渠道问题的研究。关于供应链回收渠道的选择，Savaskan 等（2004）提出了三种回收方式：制造商回收、零售商回收和第三方回收。通过对比发现零售商回收模式下产品的回收率最高，且对制造商和闭环供应链系统来说最为有利。在此基础上，Savaskan 和 Van Wassenhove（2006）延伸了模型，考虑了零售商之间的竞争对闭环供应链中制造商回收渠道选择的影响，指出制造商最优回收渠道的选择与回收成本函数相关。Atasu 等（2013）研究了回收成本函数的结构对制造商回收渠道选择的影响。

卢荣花和李南（2016）考虑了电子产品短生命周期和价格依赖随机需求的背景，在零售商竞争环境下研究了制造商回收渠道的选择问题。Wu 和 Zhou（2017）在链与链竞争背景下分析了闭环供应链中制造商最优回收渠道的选择决策，研究发现，供应链竞争会导致制造商之间出现"囚徒困境"。以上研究仅考虑的是逆向回收渠道选择决策，而在考虑双销售渠道的闭环供应链中，Ma 等（2013）假设消费者对于网络渠道与传统零售渠道之间的偏好存在差异，分析了双渠道闭环供应链中政府补贴行为对供应链定价决策的影响。易余胤和袁江（2012）考虑销售与回收渠道均存在冲突的背景下闭环供应链协调机制的设计问题。Yan 等（2015）对比分析了两种再制造产品的销售渠道模式：制造商直接销售和通过第三方中间商销售，分析指出第三方销售模式下制造商的利润更高，但制造商直接销售模式中环境污染程度最低。郑本荣等（2016）研究了第三方回收模式下闭环供应链中制造商的销售渠道选择问题，并设计了相关的供应链协调机制。本书与上述关于闭环供应链研究的差异主要体现在两个方面：第一，上述文献均在给定的再制造环境下分析闭环供应链的决策，而本书则考虑了有无再制造两种情形下制造商的渠道入侵决策及对零售商的影响，研究发现再制造会对零售商产生正向的外部性效应从而使渠道入侵对零售商有利。第二，本书考虑了直销和传统零售渠道之间的竞争，分析了渠道竞争、制造商渠道入侵与产品再制造之间的关系。

综合来看，区分已有研究，本书通过分别建立制造商实施与不实施再制造的单渠道和双渠道供应链决策模型，对四个问题进行研究：①产品再制造会如何影响制造商的渠道入侵决策？②再制造情形下制造商的渠道入侵对零售商是否有利，如果有利，则渠道间竞争强弱程度对零售商的获利区间会产生何种影响？③废旧产品回收、再制造效率的提高如何影响制造商的渠道选择与零售商的获利区间？④在考虑零售商回收模式、产量竞争和存在多个竞争性零售商情形下，初始结论是否会仍然成立？

第二节 问题描述

考虑由制造商和零售商组成的二级供应链,在无再制造与再制造两种情形下分别建立了单渠道与双渠道供应链决策模型(见图1-1)。其中:图1-1(a)表示无再制造下的单渠道供应链系统,此时制造商负责批发产品,零售商负责零售渠道的销售;图1-1(b)表示无再制造的双渠道供应链系统,此时制造商批发产品的同时通过直销渠道销售产品;图1-1(c)表示再制造背景下的单渠道供应链系统,该模型中制造商负责废旧产品的回收及再制造;图1-1(d)表示再制造背景下的双渠道供应链系统,此时制造商负责直销渠道的同时还实施产品的回收及再制造。不失一般性,我们用

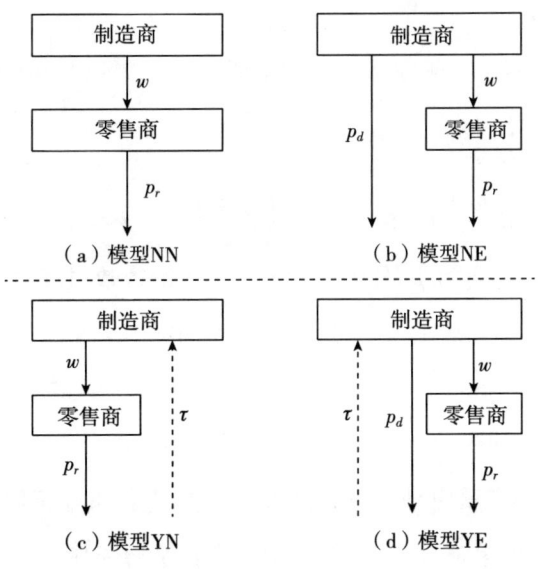

图1-1 制造商—零售商二级供应链模型

π_k^{ij} 表示供应链成员 k 在 ij 情形下的利润，这里 $k \in \{m, r, T\}$ 分别表示制造商、零售商和供应链系统，$i \in \{N, Y\}$ 分别表示制造商不从事与从事产品再制造两种情形，$j \in \{N, E\}$ 分别表示制造商不引入与引入直销渠道两种情形。例如，π_m^{YE} 表示再制造情形下双渠道供应链系统中制造商的利润。

根据 Savaskan 等（2004）的研究，制造商生产再制造产品的单位成本低于新产品的单位成本，假设新产品的单位成本为 c_n，再制造产品的单位生产成本为 c_r，$c_r < c_n$。不失一般性，$\Delta = c_n - c_r$ 表示再制造产品的单位成本节约。废旧产品的回收率为 τ（$0 < \tau < 1$），若不考虑回收的可变成本，制造商的回收成本为 $C(\tau) = k\tau^2$。其中参数 k 表示回收成本函数的范围参数，反映了制造商回收的效率。考虑再制造产品的成本节约效应，制造商的单位平均生产成本可进一步表示为 $\bar{c} = \tau c_r + (1-\tau)c_n = c_n - \Delta\tau$。根据 Savaskan 等（2004）、Savaskan（2004）和 Van Wassenhove（2006）的研究假设，制造商难以从市场中回收所有的产品。为保证再制造在经济上的可行性，参数 k 需满足：

$$k \geq \frac{\Delta(1 + \Delta - c_n)}{2(1 + \theta)} \qquad (1-1)$$

与 Arya 等（2007）研究不同，本书假设直销渠道与传统零售渠道之间是异质且相互竞争的，表示为：

$$q_i = \frac{1}{1+\theta} - \frac{1}{1-\theta^2}p_i + \frac{\theta}{1-\theta^2}p_j, \quad j = d, r; \ i \neq j \qquad (1-2)$$

式（1-2）中，q_i 和 p_i 分别表示渠道 i 的销售数量和销售价格，$i \in \{d, r\}$。很多经济和营销领域的文献均利用线性的需求函数形式刻画渠道或厂商之间的竞争行为（Singh and Vives, 1984；Raju et al., 1995；Jerath and Zhang, 2009；Abhishek et al., 2015）。参数 θ（$0 \leq \theta < 1$）表示两种渠道之间的竞争程度，$\theta = 0$ 表示两种渠道完全独立，制造商和零售商分别垄断自身渠道；θ 增加表示两种渠道（产品）之间的竞争逐渐变强；$\theta \to 1$ 表示两种渠道之间接近于完全替代的状态。θ 可表示制造商通过不同渠道提供不同品牌或

不同质量的产品。

根据 Savaskan 等（2004）的假设，新产品与再制造产品无差异，且所有的决策模型均为单周期模型。在初始模型中，与 Arya 等（2007）不同的是，我们假设直销渠道与零售渠道的销售成本相同，即零售渠道不具有销售成本优势。在四种不同的模型（模型 NE、模型 YE、模型 YN 和模型 YE）中博弈分为两阶段进行。首先，给定零售商的决策，制造商作为渠道的领导者确定产品的批发价格 w、直销渠道的价格 p_d（模型 NE 和模型 YE）和废旧产品的回收率 τ（模型 YN 和模型 YE）；其次，零售商根据制造商的最优策略确定零售渠道的价格 p_r。该博弈属于完全信息下的动态博弈，存在唯一的子博弈纳什均衡（SPNE）。

第三节 无再制造情形

本节考虑无产品再制造情形下制造商的渠道入侵决策，分析制造商的渠道入侵行为对零售商及供应链系统的影响。

一、单渠道供应链模型（模型 NN）

如图 1-1（a）所示，此时制造商不选择开通直销渠道，市场上只存在单一的零售渠道。该博弈的顺序为：制造商首先确定对零售商的批发价格 w；其次零售商根据制造商的决策确定传统渠道的价格 p_r。制造商和零售商的决策模型分别为：

$$\max_{w} \pi_m = (w - c_n)(1 - p_r) \tag{1-3}$$

$$\max_{p_r} \pi_r = (p_r - w)(1 - p_r) \tag{1-4}$$

运用逆向归纳法对上述问题求解,模型 NN 的均衡解由定理 1-1 给出。

定理 1-1 在不考虑产品再制造的单渠道供应链中:

(1) 均衡批发价格和均衡零售价格分别为 $w^{NN*} = \dfrac{1+c_n}{2}$, $p_r^{NN*} = \dfrac{3+c_n}{4}$。

(2) 零售商、制造商和系统的最优利润分别为 $\pi_r^{NN*} = \dfrac{(1-c_n)^2}{16}$, $\pi_m^{NN*} = \dfrac{(1-c_n)^2}{8}$, $\pi_T^{NN*} = \dfrac{3(1-c_n)^2}{16}$。

二、双渠道供应链模型 (模型 NE)

该模型中,制造商向零售商批发产品并同时直接销售产品,在双渠道模式下直销渠道与零售渠道之间展开竞争。博弈的顺序为:制造商首先确定产品的批发价格 w 和直销渠道的价格 p_d;其次零售商确定传统渠道的价格 p_r。零售商的决策问题为:

$$\max_{p_r} \pi_r = (p_r - w)\left(\dfrac{1-\theta-p_r+\theta p_d}{1-\theta^2}\right) \qquad (1-5)$$

根据式 (1-5) 的一阶条件,给定制造商的决策,零售最优的渠道价格为:

$$p_r(w, p_d) = \dfrac{1}{2}(1+w-\theta+\theta p_d) \qquad (1-6)$$

由式 (1-6) 可以看出:制造商提高产品的批发价格直接导致了零售商采购成本增加,零售商因此会提高传统渠道价格。如果制造商提高直销渠道的价格,零售商也会选择策略性的提价,这与市场中两竞争性厂商的定价行为相一致 (Singh and Vives, 1984; Abhishek et al., 2015)。给定零售的最优决策,制造商的决策模型为:

$$\max_{w, p_d} \pi_m = (p_d - c_n)\left(\dfrac{1-\theta-p_d+\theta p_r(w, p_d)}{1-\theta^2}\right) + (w - c_n)$$

$$\left(\frac{1-\theta-p_r(w,\ p_d)+\theta p_d}{1-\theta^2}\right) \tag{1-7}$$

根据式（1-7）的一阶条件可得到制造商的均衡批发价格与直销渠道价格：

$$p_d^{NE*}=w^{NE*}=\frac{1+c_n}{2}$$

模型 NE 的均衡解及最优利润由定理 1-2 给出。

定理 1-2 在不考虑废旧产品再制造的双渠道供应链中：

（1）均衡批发价格 w^{NE*}、直销和零售渠道的均衡价格 p_r^{NE*} 和 p_d^{NE*} 分别为 $w^{NE*}=p_d^{NE*}=\dfrac{1+c_n}{2}$，$p_r^{NE*}=\dfrac{3-\theta+(1+\theta)c_n}{4}$。

（2）制造商、零售商及系统的最优利润分别为 $\pi_r^{NE*}=\dfrac{(1-\theta)(1-c_n)^2}{16(1+\theta)}$，$\pi_m^{NE*}=\dfrac{(3+\theta)(1-c_n)^2}{8(1+\theta)}$，$\pi_T^{NE*}=\dfrac{(7+\theta)(1-c_n)^2}{16(1+\theta)}$。

通过对比定理 1-2 与定理 1-1，可得到结论 1-1。

结论 1-1 对比 NE 与 NN 两种模型，可得：$\pi_r^{NE*}-\pi_r^{NN*}=-\dfrac{\theta(1-c_n)^2}{8(1+\theta)}<0$，$\pi_m^{NE*}-\pi_m^{NN*}=\dfrac{(1-c_n)^2}{4(1+\theta)}>0$，$\pi_T^{NE*}-\pi_T^{NN*}=\dfrac{(2-\theta)(1-c_n)^2}{8(1+\theta)}>0$。

Arya 等（2007）假设传统零售渠道具有一定的成本优势且两种渠道完全同质，得出当零售商的渠道成本优势足够大时，制造商的渠道入侵会有利于零售商。但通过结论 1-1 可以看出：在零售商无渠道的销售成本优势且两种渠道竞争的条件下，制造商的渠道入侵对零售商不利。尽管制造商在渠道入侵后会降低对零售商的批发价格（$w^{NE*}<w^{NN*}$），但批发价格的下降不足以抵消直销渠道对传统渠道替代的影响，所以始终对零售商不利。结论 1-1 表明制造商的渠道入侵对自身有利。对于制造商来说，渠道入侵会产生两方面影响：一方面是向零售商批发产品的收益降低，另一方面是直销渠道的收益。

从直销渠道角度分析,直销渠道的价格低于传统渠道的价格吸引了零售渠道的消费者转移到选择直销渠道购买产品($p_d^{NE*} - p_r^{NE} = -(1-\theta)(1-c_n)/4 < 0$),从而实现了制造商利润的增加。从传统渠道角度分析,制造商对零售商批发产品的收益在渠道入侵下降低($w^{NE*}q^{NE*} - w^{NN*}q^{NN*} = -\theta(1+c_n^2)/8(1+\theta) < 0$)。但综合两方面因素考虑,直销渠道带来总利润的增加效应超过了传统渠道利润降低的效应,因此渠道入侵对制造商有利。

进一步由结论1-1可以看出,制造商的渠道入侵行为对供应链系统有利。供应链的利润同样是两方面共同作用的结果,一方面渠道入侵将会增加制造商的收益,另一方面则会降低零售商的收益。但渠道入侵下制造商利润的增加超过了零售商利润下降的幅度,即直销渠道的收益弥补了由于渠道冲突而导致零售渠道利润下降的部分,从而使整个供应链系统的利润增加。

第四节 产品再制造情形

由上文分析可知,在无再制造情形下,制造商渠道入侵对自身有利但会损害零售商的利益。本节分析再制造情形下制造商渠道入侵对零售商决策的影响,考虑单渠道与双渠道供应链模型的最优决策。

一、单渠道供应链模型(模型YN)

该模型中,制造商回收废旧产品并进行再制造,零售商负责产品的销售。供应链博弈的顺序如下:首先,制造商确定产品的回收率τ和批发价格w;其次,零售商根据制造商的最优决策确定产品的销售价格p_r。零售商和制造商的决策问题为:

$$\max_{p_r} \pi_r = (p_r - w)(1 - p_r) \tag{1-8}$$

$$\max_{x,\tau} \pi_m = (w - c_n + \Delta \tau)(1 - p_r) - k\tau^2 \tag{1-9}$$

运用逆向归纳法求解，模型 YN 中供应链均衡解及各方最优利润由定理 1-3 给出。

定理 1-3 在考虑废旧产品再制造的单渠道闭环供应链系统中：

(1) 制造商均衡批发价格和回收率为：$w^{YN*} = \dfrac{4k - \Delta^2 + 4kc_n}{8k - \Delta^2}$，$\tau^{YN*} = \dfrac{\Delta(1 - c_n)}{8k - \Delta^2}$。

(2) 传统渠道均衡价格为：$p_r^{YN*} = \dfrac{6k - \Delta^2 + 2kc_n}{8k - \Delta^2}$。

(3) 零售商、制造商和供应链系统的最优利润为：$\pi_r^{YN*} = \dfrac{4k^2(1-c_n)^2}{(8k-\Delta^2)^2}$，$\pi_m^{YN*} = \dfrac{k(1-c_n)^2}{8k-\Delta^2}$，$\pi_T^{rT*} = \dfrac{k(12k-\Delta^2)(1-c_n)^2}{(8k-\Delta^2)^2}$。

通过对比定理 1-3 与定理 1-1 发现，在不考虑制造商渠道入侵的条件下，制造商从事产品的回收再制造活动将增加闭环供应链成员和系统的利润，这是因为产品的回收再制造导致了产品平均生产成本的降低及市场总需求量的增加。

二、双渠道供应链模型（模型 YE）

该情形中供应链博弈的顺序为：首先，制造商确定产品的批发价格 w、产品的回收率 τ 及直销渠道价格 p_d；其次，零售商根据制造商的最优决策确定零售渠道价格 p_r。零售商的决策问题为：

$$\max_{p_r} \pi_r = (p_r - w)\left(\dfrac{1 - \theta - p_r + \theta p_d}{1 - \theta^2}\right) \tag{1-10}$$

根据式（1-10）的一阶条件，给定制造商的决策，零售渠道的最优价格为：

$$p_r(w, p_d) = \frac{1}{2}(1 + w - \theta + \theta p_d)$$

代入制造商的利润函数中，制造商的决策问题为：

$$\max_{w, p_d, \tau} \pi_m = (p_d - c_n + \Delta \tau)\left(\frac{1 - \theta - p_d + \theta p_r(w, p_d)}{1 - \theta^2}\right) + (w - c_n + \Delta \tau)$$

$$\left(\frac{1 - \theta - p_r(w, p_d) + \theta p_d}{1 - \theta^2}\right) - k\tau^2 \qquad (1-11)$$

制造商的均衡批发价格 w^{YE*}、直销渠道价格 p_d^{YE*} 和回收率 τ^{YE*} 为：

$$p_d^{YE*} = w^{YE*} = \frac{4k(1+\theta) - \Delta^2(3+\theta) + 4k(1+\theta)c_n}{8k(1+\theta) - \Delta^2(3+\theta)}$$

$$\tau^{YE*} = \frac{\Delta(3+\theta)(1-c_n)}{8k(1+\theta) - \Delta^2(3+\theta)}$$

可验证条件 $p_d^{YE*} \geqslant w^{YE*}$ 满足，直销渠道的价格高于批发价格确保了双渠道模式得以存在。通过对比模型 YN 与模型 YE 中产品的回收率，可得：

$$\tau^{YE*} - \tau^{YE*} = \frac{16k\Delta(1-c_n)}{(8k-\Delta^2)(8k(1+\theta) - \Delta^2(3+\theta))} > 0$$

制造商的回收率在渠道入侵情形下更高，表明渠道入侵下制造商从事产品再制造的动力更强。其原因是再制造实现了产品平均生产成本的降低和终端需求量的增加，从而间接地提高了直销渠道的运营效率，所以直销渠道存在的情形下制造商更具动力去从事产品的回收再制造。

模型 YE 的均衡解、供应链成员及系统的最优利润由定理 1-4 给出。

定理 1-4 在考虑废旧产品再制造的双渠道闭环供应链系统中：

(1) 均衡批发价格和回收率为：$w^{YE*} = \dfrac{4k(1+\theta)(1+c_n) - \Delta^2(3+\theta)}{8k(1+\theta) - \Delta^2(3+\theta)}$，

$\tau^{YE*} = \dfrac{\Delta(3+\theta)(1-c_n)}{8k(1+\theta) - \Delta^2(3+\theta)}$。

(2) 直销与传统渠道的均衡价格分别为：

$$p_r^{YE*} = \frac{2k(3-\theta)(1+\theta) - \Delta^2(3+\theta) + 2k(1+\theta)^2 c_n}{8k(1+\theta) - \Delta^2(3+\theta)},$$

$$p_d^{YE*} = \frac{4k(1+\theta) - \Delta^2(3+\theta) + 4k(1+\theta)c_n}{8k(1+\theta) - \Delta^2(3+\theta)}。$$

(3) 制造商、零售商与系统的最优利润为:$\pi_m^{YE*} = \frac{k(3+\theta)(1-c_n)^2}{8k(1+\theta) - \Delta^2(3+\theta)},$

$$\pi_r^{YE*} = \frac{4k^2(1-\theta^2)(1-c_n)^2}{(8k(1+\theta) - \Delta^2(3+\theta))^2}, \quad \pi_T^{YE*} = \frac{k(\Delta^2(3+\theta)^2 - 4k(1+\theta)(7+\theta))(1-c_n)^2}{(8k(1+\theta) - \Delta^2(3+\theta))^2}。$$

通过对比再制造情形下制造商进行与不进行渠道入侵模型,将在本质上揭示再制造对制造商渠道入侵决策的影响,并分析产品再制造背景下制造商渠道入侵对于下游零售商及整个供应链系统的影响。

结论 1-2 再制造背景下制造商的渠道入侵对本企业有利,且渠道入侵后制造商利润的增幅要高于无再制造情形:

$$\pi_m^{YE*} - \pi_m^{YN*} = \frac{16k^2(1-c_n)^2}{(8k-\Delta^2)(8k(1+\theta) - \Delta^2(3+\theta))} > 0$$

$$(\pi_m^{YE*} - \pi_m^{YN*}) - (\pi_m^{NE*} - \pi_m^{NN*}) = \frac{\Delta^2(16k(2+\theta) - \Delta^2(3+\theta))(1-c_n)^2}{4(1+\theta)(8k-\Delta^2)(8k(1+\theta) - \Delta^2(3+\theta))} > 0$$

结论 1-2 表明,在产品再制造环境下,渠道入侵对制造商始终有利。从直观上看,一方面直销渠道直接增加了制造商的利润;另一方面在零售渠道中制造商批发价格的降低却增加了渠道的销售量,因而制造商总批发收益也实现增加。因此,渠道入侵使直销和零售渠道对制造商来说均有利,所以该情形下制造商更愿意采取双渠道销售模式。

由均衡可知,渠道入侵首先会导致传统渠道中制造商边际收益的增加, $(w^{YE*} - c_n + \Delta \tau^{YE*}) - (w^{YN*} - c_n + \Delta \tau^{YN*}) = 8k\Delta^2(1-c_n)/(8k-\Delta^2)(8k(1+\theta) - \Delta^2(3+\theta)) > 0$。说明回收率增加的效应弥补了批发价格降低对于制造商的影响,本质上是渠道入侵后回收率的增加为制造商节约了更多的生产成本。其次,对比两种渠道的均衡价格可发现,直销渠道的价格低于传统渠道的价格，$p_d^{YE*} - p_r^{YE*} = -2k(1-\theta^2)(1-c_n)/8k(1+\theta) - \Delta^2(3+\theta) < 0$。说明直销渠道与传统渠道相比较具有更强的竞争力，因此吸引了一批消费者从传统渠道转移到直销渠道购买，从而增加了制造商的收益，这也正是制造商渠道入侵的动力之所在。

与无再制造情形相比，再制造情形下制造商的利润在双渠道情形下更高，因为双渠道模式中制造商再制造提高了传统渠道单位产品的边际利润，$(w^{YE*} - c_n + \Delta \tau^{YE*}) - (w^{NE*} - c_n) = \Delta^2(3+\theta)(1-c_n)/2(8k(1+\theta) - \Delta^2(3+\theta)) > 0$。再制造情形下直销渠道的价格更低，在与传统渠道的竞争中具有更高的效率，$(p_r^{YE*} - p_d^{YE*}) - (p_r^{NE*} - p_d^{NE*}) = \Delta^2(1-\theta)(3+\theta)(1-c_n)/4(8k(1+\theta) - \Delta^2(3+\theta)) > 0$。所以再制造情形下制造商具有更大的积极性开通直销渠道。

结论 1-3 当且仅当渠道竞争强度 θ 满足 $\theta \leqslant \theta^*$ 时，$\pi_r^{YE*} \geqslant \pi_r^{YN*}$；否则，$\pi_r^{YE*} < \pi_r^{YN*}$。其中：

$$\theta^* = \frac{\sqrt{64k^2 + 16k\Delta^2 - 7\Delta^4}}{2(8k - \Delta^2)} - \frac{64k^2 - 32k\Delta^2 + 3\Delta^4}{2(8k - \Delta^2)^2}$$

与结论 1-1 相比，无再制造下制造商的渠道入侵直接损害了零售商的利益。结论 1-3 则表明再制造情形下，当直销渠道与传统渠道之间的竞争较弱时，制造商的渠道入侵会使零售商受益，而随着渠道之间的竞争逐渐变强，渠道入侵将导致零售商利益受损。这是因为制造商从事产品的再制造对零售商产生了一定的外部性效应，当渠道竞争较小时，渠道冲突较小，这种外部性效应会使制造商的渠道入侵对零售商有利。当渠道竞争较大时，制造商再制造的外部性效应不足以抵消渠道冲突所导致零售商利润下降的效应，从而使渠道入侵损害了零售商的利益。

从制造商批发价格变化的角度分析，再制造情形中制造商会降低批发价格从而缓解了渠道的"双重边际化"效应，$w^{YE*} - w^{YN*} = \dfrac{-8k\Delta^2(1-c_n)}{(8k-\Delta^2)(8k(1+\theta) - \Delta^2(3+\theta))} <$

0。进一步与无再制造情形相比较，批发价格降低的幅度更大，$(w^{YE*} - w^{YN*}) - (w^{NE*} - w^{NN*}) = \dfrac{-8k\Delta^2(1-c_n)}{(8k-\Delta^2)(8k(1+\theta)-\Delta^2(3+\theta))} < 0$。无制造情形下制造商渠道入侵会降低产品的批发价格，但批发价格的降低效应难以抵消渠道冲突对于零售商利润减少的影响。考虑产品的再制造后，制造商更愿意降低对零售商的批发价格以增加传统渠道的需求量，那么当渠道冲突在一定的范围内制造商的渠道入侵反而使零售商受益。从传统渠道边际利润变化的角度分析，结论1-3则更为直观。如果制造商不从事再制造，零售商在双渠道模式下的边际利润低于单渠道模式，$(p_r^{NE*} - w^{NE*}) - (p_r^{NN*} - w^{NN*}) = -\theta(1-c_n)/4 < 0$；如果制造商从事产品的再制造，那么当$\theta \leq \theta^*$时，双渠道模式中零售商的边际利润高于单渠道模式。

图1-2更清晰地解释了再制造对零售商产生的外部性效应与渠道竞争强度之间的内在关系。当两种渠道差异化程度足够大时（$\theta \leq \theta^* = 0.161$），直销渠道对零售商渠道的替代性不强，再制造情形下更低的批发价格带来的外部性效应使零售商受益。随着两渠道之间的差异化程度越来越低时，批发价

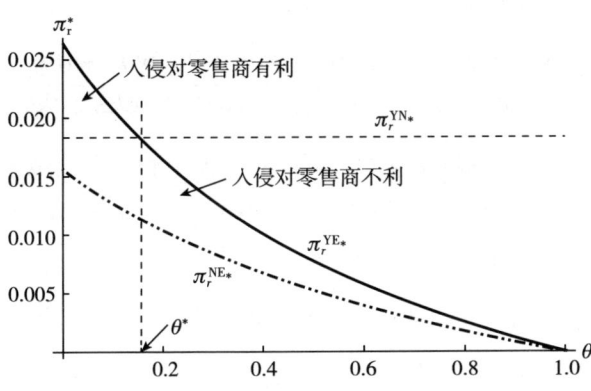

图1-2 零售商利润对比

格随之升高，再制造产生的外部性效应不足以抵消渠道冲突的影响，直销渠道的存在直接导致零售商利润降低。由图1-2可以看出，当 $\theta \to 1$ 时，渠道入侵下再制造对于零售商的利润几乎没有影响，说明渠道冲突足够大时，再制造难以对零售商产生外部性效应。

推论1-1 产品再制造的双渠道闭环供应链中，当 θ 满足 $\theta \in (0, \theta^*]$ 时，制造商和零售商同时实现 Parato 改进。

推论1-1表明当两种渠道竞争较弱时，再制造背景下直销渠道引入对于制造商和零售商均有利，因此双方在范围 $(0, \theta^*)$ 实现了帕累托改进。该结果具有一定的实践意义，对再制造供应链中制造商的渠道入侵决策提供了借鉴，对双渠道供应链中零售商应对制造商渠道入侵行为也提供了建议。由推论可知，两种渠道之间的竞争程度超过一定的阈值后渠道入侵即会损害零售商的利益，即两种渠道之间的同质化程度越高，零售商在决策中则越被动。因此，零售商应着力于零售渠道的差异化建设，如采取广告、促销等策略提高零售渠道的差异性及竞争力。

推论1-2 制造商回收或再制造的效率提高 k（降低或 Δ 增加），零售商受益于制造商渠道入侵的区间扩大。

$$\frac{\partial \theta^*}{\partial \Delta} = \frac{16k\Delta(64k^2 - 32k\Delta^2 + 3\Delta^4 + \sqrt{(8k - \Delta^2)^2(64k^2 + 16k\Delta^2 - 7\Delta^4)})}{(-8k + \Delta^2)^2 \sqrt{(8k - \Delta^2)^2(64k^2 + 16k\Delta^2 - 7\Delta^4)}} > 0$$

$$\frac{\partial \theta^*}{\partial k} = -\frac{8\Delta^2(64k^2 - 32k\Delta^2 + 3\Delta^4 + \sqrt{(8k - \Delta^2)^2(64k^2 + 16k\Delta^2 - 7\Delta^4)})}{(8k - \Delta^2)^2 \sqrt{(8k - \Delta^2(64k^2 + 16k\Delta^2 - 7\Delta^4))^2}} < 0$$

由图1-3可知，再制造成本节约 Δ 增加或回收成本 k 降低将导致阈值 θ^* 发生右移。说明废旧产品回收与再制造效率越高，零售商将更偏好于选择双渠道模式，且双方的帕累托改进区间也进一步扩大。制造商回收及再制造的效率越高，渠道入侵下再制造对于零售商的外部性效应则越强。制造商降低产品的批发价格缓和了直销与传统渠道之间的冲突，减少了供应链系统"双重边际化"效应对于双方利润的负面影响，供应链系统的利润也因此增加。

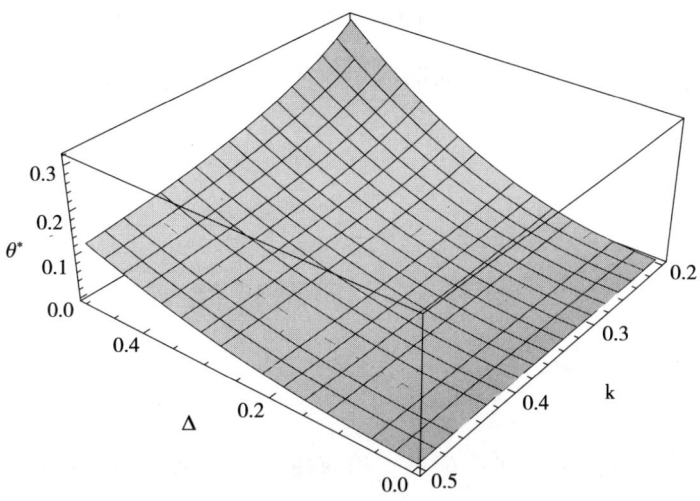

图 1-3 阈值 θ^* 的变化

从双方的关系来看，双渠道供应链中尽管再制造效率提高会使零售商收益，但同样使制造商生产成本降低，且增加了直销渠道的竞争力。因此，回收再制造效率的提高增加了制造商渠道入侵的动力。对于苹果、联想等实施产品再制造与双渠道模式的知名公司来说，上述推论说明产品再制造的效率提高促进了双渠道模式的实施。

结论 1-4 再制造背景下制造商渠道入侵增加了供应链利润，且供应链利润关于渠道竞争水平 θ 下降。

$$\pi_T^{YE*} - \pi_T^{YN*} = k\left(\frac{4k(1+\theta)(7+\theta) - \Delta^2(3+\theta)^2}{(8k(1+\theta) - \Delta^2(3+\theta))^2} - \frac{12k - \Delta^2}{(8k - \Delta^2)^2}\right)(1-c_n)^2 > 0$$

$$\frac{\partial \pi_T^{YE*}}{\partial \theta} = -\frac{8k^2(24k(1+\theta) - \Delta^2(7+5\theta))(1-c_n)^2}{(8k(1+\theta) - \Delta^2(3+\theta))^3} < 0$$

当渠道替代性较弱时，产品再制造情形下制造商的渠道会同时让制造商与零售商受益，系统利润高于单渠道模式下的利润。如果直销与传统渠道之间的竞争性较强，制造商渠道入侵会产生两种效应：直销渠道带来利润的增加和渠道竞争导致零售商利润的降低。尽管渠道冲突降低了零售商的利润，但双渠道模式下对于制造商利润的增加效应更加明显，因此系统利润也实现了增加。

第五节　问题延伸

以上研究表明：闭环供应链中直销与传统渠道竞争较弱时制造商渠道入侵对零售商有利，因为产品再制造对零售商产生了一定的外部性效应。本节将放宽初始模型中的一些假设条件，对上述模型进行不同方面的拓展，从而得到一些更具普遍意义的结论并对实践提供一定的指导。从以下三方面进行拓展：①零售商回收产品；②制造商与零售商之间进行产量竞争；③市场中存在多个竞争型的零售商。

一、零售商回收模式

Savaskan 等（2004）研究指出，零售商回收模式对制造商来说是效率最高的一种回收模式。在该回收模式下，本节分析制造商的渠道入侵决策及对零售商产生的影响。在零售商回收模式下，制造商将以转移价格 b 从零售商手中回购废旧产品，考虑无渠道入侵的单渠道供应链模型（模型 ER-N）和制造商渠道入侵的双渠道供应链模型（模型 ER-E）。

单渠道供应链中制造商、零售商的利润函数分别为：

$$\pi_m = (w - c_n + (\Delta - b)\tau)(1 - p_r) \qquad (1-12)$$

$$\pi_r = (p_r - w + b\tau)(1 - p_r) - k\tau^2 \qquad (1-13)$$

双渠道供应链中零售商和制造商的利润函数分别为：

$$\pi_r = (p_r - w + b\tau)\left(\frac{1-\theta-p_r+\theta p_d}{1-\theta^2} + \frac{1-\theta-p_d+\theta p_r}{1-\theta^2}\right) - k\tau^2 \quad (1-14)$$

$$\pi_m = (w - c_n + (\Delta - b)\tau)\left(\frac{1-\theta-p_r+\theta p_d}{1-\theta^2}\right) + (p_d - c_n + (\Delta - b)\tau)$$

$$\left(\frac{1-\theta-p_d+\theta p_r}{1-\theta^2}\right) \quad (1-15)$$

利用逆向归纳法对模型 ER – N 和模型 ER – E 进行求解，均衡决策及最优利润如表 1 – 1 所示。

结论 1 – 5 零售商回收模式下：

（1）制造商渠道入侵对自身有利。即：

$$\pi_m^{ER-E} - \pi_m^{ER-N} = \frac{k(64k(1+\theta) + \Delta^2(3+\theta)(5+7\theta))(1-c_n)^2}{2(32k(1+\theta)^2 - \Delta^2(3+\theta)^2)(4k-\Delta^2)} > 0$$

（2）当且仅当 $\theta < \theta^{ER}$ 时，制造商入侵对零售商有利。

（3）制造商与零售商的 Parato 改进区间为 $\theta \in (0, \theta^{ER}]$。其中 θ^{ER} 由下列等式确定：

$$\frac{(8k(1-\theta)(1+\theta)^2 + \Delta^2(3+\theta)^2)(\Delta^2(1-\theta)(3+\theta)^2 - 64k(1+\theta)^3)}{8(1+\theta)^2(32k(1+\theta)^2 - \Delta^2(3+\theta)^2)^2}$$

$$= \frac{k}{16k - 4\Delta^2}$$

结论 1 – 5 表明：与制造商负责回收的结论相似，在零售商负责回收的模式下，制造商渠道入侵行为始终会增加制造商的利润。当两种渠道之间的竞争较弱时（$\theta < \theta^{ER}$），制造商的渠道入侵会对零售商有利，这是因为再制造对零售商产生了一定的外部性效应降低了渠道的批发价格，从而使零售商受益。因此，同样可知，当 $\theta < \theta^{ER}$ 时，双渠道供应链中制造商和零售商均能实现 Parato 改进。

零售商回收与制造商回收模式对比下，制造商的渠道入侵行为对于零售商决策有何影响？由图 1 – 4 可知：零售商回收模式下阈值 θ^* 向右移动，说明

表1-1 零售商回收模式下模型 ER-E 和模型 ER-N 的均衡解

均衡及利润	模型 ER-N	模型 ER-E
w^*	$\dfrac{1}{2}(c_n+1)$	$\dfrac{c_n(\Delta^2(\theta-1)(\theta+3)^2+64(\theta+1)^3k)-\Delta^2(\theta+3)^2(5\theta+3)+64(\theta+1)^3k}{4(\theta+1)(32(\theta+1)^2k-\Delta^2(\theta+3)^2)}$
p_d^*	—	$\dfrac{c_n(\Delta^2(\theta-1)(\theta+3)^2+64(\theta+1)^3k)-\Delta^2(\theta+3)^2(5\theta+3)+64(\theta+1)^3k}{4(\theta+1)(32(\theta+1)^2k-\Delta^2(\theta+3)^2)}$
p_r^*	$\dfrac{kc_n-\Delta^2+3k}{4k-\Delta^2}$	$\dfrac{c_n(32(\theta+1)^4k-\Delta^2(\theta-1)(\theta+3)^2)-\Delta^2(\theta+3)(3\theta+5)-32(\theta-3)(\theta+1)^3k}{4(\theta+1)(32(\theta+1)^2k-\Delta^2(\theta+3)^2)}$
τ^*	$\dfrac{\Delta-\Delta c_n}{8k-2\Delta^2}$	$\dfrac{\Delta(\theta+3)^2(c_n-1)}{\Delta^2(\theta+3)^2-32(\theta+1)^2k}$
b^*	Δ	$\dfrac{\Delta(\theta+3)}{4(\theta+1)}$
π_r^*	$\dfrac{k(c_n-1)^2}{16k-4\Delta^2}$	$\dfrac{(1-c_n)^2(\Delta^2(\theta+3)^2+8(1-\theta)(\theta+1)^2k)(64(\theta+1)^3k-\Delta^2(1-\theta)(\theta+3)^2)}{8(\theta+1)^2(32(\theta+1)^2k-\Delta^2(\theta+3)^2)^2}$
π_m^*	$\dfrac{k(c_n-1)^2}{8k-2\Delta^2}$	$\dfrac{4(\theta+1)(\theta+3)^2k(c_n-1)^2}{32(\theta+1)^2k-\Delta^2(\theta+3)^2}$

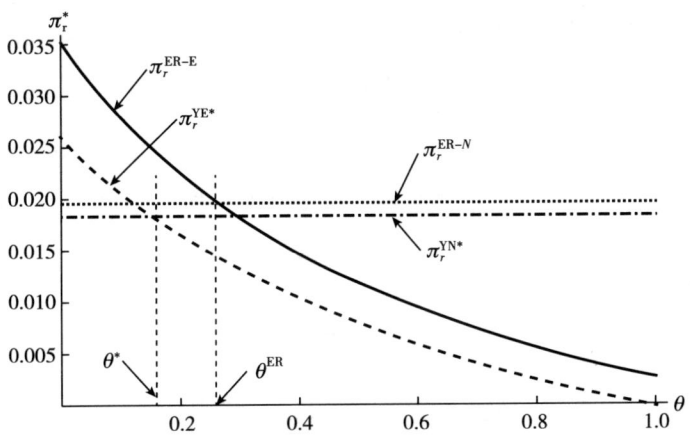

图 1-4 零售商利润对比

零售商回收模式下，制造商的渠道入侵对零售商更为有利。其根本原因是在零售商回收废旧产品情形下，零售商的决策自由度增加，即在逆向回收过程中增加了与制造商协商的能力，从而使制造商提供更低的批发价格。进一步表明了零售商回收下渠道冲突得以缓解，零售商利润得以增加。从对制造商影响的角度分析，零售商回收下制造商的利润下降，$\pi_m^{ER-E*} - \pi_m^{YE*} = -\dfrac{k\Delta^2(3+\theta)^2(1+3\theta)(1-c_n)^2}{(8k(1+\theta)-\Delta^2(3+\theta))(32k(1+\theta)^2-\Delta^2(3+\theta)^2)} < 0$。其主要原因包括两个方面：一方面，零售商回收模式下制造商直销渠道在与传统渠道竞争过程中的优势降低（$p_d^{ER-E} > p_d^{YE}$），导致直销渠道的收益减少；另一方面，制造商的批发收益降低（$w^{ER-E} < w^{YE}$）。从系统的角度来看，图 1-5 表明当 $\theta \geq \theta^{ER-T}$ 时，双渠道模式下零售商回收的闭环供应链系统利润更高，这个结论对于实施回收再制造的企业及供应链来说具有一定的现实指导意义。

二、产量竞争

Arya 和 Mittendorf（2014）研究指出两厂商之间的产量竞争与价格竞争的

结果不完全一致,在某些条件下,产量竞争下厂商的利润更高。本节分析直销渠道与传统渠道之间为产量竞争时制造商与零售商的均衡决策,探究产量竞争下制造商的渠道入侵是否会继续让零售商受益。不失一般性,双渠道中直销和零售渠道的需求函数可表示为:$p_i = 1 - q_i - \theta q_j i$,$j = r, d$;$i \neq j$。

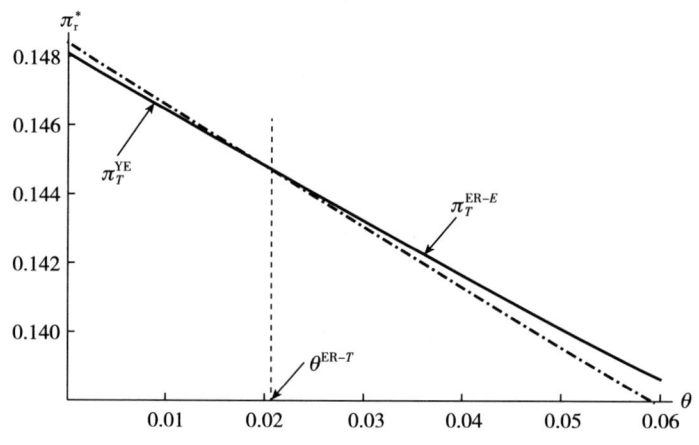

图1-5 供应链系统利润对比

则单渠道供应链中(模型EQ-N)制造商和零售商的利润函数为:

$$\pi_m = (w - c_n + \Delta \tau) q_r - k \tau^2 \quad (1-16)$$

$$\pi_r = (1 - q_r - w) q_r \quad (1-17)$$

双渠道供应链中(模型EQ-E)零售商、制造商的利润函数分别为:

$$\pi_r = (1 - q_r - \theta q_d - w) q_r \quad (1-18)$$

$$\pi_m = (w - c_n + \Delta \tau) q_r + (1 - q_d - \theta q_r - c_n + \Delta \tau) q_d - k \tau^2 \quad (1-19)$$

对模型求解,模型EQ-N和模型EQ-E的均衡解如表1-2所示。

结论1-6 产量竞争下:

(1)制造商渠道入侵对本企业有利:

$$\pi_m^{EQ-E} - \pi_m^{EQ-N} = \frac{4k^2 (2-\theta)^2 (1-c_n)^2}{(8k - \Delta^2)(4k(2-\theta^2) - \Delta^2(3-2\theta))} > 0。$$

表1-2 产量竞争下模型 EQ-E 和模型 EQ-N 的均衡解

均衡及利润	模型 ER-N	模型 ER-E
w^*	$\dfrac{1}{2}(c_n+1)$	$\dfrac{2(\theta^2-2)kc_n+\Delta^2(3-2\theta)+2(\theta^2-2)k}{\Delta^2(3-2\theta)+4(\theta^2-2)k}$
q_d^*	—	$\dfrac{2(\theta-2)k(1-c_n)}{\Delta^2(3-2\theta)+4(\theta^2-2)k}$
q_r^*	$\dfrac{2k(1-c_n)}{8k-\Delta^2}$	$\dfrac{2(\theta-1)k(1-c_n)}{\Delta^2(3-2\theta)+4(\theta^2-2)k}$
τ^*	$\dfrac{\Delta-\Delta c_n}{8k-2\Delta^2}$	$\dfrac{\Delta(\theta+3)^2(c_n-1)}{\Delta^2(\theta+3)^2-32(\theta+1)^2 k}$
π_r^*	$\dfrac{k(c_n-1)^2}{16k-4\Delta^2}$	$\dfrac{4(\theta-1)^2 k^2(c_n-1)^2}{(\Delta^2(3-2\theta)+4(\theta^2-2)k)^2}$
π_m^*	$\dfrac{k(c_n-1)^2}{8k-2\Delta^2}$	$\dfrac{(2\theta-3)k(c_n-1)^2}{\Delta^2(3-2\theta)+4(\theta^2-2)k}$

(2) 当 θ 满足 $\theta\leq\theta^{EQ}$ 时,制造商渠道入侵对零售商有利,其中 $\theta^{EQ}=\dfrac{\Delta^2}{4k}$。

(3) $\theta^{EQ}<\theta^*$,即产量竞争下再制造对零售商的外部性效应降低。

结论1-6表明,产量竞争下供应链的决策结果与价格竞争模型基本一致。首先,制造商的渠道入侵对制造商始终有利,这是因为制造商从直销和零售渠道获得的收益均实现了增加的缘故。其次,可以看出当渠道之间的竞争较弱时,制造商的渠道入侵对零售商有利,这是因为再制造对零售商产生了外部性效应。但将产量竞争模型与价格竞争模型相对比可发现,产量竞争下零售商从制造商渠道入侵中获利的空间缩小。再制造条件下双渠道供应链的均衡价格或产量决策与传统正向供应链中的决策结果不同,这个结论具有较强的理论与现实意义。当不考虑产品的再制造效应时,价格竞争下制造商为缓和渠道之间的竞争会提高对零售商的批发价格,从而在价格竞争中制造商将策略性的调整渠道价格以影响市场需求(Bulow et al. ,1985)。更高的批发价格增加了制造商实施再制造的动力,因此产品的回收率在价格竞争情形下更高($\tau^{YE*} > \tau^{EQ-E}$)。更高的回收率导致了制造商生产效率的提高,从而反过来降低了对零售商的批发价格,所以批发价格在价格竞争情形下更低($w^{YE*} < w^{EQ-E}$)。因此,在制造商与零售商价格竞争下,制造商渠道入侵对零售商会更为有利。

三、N 个零售商

假设市场中同时存在 N 个竞争性零售商,在位零售商同时面临制造商直销渠道和多个竞争性零售商的影响。单渠道模式与双渠道模式下渠道的逆需求函数可表示为:$p_r = 1 - q_r - \theta \sum_{i=1}^{N} q_{ri}$,$p_m = 1 - q_m - \theta(q_n + \sum_{i=1}^{N} q_{ri})$,$m$,$n = d$,$r$;$m \neq n$。

在制造商不进行渠道入侵的条件下(模型 EM - N),零售商和进入零售商和制造商的利润分别为:

$$\pi_r = (1 - q_r - \theta \sum_{i=1}^{N} q_{ri}) q_r \tag{1-20}$$

$$\pi_{ri} = (1 - q_{ri} - \theta(\sum_{i=1}^{N-1} q_{ri} + q_r)) \tag{1-21}$$

$$\pi_m = (w - c_n + \Delta\tau)(q_r + \sum_{i=1}^{N} q_{ri}) - k\tau^2 \qquad (1-22)$$

在制造商渠道入侵情形下（模型 EM – E），零售商、进入制造商和制造商的利润函数分别为：

$$\pi_r = (1 - q_r - \theta(q_d + \sum_{i=1}^{N} q_{ri}))q_r \qquad (1-23)$$

$$\pi_{ri} = (1 - q_{ri} - \theta(q_r + q_d + \sum_{i=1}^{N-1} q_{ri})) \qquad (1-24)$$

$$\pi_m = (w - c_n + \Delta\tau)(q_r + \sum_{i=1}^{N} q_{ri}) + (1 - q_d - \theta(q_r + \sum_{i=1}^{N} q_{ri}) - c_n + \Delta\tau)q_d - k\tau^2 \qquad (1-25)$$

对模型求解，模型 EM – N 和模型 EM – E 的均衡解如表 1 – 3 所示。

结论 1 – 7 多零售商竞争环境下：

（1）制造商入侵对自身有利：$\pi_m^{EC-E} - \pi_m^{EC-N} > 0$。

（2）当且仅当 $\theta < \theta^{EC}$ 时，制造商的渠道入侵对零售商有利，其中：

$$\theta^{EC} = \frac{8k(N-1) + (3+2N)\Delta^2 - \sqrt{64k^2(1+N)(5+N) - 16k(1+N)(7+2N)\Delta^2 + (3+2N)^2\Delta^4}}{8(k+2kN)}$$

（3）θ^{EC} 关于 N 递增。

结论 1 – 7 表明，在考虑多个零售商竞争的市场中，制造商开通直销渠道对企业仍是一种有利的行为。尽管在竞争强度增加的情形下制造商降低了对零售商的批发价格，但直销渠道带来的利润增加效应超过了批发价格降低的效应。对于零售商来说，再制造对于零售商的外部性效应使当渠道竞争强度 θ 低于一定的阈值下制造商渠道入侵对在位零售商有利。较为有趣的是，随着市场中零售商数量 N 的不断增加，再制造对在位零售商的外部性效应更加明显，这是因为直销渠道的替代效应导致传统渠道减少的利润由多个竞争零售商进行了分摊，制造商对零售商会提供更低的批发价格，所以 N 的增加对于在位零售商更有利。

表 1-3 零售商竞争环境下模型 EC-E 和模型 EC-N 的均衡解

均衡及利润	模型 ER-N	模型 ER-E
w^*	$\dfrac{(\Delta^2(n+1)-2k(\theta n+2))-2kc_n(\theta n+2)}{\Delta^2(n+1)-4k(\theta n+2)}$	$\dfrac{(2k(\theta(\theta+(\theta-1)n)-2)+\Delta^2(-\theta(n+2)+n+3)+2kc_n(\theta^2+(\theta-1)\theta n-2)}{4k(\theta^2+(\theta-1)\theta n-2)+\Delta^2(-\theta(n+2)+n+3)}$
q_d^*	—	$\dfrac{2(\theta-2)k(1-c_n)}{4k(\theta^2+(\theta-1)\theta n-2)+\Delta^2(-\theta(n+2)+n+3)}$
q_r^*	$\dfrac{2k(1-c_n)}{4k(\theta n+2)-\Delta^2(n+1)}$	$\dfrac{2(\theta-1)k(1-c_n)}{4k(\theta^2+(\theta-1)\theta n-2)+\Delta^2(-\theta(n+2)+n+3)}$
q_{ri}^*	$\dfrac{2k(1-c_n)}{4k(\theta n+2)-\Delta^2(n+1)}$	$\dfrac{2(\theta-1)k(1-c_n)}{4k(\theta^2+(\theta-1)\theta n-2)+\Delta^2(-\theta(n+2)+n+3)}$
τ^*	$\dfrac{\Delta(n+1)(1-c_n)}{4k(\theta n+2)-\Delta^2(n+1)}$	$\dfrac{\Delta(3-2\theta+(1-\theta)n)(1-c_n)}{4k(\theta^2+(\theta-1)(-(n+1))+\theta n+2)+\Delta^2(2\theta+(\theta-1)n-3)}$
π_r^*	$\dfrac{4k^2(1-c_n)^2}{(\Delta^2(n+1)-4k(\theta n+2))^2}$	$\dfrac{4(\theta-1)^2k^2(1-c_n)^2}{(4k(\theta^2+(\theta-1)\theta n-2)+\Delta^2(-\theta(n+2)+n+3))^2}$
π_m^*	$\dfrac{k(n+1)(1-c_n)^2}{4k(\theta n+2)-\Delta^2(n+1)}$	$\dfrac{k(2\theta+(\theta-1)n-3)(a-c_n)^2}{4k(\theta^2+(\theta-1)\theta n-2)+\Delta^2(-\theta(n+2)+n+3)}$

本章小结

关于企业再制造与双渠道决策的研究已经非常广泛，但很少研究关注企业再制造与渠道入侵决策的内在关系及该关系对供应链其他决策成员的影响。基于该背景，本书分析在一个由制造商和零售商构成的二级供应链中，产品再制造、渠道竞争与制造商渠道入侵之间的内在关系，得到了一些较为有趣的结论，这些结论对于实施双渠道模式与再制造的企业和供应链系统来说具有一定的现实指导意义。

在不考虑产品再制造的环境下，Arya 等（2007）研究指出当传统分销渠道的销售成本优势足够大时，制造商的渠道入侵会使零售商受益，根本的原因是在直销渠道存在下制造商降低了批发价格从而缓解了供应链的"双重边际化"效应和渠道冲突。本书假设零售商不具有渠道成本优势且两渠道是异质的，发现如果不考虑产品的再制造，制造商的渠道入侵会直接损害零售商的利益，但在再制造情形下上述结论发生了变化，当渠道差异化程度足够大时，再制造会对零售商产生外部性效用从而使零售商受益。该结论从本质上揭示了渠道竞争下再制造决策对于零售商的影响，从实践的角度说明了产品再制造与制造商渠道入侵行为的内在关系。研究结论还指出，再制造增加了制造商渠道入侵的动力，因为再制造提高了制造商的生产效率从而间接地增加了制造商的渠道收益。在模型的延伸部分，本书还考虑了几种更为一般化的决策环境下再制造与渠道入侵之间的关系。首先，考虑了零售商回收模式下供应链的决策，发现基本的研究结论仍然成立，且再制造对零售商的外部性效应在零售商回售模式下更明显，这是因为零售商作为回收方增加了逆向过程中与制造商讨价还价的决策权力。其次，分析了渠道之间为产量竞争和市场中存在多个竞争性零售商情形下制造商的入侵决策，证明了基本研究结论仍然成立。

本书虽然对产品再制造、渠道竞争和制造商渠道入侵之间的关系进行了分析，并给出了一些初步的结论，但仍然存在一定的局限性。首先，书中的模型仍然是确定性的模型，并未分析市场、决策者的不确定信息对决策的影响。例如，在考虑随机性需求的环境下，再制造对于零售商的外部性效应是否仍然存在值得进一步探讨。其次，并未考虑制造商或者零售商之间决策信息的不对称对于双方决策的影响，如制造商拥有一定的成本私有信息时，分析决策的变化则更具有现实意义。最后，考虑决策成员的风险偏好对于供应链决策的影响也是未来研究的一个方向。

第二章　回收模式对制造商渠道入侵决策的影响

第一节　引　言

在经济全球化背景下，产品更新换代速度加快导致市场中废旧产品大量增加。然而，如何有效回收、再利用废旧产品是当前各国面临的一个重要问题。从企业运营决策的角度分析，闭环供应链将产品的正向销售与逆向回收过程有效结合，在实践中取得了较大成功。例如，富士施乐公司（Xerox）建立了完整的回收体系，不断加大对打印机和硒鼓的回收，生产成本下降比例超过了40%（Savaskan，2004）。苹果公司在2016年提出了打造闭环供应链计划，通过实施 Apple Renew 计划鼓励更多消费者回收产品[①]。国内知名品牌（联想、华为等）也将产品的回收与闭环供应链的实施提上了议程，有效推进了企业社会

[①] 参见 https：//images. apple. com/environment/pdf/Apple_ Environmental_ Responsibility_ Report_ 2017. pdf，2017 - 03 - 08/2019 - 07 - 15。

责任建设（Xu and Liu，2017）。闭环供应链的实施有效节约了生产成本，同时提高了企业的竞争优势（Galbreth，2013）。然而，产品逆向回收改变了供应链内部成员间的合作机制，对企业的定价与渠道策略产生了重要影响。

另外，电子商务和互联网的快速发展导致产品回收与销售渠道的方式发生了改变。从销售渠道模式来看，一些品牌制造商（Hewlett & Packard、Dell、Compaq、Cisco System、联想等）均采用了双渠道营销模式并取得了巨大成功（Mukhopadhyay et al.，2008）。供应链上游制造商（供应商）渠道入侵增加了制造商的市场份额，但同时产生了渠道冲突。制造商渠道入侵是指制造商直接进入市场与零售商竞争市场份额，具体包括特许经营、目录销售和网络直销等形式（Arya et al.，2007）。关于如何有效缓解渠道冲突的研究已经非常丰富（Xu et al.，2014；Dan et al.，2012）。从回收渠道模式分析，Kodak 和苹果等公司均对产品直接进行回收，而零售商回收模式也比较普遍，Best Buy 公司为一些电器生产商建立了完善的废旧电器回收系统。闭环供应链中产品回收主体的不同会对制造商的销售渠道选择策略产生影响。例如，在零售商负责回收时，分销渠道模式下零售商的渠道议价能力更强，而直销渠道模式下零售商的渠道影响力会降低。因此，探讨回收模式对制造商渠道入侵策略选择的影响具有较强的理论与实践意义。

鉴于此，本书将产品回收与销售渠道结合进行研究，分析闭环供应链中不同回收模式对制造商渠道入侵决策的影响，并进一步探讨何种回收模式下制造商渠道入侵对零售商和闭环供应链更有利。

第二节　相关研究评述

与本书相关的文献包括三个方面：闭环供应链回收渠道选择、制造商渠道入侵和双渠道闭环供应链决策。

一、闭环供应链回收渠道选择

关于闭环供应链回收渠道选择的研究非常丰富，已有文献分别考虑了回收成本函数形式、供应链竞争、信息是否完全等因素对回收渠道选择的影响。Savaskan 等（2004）提出了三种回收模式：制造商回收、零售商回收和第三方回收，并证明零售商回收模式更有效，但在该研究中，并未考虑供应链竞争对回收决策的影响，且回收企业回收成本函数的刻画是线性的。因此，在该研究的基础上，Atasu（2013）考虑了回收成本函数结构的变化，分析了不同形式回收成本结构对回收渠道选择的影响。Savaskan 和 Van Wassenhove（2006）考虑了零售商竞争，研究表明制造商直接或间接回收模式的选择与回收成本和竞争强度相关。但上述的研究存在一个共同的不足，即假设新产品与再制造产品完全同质，该假设并不满足现实中消费者对新产品与再制造产品存在差异性偏好的现状。在考虑新产品与再制造产品差异性的研究方面，Furguson 和 Toktay（2006）分析了产品竞争对产品回收决策的影响。Toyasaki 等（2011）对比了垄断与竞争回收模式，分析了不同回收模式对供应链决策成员和消费者剩余的影响。另外，从实践视角分析，产品回收在时间、数量和质量方面均存在高度的不确定性，在考虑不确定性因素的背景下研究回收渠道的选择问题更有必要。目前在闭环供应链的研究中，主要考虑了市场需求、动态定价和多周期决策等不确定因素。Wei 和 Zhao（2011）在模糊需求的条件下，分析了闭环供应链的定价与回收决策，并进一步探讨了零售商竞争对决策的影响。黄宗盛等（2013）在动态环境下对比了制造商回收与零售商回收模型，利用微分对策分别得到了不同回收模式下供应链的最优策略。De Giovanni 和 Zaccour（2014）在两周期决策背景下分析了闭环供应链最优回收渠道选择决策。除上述从确定与不确定环境视角下对闭环供应链回收渠道选择的研究之外，一些学者将产品回收与服务决策或政府管制等结合进行研究。例如，Wu（2012）在闭环供应链决策中考虑了服务因素，分析了OEM和再制造商之间的产品定价与服务竞争策略。Maiti 和 Giri（2017）考虑了直接回收与以旧换新回收混合模式下闭环供应链的定价与质量决策。

然而，在闭环供应链管理中，供应链的竞争包括两个维度：销售渠道竞争与回收渠道竞争。上述部分文献考虑了销售渠道竞争对闭环供应链的影响，但忽视了回收渠道竞争的因素。Huang 等（2013）基于零售商与第三方竞争性回收的背景下，分析了回收渠道竞争对闭环供应链定价与利润的影响。该研究对回收商竞争行为进行了规范性的界定，但由于仅考虑了零售商与第三方回收商之间的竞争行为，故仍然存在一定局限性。一些学者从不同视角扩展了 Huang 等（2013）的研究，考虑了回收竞争对闭环供应链利润分配机制、专利授权和联盟结构选择等决策的影响。Yi 等（2016）在回收渠道竞争环境下分析了零售商主导闭环供应链的定价与回收努力分配机制。Hong 等（2017）在回收商竞争的背景下分析了闭环供应链的定价与专利授权决策。Ma 等（2016）针对制造商、零售商和回收商构成的闭环供应链，比较了不同联盟结构中供应链的最优回收率与利润。在现实实践中，供应链竞争模式逐渐取代了传统企业与企业之间的竞争模式，而链与链竞争必然会加大闭环供应链决策的复杂程度，且间接影响供应链节点企业和系统的利润。在供应链竞争背景下，付小勇等（2014）分析了逆向供应链竞争环境下产品回收渠道的选择问题，并指出回收成本的差异化程度和供应链竞争强度影响了回收量和利润的变化。李晓静等（2016）针对竞争性的闭环供应链，分析了不同回收模式对渠道决策成员利润的影响，指出回收补偿价格和回收竞争强度影响了制造商回收渠道的选择决策。Wu 和 Zhou（2017）分析了制造商的回收渠道选择决策，发现在对称性闭环供应链中，制造商采取不同回收渠道策略（一方为直接回收，另一方为间接回收）可能会成为均衡策略，且直接回收模式为制造商的占优策略，零售商回收模式下闭环供应链会出现"囚徒困境"。随着研究的深入，许多学者发现供应链竞争与政府的环境规制措施会联合影响闭环供应链的定价、回收决策。关于政府奖惩行为对竞争性闭环供应链回收决策影响的研究，王文宾和达庆利（2013）在政府实施奖惩机制的环境下研究了制造商竞争型闭环供应链回收渠道的选择问题，发现制造商竞争有利于发挥政府奖惩机制对提高回收效率的作用。Liu 等（2016）针对正式与非正式两种回收方式，建立了基于质量的价格竞争模型，并在不同的供应链竞争结构中分析了政府的补贴对回收效率和利润的影响。研究结果表明，随着回收产品的质量水平增加，政府对回收的补贴作用会逐渐降低。综合分析来看，以上研究主要分析了闭环供应链回收模式的选择，并未考虑回收模式的不同对闭环供应链中制造商销售渠道选择决策的影响。

二、制造商渠道入侵

制造商渠道入侵改变了传统单销售渠道的模式，导致供应链在渠道竞合关系方面表现得更为复杂。在确定性环境下制造商渠道入侵的研究非常丰富。Chiang 等（2003）分析了制造商直销渠道引入的条件及对零售商的影响，发现当消费者对直销渠道的偏好程度高于一定的临界值时，直销渠道的引入对零售商有利。Arya 等（2007）从直销与传统渠道成本对比的视角分析了制造商渠道入侵决策的影响，发现当传统渠道成本优势足够大时，制造商和零售商可实现双赢，原因是制造商渠道入侵降低了供应链的双重边际效应。上述研究从理论的视角证明了上游制造商渠道入侵在一定条件下会使下游零售商受益，而这也很好地解释了为什么越来越多的企业采用双渠道营销模式的现象。从研究的视角分析，在充分论证制造商渠道入侵的理论价值外，一些研究开始关注双渠道供应链的定价与协调等决策问题。孙燕红等（2011）基于消费者对销售渠道的偏好差异，分析了制造商的渠道选择策略及直销渠道的增加对供应链系统的影响。J. Chen 等（2012）研究了制造商作为领导者情形下双渠道供应链的定价与协调策略，结论表明批发价格契约和收益共享契约结合能实现供应链的协调。王先甲等（2017）分析了生产商具有生产规模不经济特征时双渠道供应链的协调策略，研究指出带固定补偿的收益共享契约可实现线性成本下的双渠道供应链。但是双渠道供应链由于结构的复杂性导致供应链协调的难度增加，目前关于双渠道供应链协调问题的研究主要集中与确定环境下协调机制的设计，而不确定环境下双渠道供应链协调机制的设计是未来研究的重点。

综合来看，上述关于双渠道供应链的研究均在确定性环境下所展开的，未考虑供应链外部与内部环境不确定性对双渠道供应链决策的影响。在涉及不确定性的要素中，Li 等（2016）分析了零售商公平关切下供应链的渠道入侵决策，并进一步探讨了零售商的公平关切对供应链成员和系统利润的影响。Ha 等（2016）分别在产品质量作为外生与内生变量下分析了制造商的渠道入侵决策及对零售商的影响。结论表明制造商偏好于选择通过直销渠道销售高质量产品，且质量差异化并不一定会受益于制造商或零售商。研究和实践均表明来自供应链外部和内部信息的不确定均会造成供应链决策效率的损失，因此如何通过建立有效的信息分享机制以提高双渠道供应链决策的效率成为了学界研究的热点。很多学者从该视角展开了研究，周建亨和赵瑞娟（2016）分析了制造商存在"搭便车"效应对双渠道供应链信息披露决策与定价决策的影响。Yue 和 Liu（2006）研究了需求预测信息分享对双渠道供应链的影响，发现直销渠道的引入会伤害零售商的利益，但在特定条件下双渠道供应链可实现"双赢"。以上研究结果均证明了信息分享对提高双渠道供应链决策效率具有正向作用，但忽视了一个关键问题，即在信息分享的背景下制造商渠道入侵是否仍然会对下游零售商有利。Li 等（2014）分析了需求不确定环境下制造商的渠道入侵决策，拓展了 Arya 等（2007）的研究，结果发现需求不对称信息下供应商渠道入侵可能会同时对供应商和零售商不利。Li 等（2015）进一步指出，在非线性定价和不对称需求下，供应商渠道入侵会产生两方面影响：激励供应商降低信息租金和降低传统分销渠道的决策效率，且以上影响可能会导致供应商渠道入侵对双方不利。Huang 等（2018）在分析了制造商渠道入侵与零售商信息分享之间的内在关系，发现当制造商的渠道入侵成本与渠道竞争强度系数满足一定的条件时，制造商渠道入侵对零售商有利。但以上研究主要分析了正向供应链中制造商的渠道入侵决策的影响，并未在闭环供应链背景下考虑制造商的渠道入侵决策及影响。

三、双渠道闭环供应链决策

闭环供应链管理强调产品正向销售与逆向回收的整合与协同管理。近几年来，大量学者从运营、营销管理等视角对闭环供应链决策的相关问题展开了全面的研究，取得了一系列的成果并推动了企业再制造的实践。但目前的研究主要聚焦于产品回收过程的管理与控制，而将逆向回收渠道与正向销售渠道结合的研究还相对较少。关于双渠道闭环供应链定价与协调问题的研究，易余胤和袁江（2012）同时考虑了销售和回收渠道的渠道冲突效应，对比了集中与分散决策下双源竞争渠道闭环供应链的均衡决策结果与利润，并设计了一种改进的两部定价契约对闭环供应链进行了协调。但在该研究中，并未考虑回收模式的差异性和消费者渠道偏好的异质性对双渠道闭环供应链定价策略与协调契约设计的影响。因此，许茂增和唐飞（2013）探讨了第三方回收下闭环供应链的定价与协调决策，并设计了"成本分摊+收益共享"的契约对闭环供应链进行了协调。曹晓刚等（2015）考虑了消费者对直销渠道和传统渠道的偏好差异性，分析了双渠道闭环供应链的定价与协调决策，并考虑了渠道结构对协调的影响。林杰和曹凯（2014）研究了双渠道闭环供应链的定价决策，对制造商与零售商领导模型进行了对比分析。Saha 等（2016）

研究了回收奖励的驱动政策对双渠道闭环供应链回收率和利润决策的影响，指出制造商通过设计改进的折扣契约可实现系统的协调。然而，在分析上述关于双渠道闭环供应链定价与协调的研究文献可发现，所有研究均利用传统的协调契约或对传统的契约做出适当改进以实现双渠道闭环供应链的协调。但传统的供应链契约在协调双渠道闭环供应链方面存在一定的局限性，在一些情形下并不能实现闭环供应链的协调。Taleizadeh等（2016）假设需求同时受价格与销售努力影响，在制造商投入销售努力和零售商投入销售努力两种情形下分析了双渠道闭环供应链的定价与均衡策略，指出两部定价契约可实现对制造商投入销售努力的双渠道闭环供应链的协调，但无法对零售商努力投入的双渠道闭环供应链进行协调。Xie等（2017）分析了双渠道闭环供应链的合作广告投入策略，研究发现，基于回收率和回收收入分配比例的收入共享契约可实现对分散式供应链的协调。

以上研究主要集中于分析供应链内部环境对双渠道闭环供应链定价与协调决策的影响，而一些外部环境因素（如政府环境规制、不确定需求信息等）对双渠道供应链的决策将会产生重要的影响。关于政府回收规制所产生的影响分析方面，Ma等（2013）在政府对消费者进行补贴的背景下分析了双渠道闭环供应链的价格与产量决策。李新然和吴义彪（2015）探讨了政府的"以旧换再"补贴政策对双渠道闭环供应链定价、回收决策和均衡利润的影响。陈晓红等（2016）在政府补贴的背景下，分析了消费者的渠道偏好对双渠道闭环供应链定价的影响。关于外部需求或产品质量等不确定信息所产生的影响分析方面，唐秋生等（2011）在需求不确定的环境下研究了双渠道闭环供应链的库存决策。张桂涛等（2013）则研究了存在缺陷产品背景下闭环供应链的网络均衡决策，并分析了参数变化对闭环供应链均衡决策和利润的影响。但是以上关于双渠道闭环供应链管理的研究均未考虑销售渠道的选择及其产生的策略性影响，而如何选择销售渠道同样是闭环供应链管理中的一个关键问题。郑本荣等（2016）在考虑第三方回收的背景下，分析了闭环供应链中制造商选择单销售渠道或双销售渠道的条件，并发现由直销渠道价格、批发价格和利润转移支付组成的契约可对双渠道闭环供应链进行协调。Yan 等（2015）探讨了制造商再制造产品销售渠道的选择问题，研究结论表明制造商直销模式下的利润高于委托第三方销售模式，但第三方销售模式下闭环供应链的环境绩效更高。但以上研究均在给定的一种回收模式下分析闭环供应链的销售渠道选择策略，并未考虑回收模式的不同对渠道选择的影响。

综上所述，还未有研究将回收模式与制造商渠道入侵决策结合展开研究。区分已有研究，本书考虑制造商回收与零售商回收两种模式，分析不同回收模式下制造商的渠道入侵策略，并进一步探讨制造商渠道入侵对零售商及闭环供应链系统利润的影响。

第三节　问题描述

考虑制造商与零售商构成的闭环供应链系统。若制造商引入直销渠道，在正向供应链中制造商负责产品的生产与批发，然后零售商负责将产品销往终端消费市场。在逆向供应链中，与 Savaskan 和 Van Wassenhove（2006）研究类似，制造商可选择以下两种方式回收产品：①制造商自行回收（制造商回收模式）；②制造商委托零售商进行回收（零售商回收模式）。在零售商回收模式中，制造商从零售商处回购废旧品并进行再制造。如果制造商选择渠道入侵，制造商引入直销渠道与零售渠道竞争。

假设新产品的单位生产成本为 c_n，再制造产品的单位生产成本为 c_r，$c_r < c_n$。为方便表示，利用 $\delta = c_n - c_r$ 表示再制造产品的单位成本节约，$\delta \in$

$[0, c_n)$。闭环供应链的回收率假设为 τ,则制造商的平均生产成本为 $\bar{c} = (1-\tau)c_n + \tau c_r = c_n - \delta\tau$。根据 Arya 等(2007)的研究,直销渠道与传统零售渠道的销售成本不同,制造商通过直销渠道销售产品的单位渠道成本为 C_d,为保证模型的合理性,需满足 $C_d < 3(a-c_n)/5$。

根据 Arya 等(2007)、Wu 和 Zhou(2017)的研究假设,采用线性函数刻画市场需求,闭环供应链的逆需求函数可表示为 $P = a - bQ$。其中:P 和 Q 分别表示产品的销售价格和销售量;参数 a 代表市场的初始需求量;b 表示消费者对销售量的敏感程度。如果制造商不进行渠道入侵,销售量 $Q = q_r$。如果制造商采取渠道入侵策略,渠道的总销售量为 $Q = q_r + q_d$。其中,q_r 为零售渠道的销售量,q_d 为直销渠道的销售量。传统文献对产品回收过程的刻画包括两种方式:一是假设回收量与回收价格有关(Bakal and Akcali, 2009; Karakayali et al., 2007);二是假设回收量与销售量存在一种比率关系(Savaskan et al., 2004; Atasu et al., 2013; Savaskan and Van Wassenhove, 2006)。本书采用第一种刻画方式。根据 Bakal 和 Akcali(2009)、Karakayali 等(2007)的研究,废旧产品回收量函数可表示为 $G(f) = \alpha + \beta f$。其中,f 为产品的回收价格;α 表示初始回收量,表示消费者自愿返还废旧产品的数量,β 代表消费者对回收价格的敏感程度。

以下几点假设需进一步说明:首先,假设新产品与再制造产品在质量与功能等方面不存在差异,即消费者对于两种产品具有相同的接受程度。该假设在诸如造纸和一些电子产品行业的再制造实践中是合理的(Savaskan et al., 2004; Atasu et al., 2013; Savaskan and Van Wassenhove, 2006;易余胤等,2012)。其次,不考虑不对称信息对闭环供应链决策的影响,即需求和成本信息对于所有决策方来说是共同知识。最后,制造商和零售商为风险中性决策者,以实现利益的最大化为决策目标。

第四节 无渠道入侵的闭环供应链模型

线下分销渠道在实践中非常普遍。据统计,美国排名前 10 位的大型零售网站,Staples、Office Depot、Office Max、Sears、Best Buy 等均采用线下销售的方式(Yoo and Lee,2011)。为避免制造商渠道入侵而带来的渠道冲突,美国知名家居连锁店(Home Depot)有权直接中止与上游引入直销渠道供应链的合作关系(Cai,2010)。因此,本节针对仅存在传统零售渠道的闭环供应链,分析与对比制造商回收与零售商回收两种模式下闭环供应链的均衡决策,具体探讨制造商和零售商在何种回收模式下更有利。考虑在制造商回收模式下的单渠道闭环供应链决策模型。

一、制造商回收(模型 SM)

在 SM 模型中,制造商与零售商之间的博弈顺序为:制造商作为渠道的领导者首先确定产品的批发价格 w 和回收价格 f;其次,零售商根据制造商的决策确定渠道的销售量 q_r。将零售商的利润记为 P_r,运用逆向归纳法对模型求解,零售商的决策问题为:

$$\max_{q_r} P_r = (a - bq_r - w) q_r \qquad (2-1)$$

给定 w,零售商回收价格的最优反应函数为 $q_r^b(w) = \dfrac{a-w}{2b}$。用 P_m 表示制造商的利润,则制造商的优化决策问题为:

$$\max_{w,f} P_m = (w - c_n) q_r^b(w) + (\delta - f)(\alpha + \beta f)$$

$$\text{s. t. } \alpha + \beta f \leqslant q_r^b(w) \qquad (2-2)$$

式(2-2)中的约束条件表示制造商的回收量不超过总需求量,因此制造商的决策包括两种情形：①回收量不受销售量约束；②回收量受销售量约束。分析可知，存在一个阈值ϕ_{SM}使当$\phi_{SM}>0$时回收量不受销售量约束，而当$\phi_{SM}\leq 0$时回收量受销售量约束。制造商的均衡决策由引理2-1给出。

引理2-1 在SM模型中，制造商的均衡批发价格w^{SM*}和回收价格f^{SM*}决策如下：

$$(w^{SM*}, f^{SM*}) = \begin{cases} \left[\dfrac{1}{2}(a+c_n), \dfrac{1}{2}\left(\delta-\dfrac{\alpha}{\beta}\right)\right] & \phi_{SM}>0 \\ \left\{\dfrac{a(1+b\beta)-b[\alpha+\beta(\delta-c_n)]}{1+2b\beta}, \dfrac{\alpha(1-4b\beta)+\beta(a+\delta-c_n)}{2\beta(1+2b\beta)}\right\} & \phi_{SM}\leq 0 \end{cases}$$

(2-3)

其中，$\phi_{SM}=a-2b(\alpha+\beta\delta)-c_n$。

证明：首先，不考虑回收受需求的约束，可验证式(2-2)是关于变量w和f的联合凹函数，模型存在最优解。根据对应的一阶条件，可得：$w^{SM*}=\dfrac{1}{2}(a+c_n)$，$f^{SM*}=\dfrac{1}{2}\left(\delta-\dfrac{\alpha}{\beta}\right)$。其次，验证约束条件，可知当$\phi_{SM}=a-2b(\alpha+\beta\delta)-c_n>0$时回收不受需求约束。

接下来分析回收受需求约束情形($\phi_{SM}\leq 0$)。此时$\alpha+\beta f=q_r$，因此制造商的利润可表示为单个变量w的函数，易验证式(2-2)是关于变量w的凹函数，模型存在最优解。此时根据一阶条件，制造商的均衡解为：$w^{SM*}=\dfrac{a(1+b\beta)-b[\alpha+\beta(\delta-c_n)]}{1+2b\beta}$，$f^{SM*}=\dfrac{\alpha(1-4b\beta)+\beta(a+\delta-c_n)}{2\beta(1+2b\beta)}$。

引理2-1得证。

由引理2-1可知，当需求足够大时，回收量不受销售量约束，此时正向与逆向供应链中决策相互独立。当回收量受销售量约束时，此时回收价格是关于产量的函数，而再制造成本节约水平的增加会激励制造商降低批发价格。根据式(2-3)可得到SM模型中的均衡销售量q_r^{SM*}、回收价格f^{SM*}、供应链成

员利润 P_m^{SM*} 和 P_r^{SM*}、供应链系统利润 P_T^{SM*}、消费者剩余 CS^{SM*} 由表 2-1 给出。

二、零售商回收（模型 SR）

在零售商回收模式下，闭环供应链的决策顺序为：制造商首先确定批发价格 w 和回收转移支付价格 t；其次，零售商根据制造商的决策确定销售量 q_r 和回收价格 f。零售商的决策模型：

$$\max_{q_r,f} P_r = (a - bq_r - w)q_r + (t - f)(\alpha + \beta f) \tag{2-4}$$

给定 w 和 t，零售商销售量和回收价格的最优反应函数分别为 $q_r^b(w, t) = \dfrac{a-w}{2b}$，$f^b(w, t) = \dfrac{1}{2}\left(t - \dfrac{\alpha}{\beta}\right)$，则制造商的优化决策问题为：

$$\max_{w,t} P_m = (w - c_n)q_r^b(w, t) + (\delta - t)[\alpha + \beta f^b(w, t)]$$
$$\text{s. t. } \alpha + \beta f \leq q_r^b(w, t) \tag{2-5}$$

在零售商回收模式下制造商的均衡决策由引理 2-2 给出。

引理 2-2 在模型 SR 中，制造商的均衡批发价格 w^{SR*} 和回收转移支付价格 t^{SR*} 为：

$$(w^{SR*}, t^{SR*}) = \begin{cases} \left[\dfrac{1}{2}(a + c_n), \dfrac{1}{2}\left(\delta - \dfrac{\alpha}{\beta}\right)\right] & \phi_{SR} > 0 \\ \left[\dfrac{a(2 + b\beta) - b(\alpha + \beta\delta) + b\beta c_n}{2 + 2b\beta}, \dfrac{\alpha - 2b\alpha\beta + \beta(a + \delta - c_n)}{2\beta(1 + b\beta)}\right] & \phi_{SR} \leq 0 \end{cases}$$

$$\tag{2-6}$$

其中，$\phi_{SR} = a - b(\alpha + \beta\delta) - c_n$。

证明：类似于引理 2-1，可证引理 2-2。

根据引理 2-2，SR 模型中的均衡销售量 q_r^{SR*}、回收价格 f^{SR*}、供应链成员利润 P_m^{SR*} 和 P_r^{SR*}、闭环供应链系统利润 P_T^{SR*}、消费者剩余 CS^{SR*} 由表 2-1 给出。

表 2 - 1 单渠道闭环供应链模型的均衡解

均衡	模型 SM ($\phi_{SM}>0$)	模型 SM ($\phi_{SM}\leq 0$)	模型 SR ($\phi_{SR}>0$)	模型 SR ($\phi_{SR}\leq 0$)
w^*	$\dfrac{1}{2}(a+c_n)$	$\dfrac{a(1+b\beta)-b[\alpha+\beta(\delta-c_n)]}{1+2b\beta}$	$\dfrac{1}{2}(a+c_n)$	$\dfrac{a(2+b\beta)-b(\alpha+\beta\delta)+b\beta c_n}{2+2b\beta}$
q_r^*	$\dfrac{a-c_n}{4b}$	$\dfrac{\alpha+\beta(a+\delta-c_n)}{2+4b\beta}$	$\dfrac{a-c_n}{4b}$	$\dfrac{\beta(a+\delta)+\alpha-\beta c_n}{4b\beta+4}$
f^*	$\dfrac{1}{2}\left(\delta-\dfrac{\alpha}{\beta}\right)$	$\dfrac{\alpha(1-4b\beta)+\beta(a+\delta-c_n)}{2\beta(1+2b\beta)}$	$\dfrac{1}{4}\left(\delta-\dfrac{3\alpha}{\beta}\right)$	$\dfrac{\alpha(3+4b\beta)+\beta(a+\delta-c_n)}{4\beta(1+b\beta)}$
t^*	—	—	$\dfrac{1}{2}\left(\delta-\dfrac{\alpha}{\beta}\right)$	$\dfrac{\alpha-2b\alpha\beta+\beta(a+\delta-c_n)}{2\beta(1+b\beta)}$
P_m^*	$\dfrac{a^2\beta+2bs^2-\beta c_n(2a-c_n)}{8b\beta}$	$\dfrac{[\beta(a+\delta)+\alpha-\beta c_n]^2}{4\beta(2b\beta+1)}$	$\dfrac{a^2\beta+bs^2-\beta c_n(2a-c_n)+bs^2}{8b\beta}$	$\dfrac{[\beta(a+\delta)+\alpha-\beta c_n]^2}{8\beta(b\beta+1)}$
P_r^*	$\dfrac{(a-c_n)^2}{16b}$	$\dfrac{b[\beta(a+\delta)+\alpha-\beta c_n]^2}{4(2b\beta+1)^2}$	$\dfrac{a^2\beta-\beta c_n(2a-c_n)+bs^2}{16b\beta}$	$\dfrac{[\beta(a+\delta)+\alpha-\beta c_n]^2}{16\beta(b\beta+1)}$
P_T^*	$\dfrac{3a^2\beta+4bs^2-3\beta c_n(2a-c_n)}{16b\beta}$	$\dfrac{(1+3b\beta)[\beta(a+\delta)+\alpha-\beta c_n]^2}{4\beta(1+2b\beta)^2}$	$\dfrac{3[a^2\beta+bs^2-\beta c_n(2a-c_n)]}{16b\beta}$	$\dfrac{3[\beta(a+\delta)+\alpha-\beta c_n]^2}{16\beta(b\beta+1)}$
CS^*	$\dfrac{(a-c_n)^2}{32b}$	$\dfrac{b[\beta(a+\delta)+\alpha-\beta c_n]^2}{2(4b\beta+2)^2}$	$\dfrac{(a-c_n)^2}{32b}$	$\dfrac{b[\beta(a+\delta)+\alpha-\beta c_n]^2}{2(4b\beta+4)^2}$

注：其中 $s=\alpha+\beta\delta$。

结论 2-1 无渠道入侵下，对比 SM 模型与 SR 模型的均衡解可得到：$P_m^{SM*} > P_m^{SR*}$，$P_R^{SM*} < P_R^{SR*}$，$P_T^{SM*} > P_T^{SR*}$。

证明：(1) 回收不受约束时，$P_m^{SM*} - P_m^{SR*} = \dfrac{(\alpha+\beta\delta)^2}{8\beta} > 0$，$P_r^{SR*} - P_r^{SM*} = \dfrac{(\alpha+\beta\delta)^2}{16\beta} > 0$，$P_T^{SM*} - P_T^{SR*} = \dfrac{(\alpha+\beta\delta)^2}{16\beta} > 0$。

(2) 回收受需求约束时，$P_m^{DM*} - P_m^{DR*} = \dfrac{[\alpha+\beta(a+\delta)-\beta c_n]^2}{8\beta(1+b\beta)(1+2b\beta)} > 0$，$P_r^{DR*} - P_r^{DM*} = \dfrac{[\alpha+\beta(a+\delta)-\beta c_n]^2}{16\beta(1+b\beta)(1+2b\beta)^2} > 0$，$P_T^{DM*} - P_T^{DR*} = \dfrac{(1+4b\beta)[\alpha+\beta(a+\delta)-\beta c_n]^2}{16\beta(1+b\beta)(1+2b\beta)^2} > 0$。

故结论 2-1 得证。

结论 2-1 表明，在无渠道入侵的闭环供应链中，无论回收量是否受销售量约束，制造商回收模式对制造商、闭环供应链系统和消费者均更有利，而零售商回收模式对零售商更有利。原因为：相比制造商回收模式，零售商回收模式下制造商需要从零售商处回购废旧产品以进行再制造，从而加剧了逆向供应链的双重边际效应，导致系统决策效率下降。零售商参与回收在获得制造商回收转移支付收益的同时限制了闭环供应链中制造商的渠道决策影响力，因此零售商回收模式下零售商利润更高。

由分析可知，在回收量不受销售量约束下，废旧产品的供给量能完全满足制造商的生产需要。此时在零售商回收模式下，回收价格与回收量低于制造商回收模式（回收价格满足 $f^{SR*} < f^{SM*}$，回收量满足 $G^{SR*} < G^{SM*}$），零售商回收模式中闭环供应链的双重边际效应降低了系统的利润，但零售商由于负责产品回收而实现了企业利润的增加。如果回收量受销售量约束，所有产品均被回收，此时零售商回收决策对制造商价格决策的影响更大，回收量与批发价格和回收转移支付价格直接相关。零售商回收一方面加剧了逆向供应链中的边际化效应（$f^{SR*} > f^{SM*}$），另一方面也降低了正向供应链的决策效率（$w^{SR*} > w^{SM*}$）。来自正向和逆向供应链中的双重边际化效应使零售商回收模式对闭环供应链系统和消费者不利。

该结论对 Savaskan 等（2004）的研究结果做了有效补充。通过将回收量刻画成回收价格的函数，对比可发现制造商回收模式对制造商、消费者和闭环供应链系统更为有利，零售商回收模式对零售商更有利。Savaskan 等（2004）将回收量刻画成回收率的形式，证明了零售商回收模式对所有决策成员、消费者和闭环供应链系统更有利。在 Savaskan 等（2004）的研究中，零售商回收模式下制造商将全部的再制造成本节约转移给零售商降低了供应链的双重边际效应。在该研究中，零售商回收模式下零售商具有更强的议价能力从而增加了闭环供应链的双重边际效应。该结论具有一定的理论与实践意义，首先，从供应链的双重边际效应的视角分析了对回收过程不同的刻画所产生的差异；其次，能为实施闭环供应链管理的企业提供决策支持。

第五节　渠道入侵下的闭环供应链模型

制造商渠道入侵在各大行业中均较为普遍，尤其在电子电器行业表现得更加明显。在一般供应链环境下，制造商渠道入侵决策主要受渠道竞争程度影响，但在闭环供应链环境下制造商渠道入侵决策会同时受到渠道竞争和产品再制造效率的影响（曹晓刚等，2015；W. Yan et al.，2015）。例如，Lenovo 直接销售产品，同时通过线下零售商（苏宁、国美电器等）进行销售；在产品回收环节，公司直接回收产品的同时还委托零售商进行回收。那么，回收主体的差异将会影响制造商的渠道入侵决策，本节分析及对比制造商回收与零售商回收模式下的制造商渠道入侵决策及影响。首先考虑制造商回收模式下的双渠道闭环供应链决策。

一、制造商回收（模型 DM）

在制造商回收模式下，闭环供应链的决策顺序为：制造商作为渠道的领导者首先确定批发价格 w 和回收价格 f；其次，零售商确定传统零售渠道的销售量 q_r；最后，制造商选择直销渠道的销售量 q_d。给定零售商的决策，制造商选择 q_d 以实现利润最大化，决策模型为：

$$\max_{q_d} P_m = [a - b(q_r + q_d) - c_n - C_d]q_d + (w - c_n)q_r + (\delta - f)(\alpha + \beta f) \quad (2-7)$$

式（2-7）中，$[a - b(q_r + q_d) - c_n - C_d]q_d$ 表示直销渠道的销售收益，$(w - c_n)q_r$ 表示传统渠道的批发收益，$(\delta - f)(\alpha + \beta f)$ 为再制造收益。可验证式(2-7)是关于 q_d 的凹函数，根据一阶条件可得到制造商直销渠道的销售量的最优反应函数：$q_d^b(q_r) = \dfrac{a - c_n - C_d - bq_r}{2b}$，则零售商的优化决策问题为：

$$\max_{q_r} P_r = [a - b(q_r + q_d^b(q_r)) - w]q_r \quad (2-8)$$

给定 w，零售渠道的均衡销售量为 $q_r^b(w) = \dfrac{a - 2w + c_n + C_d}{2b}$，表明制造商提高批发价格会降低零售渠道的销售量。制造商直销渠道销售成本增加会提高传统渠道的销售量。其原因为：直销渠道的销售成本提高，制造商会选择降低批发价格以激励零售商增加订货量。根据 q_r^b，制造商直销渠道的订货量可表示为 $q_d^b(q_r^b) = \dfrac{a + 2w - 3c_n - 3C_d}{4b}$，故制造商的优化决策问题为：

$$\max_{w,f} P_m = \{a - b[q_r^b + q_d^b(q_r^b)] - c_n - C_d\}q_d^b(q_r^b) + (w - c_n)q_r^b + (\delta - f)(\alpha + \beta f)$$

$$\text{s. t. } \alpha + \beta f \leq q_r^b + q_d^b(q_r^b) \quad (2-9)$$

式（2-9）中的约束表明废旧产品的回收总量不超过两种渠道的销售量之和，制造商的均衡批发价格 w^{DM*} 和均衡回收价格 f^{DM*} 由引理 2-3 给出。

引理 2-3 在 DM 模型中，制造商的均衡决策为：

$$(w^{DM*}, f^{DM*}) = \begin{cases} \left[\dfrac{1}{2}(a+c_n) - \dfrac{C_d}{6}, \dfrac{1}{2}\left(\delta - \dfrac{\alpha}{\beta}\right)\right] & \phi_{DM} > 0 \\ \left[\dfrac{(3a-C_d)(1+b\beta) - 2b(\alpha+\beta\delta) - (1-3b\beta)c_n}{2+6b\beta}, \\ \dfrac{\beta(3a-3c_n-C_d) - \alpha(1+6b\beta)}{2\beta(1+3b\beta)}\right] & \phi_{DM} \leq 0 \end{cases}$$

其中，$\phi_{DM} = 3a - 3b(\alpha+\beta\delta) - 3c_n - C_d$。

引理 2-3 表明：与无渠道入侵情形相似，制造商的决策与回收是否受需求约束相关。当回收量不受销售量约束，制造商的批发价格和直销渠道的数量决策不受产品回收的影响；当回收量受销售量约束时，回收量与两渠道总销售量相同，正向与逆向供应链的决策相互影响。根据引理 2-3，在 DM 模型中的均衡销售量 q_r^{DM*} 和 q_d^{DM*} 由表 2-2 给出。

结论 2-2 在 DM 模型中：

(1) 回收量不受销售量约束情形，当直销渠道成本 C_d 满足 $C_d < C_d^{DM1} = \dfrac{3}{5}(a-c_n)$ 时，制造商选择开通直销渠道；回收量受销售量约束情形，当 C_d 满足 $C_d < C_d^{DM2} = \dfrac{(a-c_n)(2+3b\beta) - b(\alpha+\beta\delta)}{2+5b\beta}$ 时，制造商选择开通直销渠道。制造商渠道入侵始终对本企业和消费者有利。其中，C_d^{DM1} 和 C_d^{DM2} 是关于直销渠道成本 C_d 的两个阈值。

(2) 回收量不受销售量约束情形，当 C_d 满足 $C_d \in [C_d^{R1}, C_d^{DM1})$ 时，制造商渠道入侵对零售商有利；回收量受销售量约束情形，当且仅当 $C_d \in [C_d^{R2}, C_d^{DM2})$ 时，制造商渠道入侵对零售商有利。其中，$C_d^{R1} = \dfrac{3(a-c_n)}{4\sqrt{2}}$，$C_d^{R2} = \dfrac{a-b(\alpha+\beta\delta)-c_n}{1+2b\beta} + \dfrac{\sqrt{2}b(1+3b\beta)[\alpha+\beta(a+\delta)-\beta c_n]}{2(1+2b\beta)^2}$。

证明：(1) 只有当直销渠道的需求量为正时，制造商才会开通直销渠道。

表 2-2 双渠道闭环供应链模型的均衡解

均衡	模型 DM			模型 DR	
	$\phi_{DM} > 0$	$\phi_{DM} \leq 0$		$\phi_{DR} > 0$	$\phi_{DR} \leq 0$
w^*	$\dfrac{1}{2}(a+c_n) - \dfrac{C_d}{6}$	$\dfrac{(3a-C_d)(1+b\beta) - 2b(\alpha+\beta\delta) - (1-3b\beta)c_n}{2+6b\beta}$		$\dfrac{1}{2}(a+c_n) - \dfrac{C_d}{6}$	$\dfrac{(3a-C_d)(2+b\beta) - 2b(\alpha+\beta\delta) - (2-3b\beta)c_n}{4+6b\beta}$
q_d^*	$\dfrac{3a-3c_n-5C_d}{6b}$	$\dfrac{(a-c_n)(2+3b\beta) - b(\alpha+\beta\delta) - (2+5b\beta)C_d}{2b(1+3b\beta)}$		$\dfrac{3a-3c_n-5C_d}{6b}$	$\dfrac{(4+3b\beta)(a-c_n) - b(\alpha+\beta\delta) - (4+5b\beta)C_d}{2b(2+3b\beta)}$
q_r^*	$\dfrac{2C_d}{3b}$	$\dfrac{b(\alpha+\beta\delta) - a + c_n + (1+2b\beta)C_d}{b(1+3b\beta)}$		$\dfrac{2C_d}{3b}$	$\dfrac{b(\alpha+\beta\delta) + 2(1+b\beta)C_d - 2(a-c_n)}{b(3b\beta+2)}$
f^*	$\dfrac{1}{2}\left(\delta - \dfrac{\alpha}{\beta}\right)$	$\dfrac{\alpha - \beta\delta - 3\beta(a-c_n) + 6b\alpha\beta + \beta C_d}{2\beta + 6b\beta^2}$		$\dfrac{1}{4}\left(\delta - \dfrac{3\alpha}{\beta}\right)$	$\dfrac{3\beta(a-c_n) - 3\alpha(1+2b\beta) + \beta(\delta - C_d)}{4\beta + 6b\beta^2}$
t^*	$\dfrac{1}{2}\left(\delta - \dfrac{\alpha}{\beta}\right)$	—		$\dfrac{1}{2}\left(\delta - \dfrac{\alpha}{\beta}\right)$	$\dfrac{\beta(3a+\delta) - \alpha(1+3b\beta) - 3\beta c_n - \beta C_d}{\beta(2+3b\beta)}$

因此，在回收不受约束下，由 $q_m^{DM*} > 0$ 可解得 $C_d < \frac{3}{5}(a-c_n)$；在回收受约束下可得条件 $C_d < \frac{(a-c_n)(2+3b\beta) - b(\alpha+\beta\delta)}{2+5b\beta}$。在回收不受约束下，$P_M^{DM*} - P_M^{SM*} = \frac{3(a-c_n-2C_d)^2 + 2C_d^2}{24b} > 0$，$CS^{DM*} - CS^{SM*} = \frac{4(3a-3c_n-C_d)^2 - 9(a-c_n)^2}{288b}$，进一步可得 $\Delta CS^*(C_d) = \Delta CS^*\left[\frac{3}{5}(a-c_n)\right] = \frac{39(a-c_n)^2}{800b} > 0$，则 $CS^{DM*} - CS^{SM*} > 0$。当回收受需求约束时，P_m^{DM*} 和 P_m^{SM*} 均关于 c_n 递减，$\frac{\partial P_m^{DM*}}{\partial c_n} = \frac{a(4-6b\beta) - 6b(\alpha+\beta\delta) - 2(2-3b\beta)c_n + 6b\beta C_d}{4b(1+3b\beta)}$，$\frac{\partial P_m^{DM*}}{\partial c_n} = -\frac{\alpha+\beta(a+\delta)-\beta c_n}{2(1+2b\beta)}$。易证 $\left|\frac{\partial P_m^{DM*}}{\partial c_n}\right| > \left|\frac{\partial P_m^{DM*}}{\partial c_n}\right|$。又因为 $P_m^{DM*}|_{c_n=0} > P_m^{SM*}|_{c_n=0}$，所以 $P_m^{DM*} > P_m^{SM*}$。

(2) 在回收受约束情形下，由 $P_r^{DM*} - P_r^{SM*} > 0$ 可解得 $C_d^{R1} > \frac{3(a-c_n)}{4\sqrt{2}}$，因为 $C_d < C_d^{DM1} = \frac{3}{5}(a-c_n)$，所以 $C_d \in [C_d^{R1}, C_d^{DM1})$ 时，制造商渠道入侵对零售商有利。与在回收受约束情形下的证明过程相似，故省略之。结论 2-2 得证。

结论 2-2 分析了制造商回收模式下渠道入侵对制造商和零售商的影响。由结论可知：首先，制造商是否开通直销渠道取决于直销渠道的销售成本，当渠道成本高于一定的阈值时，制造商偏好于选择单渠道销售模式。其次，制造商渠道入侵的条件在回收不受需求约束与受约束两种情形下不同。在回收量不受销售量约束下，关于直销渠道成本的阈值 C_d^{DM1} 仅与初始需求量 a 与生产成本 c_n 相关，该结论与 Arya 等（2007）研究结果一致。当回收量受销售量约束时，市场中的需求量与回收量相等，此时阈值 C_d^{DM2} 同时与再制造成本节约 Δ 和废旧产品的供给函数相关，且再制造成本节约或初始回收量增加会

导致 C_d^{DM2} 向左移动，表明回收和再制造效率提高会降低制造商渠道入侵的积极性。再次，制造商渠道入侵始终会提高本企业利润，原因是制造商直销渠道和再制造收益的增加值高于渠道冲突导致的批发收益的降低值。最后，制造商渠道入侵始终对消费者有利，原因是在渠道入侵下两渠道的需求总量高于单渠道情形，渠道竞争提高了消费者的决策影响力。

从零售商角度分析，当零售渠道相对于直销渠道的成本优势足够大时，制造商的渠道入侵会受益于零售商。制造商的利润由直销渠道销售与零售渠道批发收益两部分构成，制造商渠道入侵下会选择同时降低产品的批发价格，从而权衡两种渠道的最大化收益。当零售商的渠道成本优势足够大时，基于批发价格的下降效应，制造商渠道入侵反而对零售商有利。而且，当回收量受销售量约束时，易证 $\partial(C_d^{DM2}-C_d^{R2})/\partial\delta<0$，表明再制造成本节约增加导致零售商受益于制造商渠道入侵的区间缩小。原因是再制造成本节约增加一方面削弱了零售商渠道成本优势，另一方面降低了制造商渠道入侵的积极性，所以导致零售商的受益区间缩小。

二、零售商回收（模型 DR）

在零售商回收模式下，闭环供应链的决策顺序为：制造商首先确定产品的批发价格 w 和回收价格 f；其次，零售商选择零售渠道的销售量 q_r；最后，制造商确定直销渠道的销售量 q_d。运用逆向归纳法求解，制造商的决策问题为：

$$\max_{q_d} P_m = [a - b(q_r + q_d) - c_n - C_d]q_d + (w - c_n)q_r + (\delta - t)(\alpha + \beta f) \quad (2-10)$$

对式（2-10）求解，直销渠道的最优销售量为 $q_d^b(q_r) = \dfrac{a - c_n - C_d - bq_r}{2b}$。

根据 q_d^b，零售商的决策为：

$$\max_{q_r, f} P_r = \{a - b[q_r + q_d^b(q_r)] - w\}q_r + (t - f)(\alpha + \beta f) \quad (2-11)$$

对式（2-11）求解，传统零售渠道销售量和回收价格的最优反应函数为：$q_r^b(w,t) = \dfrac{a-2w+c_n+C_d}{2b}$，$f^b(w,t) = \dfrac{1}{2}\left(t-\dfrac{\alpha}{\beta}\right)$。代入 $q_d^b(q_r)$ 中，可得 $q_d^b(q_r^b) = \dfrac{a+2w-3c_n-3C_d}{4b}$。然后，给定 $q_r^b(w,t)$ 和 $q_d^b(q_r^b)$，制造商确定批发价格 w 和回收转移支付价格 t，决策模型为：

$$\max_{w,t} P_m = \{a - b[q_r^b + q_d^b(q_r^b)] - c_n - C_d\} q_d^b(q_r^b) + (w-c_n) q_r^b + (\delta-t)(\alpha+\beta f)$$

$$\text{s. t. } \alpha + \beta f \leq q_r^b + q_d^b(q_r^b) \tag{2-12}$$

引理 2-4 给出了 DR 模型中制造商的均衡批发价格和回收转移支付价格决策。

引理 2-4 在 DR 模型中，制造商的均衡批发价格 w^{DR*} 和回收转移支付价格 t^{DR*} 为 $= (w^{DR*}, t^{DR*}) =$

$$\begin{cases} \left[\dfrac{1}{2}(a+c_n) - \dfrac{C_d}{6}, \dfrac{1}{2}\left(\delta - \dfrac{\alpha}{\beta}\right)\right] & \phi_{DR} > 0 \\ \left[\dfrac{(3a-C_d)(2+b\beta) - 2b(\alpha+\beta\delta) - (2-3b\beta)c_n}{4+6b\beta}, \dfrac{\alpha+3b\alpha\beta - \beta(3a+\delta-3c_n-C_d)}{\beta(2+3b\beta)}\right] & \phi_{DR} \leq 0 \end{cases}$$

$$(2-13)$$

其中，$\phi_{DR} = 6a - 3b(\alpha+\beta\delta) - 6c_n - 2C_d$

根据引理 2-4，在 DR 模型中的均衡销售量 q_r^{DR*} 和 q_d^{DR*}、回收价格 f^{DR*} 由表 2-2 给出。

为分析零售商回收模式下制造商渠道入侵决策的选择及影响，对比 DR 模型与 SR 模型中制造商和零售商的均衡利润，可得结论 2-3。

结论 2-3 在 DR 模型中：

(1) 回收量不受销售量约束情形，当直销渠道成本 C_d 满足 $C_d < C_d^{DM1}$ 时，制造商选择开通直销渠道。回收量受销售量约束情形，当 C_d 满足 $C_d < C_d^{DM2} = \dfrac{(a-c_n)(4+3b\beta) - b(\alpha+\beta\delta)}{4+5b\beta}$，制造商选择开通直销渠道。双渠道模式始终对制造商和消费者有利。

(2) 回收量不受销售量约束情形，当 C_d 满足 $C_d \in [C_d^{R1}, C_d^{DM1})$ 时，制造商渠道入侵对零售商有利；回收量受销售量约束情形，当且仅当 $C_d \in [C_d^{R3}, C_d^{DM3})$ 时，制造商渠道入侵对零售商有利。

其中，$C_d^{DM3} = \dfrac{a(3b\beta+4) - b(\alpha+\beta\delta) - (3b\beta+4)c_n}{5b\beta+4}$，$C_d^{R3} = \dfrac{(a-c_n)(8+11b\beta) - b(3+4b\beta)(\alpha+\beta\delta)}{8+b\beta(17+8b\beta)} + \dfrac{(2+3b\beta)\sqrt{b(1+b\beta)A}}{2(1+b\beta)[8+b\beta(17+8b\beta)]}$，$A = 2[b\beta(1+8b\beta) - 8](\alpha+\beta\delta)(a-c_n) - \beta[24 - b\beta(15-8b\beta)](a-c_n)^2 + b(9+8b\beta)(\alpha+\beta\delta)^2$。

证明：类似于结论 2-2，可证结论 2-3 成立。

结论 2-3 表明：在零售商回收模式下制造商渠道入侵始终对本企业及消费者有利，当直销渠道的销售成本足够大时，制造商会选择退出直销渠道，而对于零售商来说，当零售渠道的成本优势足够大时，制造商渠道入侵会同时对零售商有利。结论 2-4 对 DR 模型和 DM 模型中闭环供应链决策成员及闭环供应链系统的利润进行了对比。

结论 2-4　在制造商渠道入侵下，对比 DM 模型与 DR 模型，制造商、零售商和闭环供应链系统的均衡利润满足：$P_m^{DM*} > P_m^{DR*}$，$P_r^{DM*} < P_r^{DR*}$，$P_T^{DM*} > P_T^{DR*}$。

证明：由表 2-2 中的均衡解可得，①在回收不受需求约束下，$P_m^{DM*} - P_m^{DR*} = \dfrac{(\alpha+\beta\delta)^2}{8\beta} > 0$，$P_r^{DR*} - P_r^{DM*} = \dfrac{(\alpha+\beta\delta)^2}{16\beta} > 0$，$P_T^{DM*} - P_T^{DR*} = \dfrac{(\alpha+\beta\delta)^2}{16\beta} > 0$。②在回收受需求约束下，$P_m^{DM*} - P_m^{RM*} = \dfrac{[\alpha+\beta(3a+\delta)-\beta(3c_n+C_d)]^2}{4\beta(1+3b\beta)(2+3b\beta)} > 0$。$P_r^{DR*} - P_r^{DM*} = \dfrac{f(C_d)[\alpha+\beta(3a+\delta)-\beta(3c_n+C_d)]}{4\beta(1+3b\beta)^2(2+3b\beta)^2}$，其中，$f(C_d) = \alpha - 3b^2\alpha\beta^2 - \beta[11+9b\beta(4+3b\beta)]c_n + \beta\{a[11+9b\beta(4+3b\beta)] + \delta - 3b^2\beta^2\delta\} - 3\beta[3+b\beta(12+11b\beta)]C_d$，又 $f(C_d)|_{\min} = f(C_d)|_{C_d = C_d^{DM2}} =$

$$\frac{2(1+b\beta)(1+3b\beta)^2[\alpha+\beta(2a+\delta)-2\beta c_n]}{2+5b\beta} > 0$$,所以 $P_r^{DR*} > P_r^{DM*}$。此外,因为 $P_m^{DM*} - P_m^{DR*} > P_r^{DR*} - P_r^{DM*}$,所以 $P_T^{DM*} > P_T^{DR*}$。结论 2-4 得证。

结论 2-4 表明：在制造商渠道入侵下制造商、供应链利润和消费者剩余在制造商回收模式下更高,而零售商利润在零售商回收模式下更高。与单渠道模型相比,制造商渠道入侵一方面直接产生了渠道收益,另一方面渠道冲突的存在会同时影响零售渠道的销售量和总回收量。由 DM 模型和 DR 模型中直销渠道与零售渠道的均衡需求量可知,制造商回收模式下渠道总销售量高于零售商回收情形($q_d^{DM*} + q_r^{DM*} > q_d^{DR*} + q_r^{DR*}$),因此消费者剩余在制造商回收模式下更高。从传统零售渠道来看,制造商回收模式下制造商批发收益高于零售商回收情形($w^{DM*} q_r^{DM*} > w^{DR*} q_r^{DR*}$)。所以,制造商回收模式对本企业更有利。从闭环供应链系统的角度分析,当直销渠道成本较低时,制造商渠道入侵会损害零售商的利益,但在渠道入侵下制造商利润增加的幅度超过了零售商利润下降的幅度,因此制造商回收模式下闭环供应链系统利润更高。

对比结论 2-1 和结论 2-4 可知,无论制造商是否进行渠道入侵,制造商回收模式对制造商、闭环供应链系统和消费者来说均更有利。该结果拓展了 Savaskan 等 (2004) 的研究,一方面说明了制造商回收模式的有效性,另一方面将结果拓展至双渠道情形进行了验证与分析。从实践的角度分析,该结果对于实施闭环供应链的企业与政府均能提供一定的指导。对于相关企业来说,无论采取单渠道或双渠道销售模式,在制造商回收模式比零售商回收模式均更有效。相对于零售商回收模式,在制造商回收模式下制造商能有效地对回收过程进行全面的控制,更重要的是制造商能有效利用回收决策影响下游零售商的决策。从供应链决策效率的角度分析,制造商回收模式在一定程度上有效克服了分散化闭环供应链的双重边际化效应,并提高了供应链的效率。例如,Panasonic、Kodak 公司均自行回收废旧产品,通过建立一套完整的回收体系从而对产品的回收过程实施有效的管理与控制。对于政府及环保政策制定者来说,应更多地鼓励和引导制造商直接对废旧产品进行回收,从而实现经济、社会与环境效益的协调发展。例如,欧盟多个国家和北美一些地区均颁布了相关的回收法令,通过实施 EPR 制度要求相关企业对产品的整个生命周期负责(Saha et al.,2016;Ma et al.,2013)。

第六节 回收模式与制造商渠道入侵之间关系分析

本节将分析回收模式对制造商渠道入侵决策的影响,同时对不同回收模式下制造商渠道入侵决策对零售商的影响进行探究,并阐述相关管理启示与意义。为方便表示,下文用 ΔP_m^{Di-Si*},$i \in \{M, R\}$ 表示制造商在 i 回收模式下渠道入侵所产生的增量利润。

结论 2-5 当回收量不受销售量约束时,制造商最优渠道入侵策略在制造商回收与零售商回收模式下相同。当回收量受销售量约束时,在零售商回收模式下制造商受益于渠道入侵的区间更大($C_d^{DM2} < C_d^{DM3}$);在制造商回收模式下制造商渠道入侵能产生更高的增量利润($\Delta P_m^{DM-SM*} > \Delta P_m^{DR-SR*}$)。

证明:在回收受需求约束下,$C_d^{DM3} - C_d^{DM2} = \dfrac{2b[\alpha + \beta(2a+\delta) - 2\beta c_n]}{(2+5b\beta)(4+5b\beta)} > 0$。$\Delta P_m^{DM-SM*} - \Delta P_m^{DR-SR*} = \dfrac{Z - 4(1+b\beta)(1+2b\beta)[\alpha + \beta(3a+\delta) - 3\beta c_n]C_d + 2\beta(1+b\beta)(1+2b\beta)C_d^2}{8(1+b\beta)(1+2b\beta)(1+3b\beta)(2+3b\beta)}$,

其中 $Z = a^2\beta[9b\beta(3b\beta+5)+16] - 2c_n\{a\beta[9b\beta(3b\beta+5)+16]c_n + \beta\delta[3b\beta(b\beta+3)+4] + \alpha[3b\beta(b\beta+3)+4]c_n\} + 2a[3b\beta(b\beta+3)+4](\alpha+\beta\delta) - b(5b\beta+3)(\alpha+\beta\delta)^2 + \beta[9b\beta(3b\beta+5)+16]c_n^2$。令 $h(C_d) = Z - 4(1+b\beta)(1+2b\beta)[\alpha + \beta(3a+\delta) - 3\beta c_n]C_d + 2\beta(1+b\beta)(1+2b\beta)C_d^2$,考虑到 $C_d < C_d^{DM2}(C_d^{DM2})$,所以 $h(C_d)$ 在 $C_d = C_d^{DM2}$ 取最小值,代入可得 $[h(C_d)]_{\min} = \dfrac{1+3b\beta}{(2+5b\beta)^2}g(c_n)$,其中 $g(c_n) = a^2\beta\{b\beta[b\beta$

$(117b\beta + 242) + 140] + 24\} + 2a\{b\beta[3b\beta(7b\beta + 22) + 44] + 8\}(\alpha + \beta\delta) - 2c_n$
$\{a\beta\{b\beta[b\beta(117b\beta + 242) + 140] + 24\} + \alpha\{b\beta[3b\beta(7b\beta + 22) + 44] + 8\} - b$
$[b\beta(27b\beta + 22) + 4](\alpha + \beta\delta)^2\} + \beta\{b\beta[b\beta(117b\beta + 242) + 140] + 24\}c_n^2$。由 $C_d < C_d^{DM2}(C_d^{DM2})$ 可得 $c_n < \dfrac{a(2 + 3b\beta) - bs - (2 + 5b\beta)C_d}{2 + 3b\beta}$，所以 $[g(c_n)]_{\min} = g$

$\left[\dfrac{a(2 + 3b\beta) - bs - (2 + 5b\beta)C_d}{2 + 3b\beta}\right] = \left(\dfrac{2 + 5b\beta}{2 + 3b\beta}\right)^2\{4b(2b\beta + 1)s^2 + 4(2b\beta + 1)[b\beta$

$(9b\beta + 16) + 4]C_ds + \beta\{b\beta[b\beta(117b\beta + 242) + 140] + 24\}C_d^2\} > 0$ 恒成立，故 $h(C_d)$ 恒大于 0，$\Delta P_m^{DM-SM*} > \Delta P_m^{DR-SR*}$。结论 2-5 得证。

结论 2-5 对两种回收模式下制造商的渠道入侵决策进行了对比，分析了闭环供应链中不同的回收模式对制造商渠道决策的策略性影响。由结论 2-5 可知：闭环供应链中制造商的渠道入侵决策与回收量是否受销售量约束相关。当回收量不受销售量约束时，此时从闭环供应链决策的过程来看，闭环供应链中正向与逆向过程的决策相互独立，且产品的销售量决策并不会影响回收价格决策。因此，产品的回收模式对制造商的渠道入侵决策不产生影响，即制造商和零售商回收模式下制造商选择渠道入侵的条件和所获增量利润相同。但当回收量受销售量约束时，结果发生了变化。在制造商回收模式下制造商渠道入侵能产生更多的增量利润；相反，在零售商回收模式下制造商渠道入侵的获利空间更大。

实质上，当回收量不受销售量约束时，正向供应链与逆向供应链决策过程相互独立。两种回收模式下制造商通过直销渠道销售产品和通过零售渠道批发产品的收益相同，两种回收模式下再制造的收益也相同，因此制造商渠道入侵所带来的增量利润在两种回收模式下相同。当回收量受销售量约束时，尽管制造商渠道入侵始终会带来本企业利润的增加，但同时受制造商直销渠道销售成本的影响。当直销渠道的销售成本较高时，制造商开通直销渠道反而会导致利润的降低。对比两种回收模式，制造商回收模式下逆向供应链中不存在双重边际化效应,因此闭环供应链系统的效率高于零售商回收模式;进一步对比发现,制造商回收模式下产品的销售量和回收量均高于零售商回收模式,且渠道总销售量和总回收量的增量在制造商回收模式下更高($q_T^{DM*} - q_r^{SM*} > q_T^{DR*} - q_r^{SR*}$,$G(f^{DM*}) - G(f^{SM*}) > G(f^{DR*}) - G(f^{SR*})$)。因此,制造商回收模式下制造商渠道入侵带来了更高的增量利润。

从闭环供应链的实践来看,结论2-5具有重要的意义。首先,当回收量不受销售量约束时,回收模式的选择对企业的渠道入侵决策并不产生影响。联系现实角度分析,对于回收供给量足够大的产品来说(如废纸、废铁等),回收量并不会受到销售量的约束。该类产品下的制造商具体选择自行回收或委托下游零售商进行回收并不影响企业的渠道入侵决策,制造商可根据具体的战略需要选择企业的渠道决策。其次,当回收量受销售量约束的条件下,不同的回收模式下制造商的渠道入侵决策会带来不同的结果。制造商回收模式下渠道入侵能为制造商带来更高的增量利润,而零售商回收模式下制造商渠道入侵的受益空间更大,因此难以直接说明具体哪一种回收模式对制造商更有利。该结论的管理启示是制造商应根据企业实际的渠道战略需要选择产品回收模式,如果制造商更关注增加企业利润,则应自行回收产品;如果制造商更关注建设并扩大直销渠道的影响力,发挥直销渠道的成本效率优势,则应选择委托零售商回收产品。从企业发展的过程来看,在企业发展的初期,渠道建设、市场占有率和品牌影响力的扩大更为重要,此时可选择将回收业务外包给零售商;在企业发展的成熟期,增加利润并巩固渠道的需要之下选择直接回收产品的模式则更为有效。

结论2-6 当回收量受销售量约束时,零售商受益于制造商渠道入侵的区间在两种回收模式下相同。当回收量受销售量约束时,在零售商回收模式下制造商渠道入侵对零售商更为有利($C_d^{DM3} - C_d^{R3} > C_d^{DM2} - C_d^{R2}$)。

证明:分别作差可知,$C_d^{DM3} > C_d^{DM2}$,$C_d^{R3} < C_d^{R2}$,所以$C_d^{DM3} - C_d^{R3} > C_d^{DM2} -$

C_d^{R2}。结论 6 得证。

制造商渠道入侵在一定条件下会受益于零售商,结论 2-6 分析了具体在哪种回收模式下制造商渠道入侵对零售商更为有利。通过结论可看出:当回收量不受销售量约束时,回收模式对零售商的获益区间不产生影响。当零售商的渠道成本优势足够大时,制造商渠道入侵对零售商有利。当正向渠道销售决策不受逆向回收决策影响时,双渠道环境下零售商的增量利润相同。当回收量受销售量约束时,零售商回收模式下制造商渠道入侵对零售商更为有利。当回收量受销售量约束时,回收量与需求量相等。制造商的批发价格决策和直销渠道的销售量决策直接影响了产品的回收决策与再制造收益,零售商回收模式下制造商的渠道领导权和价格决策权受到了零售商的限制与制约,零售商的回收决策直接影响了制造商的总收益。因此在此回收模式下,相对于直销渠道来说,零售商的渠道成本优势将得到更有效的发挥,因此当 C_d 较小时,制造商渠道入侵即会对零售商有利。此外,由结论 2-5 可知,零售商回收模式下制造商将选择更晚退出市场,综合来看,零售商回收模式下制造商的渠道入侵对零售商更为有利。该结论的管理启示为:制造商可根据企业实际发展战略的需要选择不同的回收模式,而对于零售商来说,显然担任废旧产品的回收方对企业更为有利。

第七节 算例分析

因此,为进一步挖掘模型的管理与实践意义,综合分析关键参数变化对闭环供应链均衡决策及利润的影响,本节将通过数值实验分析制造商的渠道入侵行为与回收模式选择之间的内在关系,探讨不同的回收模式下制造商的渠道入侵决策对闭环供应链系统利润和消费者剩余的影响。综合再制造行业的具体实践和模型的实际需要，对回收不受销售量约束与受销售量约束两种情形下分别给出了变量的初始值。当回收量不受销售量约束时，为满足条件 $\phi_{SM}>0$，$\phi_{SR}>0$，$\phi_{DM}>0$，$\phi_{DR}>0$，参数选取：$\{a, b, \alpha, \beta, \delta, c_n\} = \{100, 5, 5, 2, 2, 5\}$。当回收量受销售量约束时，为满足条件 $\phi_{SM}\leq 0$，$\phi_{SR}\leq 0$，$\phi_{DM}\leq 0$，$\phi_{DR}\leq 0$ 的约束，参数选取：$\{a, b, \alpha, \beta, \Delta, c_n\} = \{50, 5, 15, 3, 2, 5\}$。

为便于分析，定义以下参数：ΔP_T^{i*}，$i \in \{M, R\}$ 表示制造商入侵前后闭环供应链渠道总利润的变化值；ΔCS^{i*}，$i \in \{M, R\}$ 表示制造商入侵前后消费者剩余的变化值。计算可知，回收量不受销售量约束时两种回收模式下制造商渠道入侵前后闭环供应链系统总利润的变化值相同，即 $\Delta P_T^{M*} = \Delta P_T^{R*}$。利用直销渠道成本（参数 C_d）来衡量制造商渠道入侵对本企业、零售商和闭环供应链系统的影响，设阈值 C_d^{N1*} 和 C_d^{N2*} 表示回收量不受销售量约束时制造商入侵前后系统总利润相等的点，即方程 $P_T^{Di*} - P_T^{Si*} = 0$，$i \in \{M, R\}$ 的两个实根。回收量受销售量约束时，阈值 C_d^{N3*} 和 C_d^{N4*} 为方程 $P_T^{DM*} - P_T^{SM*} = 0$ 的两个实根，而阈值 C_d^{N5*} 和 C_d^{N6*} 为方程 $P_T^{DR*} - P_T^{SR*} = 0$ 的两个实根。

图 2-1 反映了不同回收模式下制造商渠道入侵对闭环供应链渠道总利润的影响。无论在哪一种回收模式下，制造商的渠道入侵并不一定会增加渠道的总利润。由图 2-1 可知，当且仅当直销渠道成本 C_d 足够小或足够大时，制造商的渠道入侵会增加闭环供应链系统利润；当直销渠道成本 C_d 位于中间水平时，制造商渠道入侵反而会导致闭环供应链系统利润下降。其原因为：制造商渠道入侵一方面直接带来了销售收益，同时渠道冲突的产生会导致零售渠道收益和再制造总成本节约的变化。当 C_d 较小时，直销渠道的成本优势所产生的收益增加效应超过了渠道冲突导致闭环供应链系统利润减少的效应，此时直销渠道的存在在一定程度上缓解了供应链的双重边际效应，因此制造

商的渠道入侵增加了闭环供应链系统的总利润。当C_d足够大时,直销渠道的成本劣势凸显,但此时制造商降低批发价格带来了零售渠道销售量的增加,因此批发价格降低带来零售渠道总收益增加缓和了供应链的双重边际效应,闭环供应链系统的利润也因此更高。当C_d处于中间水平时,渠道冲突加剧了供应链的双重边际效应,因此导致供应链总利润降低。

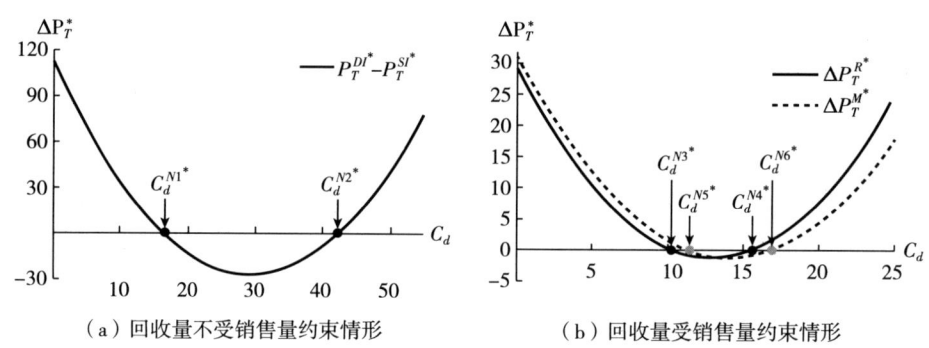

图 2-1 C_d 对渠道总利润的影响

图 2-1(a)和图 2-1(b)分别分析了回收量不受与受销售量约束条件下不同回收模式对渠道总利润变化的影响。由图 2-1(a)可知,当$C_d \in (0, 285(6-\sqrt{7})/58] \cup (285(6-\sqrt{7})/58, 57)$时,制造商渠道入侵对闭环供应链系统有利,相反会导致闭环供应链系统利润降低。当回收受需求约束时,回收模式与闭环供应链系统利润之间的关系较为有趣。首先,当C_d较小时,图 2-1(b)表明零售商回收模式下制造商渠道入侵所带来的增量利润高于制造商回收模式下的增量利润(由关系式$C_d^{N3*} < C_d^{N5*}$可知);当C_d较大时,制造商回收模式下制造商渠道入侵带来系统的增量利润高于零售商回收模式(由关系式$C_d^{N4*} < C_d^{N6*}$可知)。具体原因为:当C_d较小时,直销渠道对闭环供应链系统利润的增加起主导作用。通过对比发现,零售商回收模式下直销渠道的需求量更高,此时相比单渠道模式,零售商回收模式下制造商渠道入

侵带来的增量利润更高。相反，当C_d足够大时，零售渠道对闭环供应链系统利润的增加起了主要作用，当C_d足够大时，制造商回收模式下零售渠道的需求量高于零售商回收模式，此时制造商回收模式下制造商渠道入侵带来了更高的增量利润。其次，计算可知$C_d^{N4*} - C_d^{N3*} > C_d^{N6*} - C_d^{N5*}$，表明零售商回收模式下闭环供应链受益于制造商渠道入侵的区间更大。

图2-2反映了不同回收模式下制造商渠道入侵对消费者剩余变化的影响。首先，不管在何种回收模式下，制造商的渠道入侵总会增加消费者剩余，这是因为渠道入侵下闭环供应链总需求量的增加提高了消费者剩余。然而随着直销渠道成本C_d的增加，消费者剩余不断下降，说明直销渠道效率降低会降低消费者剩余。闭环供应链系统总利润与消费者剩余的变化趋势并不完全一致，当C_d足够大时，渠道入侵仍能使闭环供应链系统受益，但消费者剩余却不断下降。这是因为C_d不断增加，尽管制造商降低批发价格提高了零售渠道的销售量，但同时直销渠道的销售量降低，总销售量下降，因此消费者剩余下降。其次，当回收量不受销售量约束时，制造商渠道入侵下消费者剩余的增加量不受回收模式的影响。当回收量受销售量约束时，图2-2(b)表明制造商回收模式下制造商渠道入侵带来的消费者剩余增加的幅度更大（原因是$\Delta CS^{M*} > \Delta CS^{R*}$），原因是制造商回收模式下供应链系统的双重边际效应更低，从而渠道的总销售量更高。

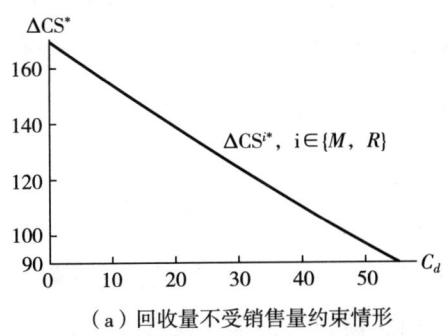
（a）回收量不受销售量约束情形

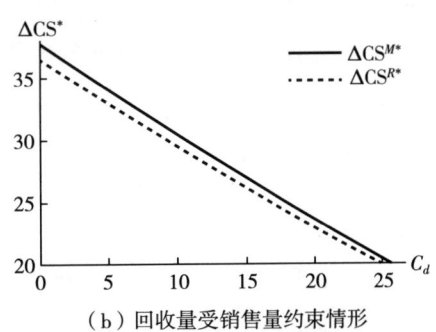
（b）回收量受销售量约束情形

图2-2　C_d对消费者剩余的影响

本章小结

本章分析了制造商回收与零售商回收模式下制造商最优渠道入侵决策的选择,并探讨了不同回收模式下零售商、闭环供应链系统和消费者剩余的变化。通过建立两种回收模式下考虑与不考虑制造商渠道入侵的闭环供应链模型,对比均衡结果得到了以下结论:首先,无论制造商是否进行渠道入侵,制造商回收模式对企业自身和闭环供应链系统更有利。其次,不管回收量是否受销售量约束,当直销渠道的成本高于一定的临界值时,制造商的渠道入侵对零售商有利。最后,当回收量不受销售量约束时,回收模式对制造商的最优渠道入侵策略没有影响。但如果回收量受销售量约束,制造商回收模式下制造商渠道入侵带来的增量利润更高,而零售商回收模式下受益于渠道入侵的区间更大;与此同时,零售商回收模式下制造商渠道入侵对零售商更有利。

从实践的角度分析,该研究对制造商和政策制定者来说均提供了一定的借鉴。从制造商角度出发,渠道入侵下回收模式的选择与公司的战略决策相关,如果制造商追求提高企业的利润,则应直接对产品进行回收;如果制造商更偏向于拓展直销渠道的影响力和开拓市场,则零售商回收模式更为有效。例如,对于一些电子产品制造商(华为、联想等)来说,要最大化实现产品再制造的经济价值时,企业直接回收更为有效,而若以拓展直销渠道的影响力为目标,则委托零售商回收更有效。从政策制定者的角度来说,应在经济、社会和环境效益三方面进行权衡,制造商回收模式下的回收率水平和消费者剩余均更高,而闭环供应链系统利润取决于直销渠道的成本效率。2016年,国家商务部、发改委等六部联合发布《关于推进再生资源回收行业转型升级的意见》中强调：要积极实现制造商线上直接回收模式与线下传统回收模式的有机结合，从而提高废旧产品资源的回收和利用效率。例如，对于新兴电子行业，政府应积极引导生产厂商对产品直接进行回收，以提高回收资源的利用效率，而针对钢铁等大宗产业，由于生产商离消费市场较远，政府应积极引导生产商与零售商联合对产品进行回收再利用。

本章对闭环供应链中回收与销售渠道之间的内在关系进行了初步的探讨，但仍然存在一些不足之处。首先，模型并未考虑竞争因素对决策的影响，如回收渠道的竞争或制造商竞争背景下对问题进行分析更有趣。其次，并未考虑需求或回收过程的不确定性，而需求或成本不完全信息下对问题的分析更具现实意义。最后，考虑闭环供应链中决策者的风险偏好类型对渠道选择的影响值得进一步研究。

第三章 转移支付价格外生下制造商渠道入侵策略研究

第一节 引 言

渠道的设计与选择对于企业实现生产与营销目标、提高核心竞争力具有重要的战略性意义，而在闭环供应链中企业同时面临产品销售与回收双重渠道的设计与选择问题。不少学者研究了闭环供应链中制造商废旧产品的回收渠道选择问题，Savaskan 等（2004）建立了制造商、零售商与独立第三方回收产品的模型，通过对比发现零售商回收模式下回收率较高，制造商能获得更高的利润，原因是零售商更接近终端消费市场。在此基础上，Savaskan 和 Van Wassenhove（2006）在零售商竞争的条件下比较了制造商直接回收和间接回收模式下的厂商利润，得出了制造商最优的回收渠道选择策略。Atasu 等（2013）研究了回收成本函数形式的变化对回收渠道选择的影响，结论指出制造商选择直接回收或间接回收渠道取决于回收成本结构对制造商影响零售商销售和回收量决策的调节作用。然而，一些学者则考虑了不同因素（如信息分享模式、回收约束、联合采购）对闭环供应链回收渠道选择的影响。聂佳佳（2013）分析了零售商需求信息的分享对闭环供应链回收渠道选择问题的影响。孙嘉轶等（2013）假设回收数量同时受回收价格和销售数量影响下闭环供应链回收渠道的选择问题。聂佳佳等（2015）研究了联合采购行为对零售商领导的闭环供应链定价与回收决策的影响。同时，一些学者则从新产品与再制造产品差异化竞争、渠道竞争的视角研究了回收渠道的选择问题。包晓英等（2010）考虑了新产品与再制造产品的异质性，分析了再制造闭环供应链的最优定价与协调策略。Huang 等（2013）分析了制造商分别选择单回收渠道或双回收渠道的条件。缪朝炜和夏志强（2016）分析了第三方回收模式下销售渠道选择的差异对闭环供应链以旧换新策略的影响。卢荣花和李南（2016）在随机需求和零售商竞争环境下分析了制造商回收渠道的选择决策。Wu 和 Zhou（2017）在供应链竞争环境下研究了制造商最优回收渠道的选择问题，发现不同制造商之间可能会产生"囚徒困境"的结果。

上述关于闭环供应链的研究主要关注产品回收的渠道选择问题，并未涉及销售渠道的选择。然而随着电子商务不断地发展与网络化时代的到来，企业的渠道设计与管理策略也逐渐发生了重要的改变，在传统销售渠道的基础上，许多企业积极开通了直销渠道销售产品。例如，戴尔、苹果等公司均通过双渠道模式获得了巨大的成功，越来越多的企业对此模式进行了效仿。双销售渠道模式对于增加品牌认知度、控制批发零售价格及了解顾客偏好产生了积极的作用（Mukhopadhyay et al.，2008）。但与此同时，如不能有效解决两种渠道之间的冲突，直销渠道将直接损害下游零售商的利益，如惠普公司为与下游零售商建立良好的伙伴关系，承诺不进行任何的直销销售行为①。在一般供应链的背景下已有很多学者研究如何有效缓和渠道冲突、提高供应

---

① 参见 http：//www.channelregister.co.uk/2013/02/20/hp_vows_to_end_channel_conflict。

链决策效率的问题。但在闭环供应链背景下关于双渠道管理的研究还非常少，分析产品回收、再制造与供应链渠道选择之间的内在关系具有重要的实际意义。

关于双渠道供应链决策的研究，Chiang 等（2003）指出，制造商开通直销渠道在一定条件下会同时受益于零售商。Dumrongsiri 等（2008）证明了当需求的不确定性越低时，制造商会从开通直销渠道中获得更多的收益。Arya 等（2007）假设供应商通过直销渠道销售的成本高于零售商渠道的成本，供应商在渠道入侵的条件下有动力去降低对零售商的批发价格从而提高零售商渠道的销量；当零售商渠道成本的优势越大时，渠道入侵会使零售商越受益。Li 等（2013，2015）将 Arya 等（2007）的研究拓展至信息不对称条件下进行了分析。罗美玲等（2014）分析了供应链中双向"搭便车"行为对制造商直销渠道引入决策的影响。Ha 等（2015）则研究了不同渠道之间质量差异化对制造商渠道入侵策略的影响。关于双渠道闭环供应链决策问题的研究，Ma 等（2013）假设消费者对网络与传统渠道具有差异性偏好，分析了政府的补贴行为对双渠道闭环供应链定价决策的影响。易余胤和袁江（2012）在销售与回收渠道均存在冲突的背景下研究了闭环供应链协调机制的设计问题。林杰和曹凯（2014）延伸了易余胤和袁江的研究，分析了制造商和零售商分别作为渠道领导者背景下双渠道闭环供应链的决策问题。但从本质上来看，上述关于双渠道闭环供应链的研究均假设双渠道结构是给定的，而并未研究闭环供应链的销售渠道选择问题。Yan 等（2015）在新产品与再制造产品差异化的背景下分析了再制造产品销售渠道的选择问题（制造商直接销售或通过第三方进行销售），但并未考虑制造商是否引入直销渠道的决策问题。

综合来看，还未有研究在闭环供应链的背景下分析产品的回收与再制造对制造商渠道进入策略的影响。鉴于此，区分已有研究，本书分别在制造商与零售商回收模式下分析制造商的渠道进入策略，探讨回收模式与制造商直销渠道引入行为之间的内在关系，主要对以下三个问题做出回答。①不同回收模式下制造商渠道进入的最优策略是什么，制造商的渠道进入能否受益于零售商？②制造商渠道进入行为是否会提高闭环供应链系统的利润、增加环境绩效和社会福利水平？③回收模式对制造商渠道入侵决策会产生怎样影响？

第二节 问题描述

考虑由一个制造商和一个零售商组成的二级闭环供应链系统。制造商以价格 w 将产品批发给下游的零售商，双渠道模式下，制造商直销渠道和零售商传统渠道的需求量分别为 q_m 和 q_r。考虑两种回收模式：①制造商直接回收；②制造商委托零售商回收，零售商回收模式下制造商以回收转移支付价格 b 回购产品进行再制造。与 Chiang 等（2003）、Arya 等（2007）研究不同的是，本书在闭环供应链背景下探讨制造商是否应该引入直销渠道的问题，并分析渠道进入对供应链、环境、消费者剩余及社会福利的影响。

根据 Savaskan 等（2004）、Savaskan 和 Van Wassenhove（2006）的研究，假设制造商生产新产品的单位成本为 c_n，利用回收材料生产再制造产品的单位成本为 c_{rm}，为保证制造商有从事产品回收及再制造的动力，生产成本需要满足条件 $c_{rm} < c_n$。为方便表示，用 $\Delta = c_n - c_{rm}$ 表示单位再制造成本节约水平。从经济可行性的角度分析，再制造产品的成本节约难以覆盖生产新产品的全部成本，所以需满足 $\Delta \in [0, c_n)$。假设废旧产品的回收率为 τ，满足 $0 \leqslant \tau \leqslant 1$。根据上述假设，制造商产品的单位平均生产成本可表示为 $c_a = \tau c_{rm} + (1 - \tau) c_n$。在本书的模型中，假设新产品与再制造产品在质量、功能等方面没有差异，消费者对两种产品的估价完全一致（Savaskan et al., 2004；Savaskan and Van Wassenhove, 2006; Ferrer and Swaminathan, 2006)。

制造商回收成本包括回收变动成本和固定成本两个部分。假设回收的单位变动成本为 A,回收的固定成本是回收率的函数,表示为 $C(\tau) = g\tau^2$。其中 g 表示回收成本函数的范围参数,反映了制造商回收的效率。运用二次函数的形式刻画回收成本在已有研究中普遍存在(Savaskan et al., 2004; Savaskan and Van Wassenhove, 2006)。为简化模型,不考虑回收变动成本对决策的影响,而实际上如果将回收成本考虑成 $A + g\tau^2$,并不改变本书的主要研究结论。

与 Arya 等(2007)、Liu Zhang(2006)、Li 等(2013)研究一致,假设制造商引入直销渠道并不影响传统渠道的需求。消费者的逆需求函数表示为 $P(Q) = a - Q$,其中 P 和 Q 分别表示产品的价格和均衡销售量,a 表示市场的初始需求量。在单渠道模式下,传统渠道的需求为 $Q = q_r$;在双渠道模式下,$Q = q_r + q_m$。此需求函数将制造商和零售商的产量作为决策变量,且假设两种渠道是完全替代的关系①。进一步假设制造商通过直销渠道销售产品的单位成本为 C_d,$C_d \in [0, a)$;零售商由于更接近消费市场和熟悉顾客的偏好,并在产品销售方面具有规模经济效应,从而具有一定的渠道成本优势,假设零售商的单位销售成本为 0(Arya et al., 2007)。

假设利用回收产品进行再制造对环境造成的负面影响(气体排放、污染等)低于生产新产品带来的环境影响。根据知名运动品牌 Patagonia 的分析,利用回收产品作为材料生产一件新的聚酯类衣服比完全利用新材料进行生产减少了 71% 的废气排放②;对比利用原材料生产的新喷墨打印机产品,利用

---

① 如果考虑以下延伸的两种需求函数的情形,除了模型均衡解的形式发生变化,本书的主要结论仍然是成立的。一是双方之间以价格作为决策变量展开竞争,需求函数表示为 $Q_i(p_i, p_j) = (a(1 - \gamma) - p_i + \gamma p_j)/(1 - \gamma^2)$;$i, j = \{r, m\}$。二是双方之间的产品非完全替代情形,需求函数表示为 $P_i(q_i, q_j) = a - q_i - \gamma q_j$,$i, j \in \{r, m\}$。

② 参见 http://www.enn.com/top_stories/article/2402(accessed date May16, 2015)。

回收材料进行再制造将减少46%的污染物排放[①]。不失一般性,用 σ 表示生产新产品的单位排放量, $\alpha\sigma$ 表示生产再制造产品的单位排放量, $\alpha \in (0, 1)$ 表示再制造产品的排放强度(Gong and Zhou,2013)。为方便表示,假设 $\sigma = 1$ 且总排放量关于总生产量线性递增。直销与传统渠道的需求为 q_m 和 q_r,则总的排放量即为 $EI = [(1-\tau)\sigma(q_r + q_m) + \alpha\tau\sigma(q_r + q_m)] = (1 - (1-\alpha)\tau)(q_r + q_m)$。消费者剩余记为 CS,则社会福利水平表示为 $SW = PS + CS - EI$(Walls and Palmer,2001)。其中, $PS = \Pi_m + \Pi_r$ 为生产者剩余, Π_m 和 Π_r 分别表示制造商和零售商的利润。

第三节 制造商回收模型

本节在制造商直接回收模式下建立制造商不引入直销渠道与引入直销渠道背景下的闭环供应链博弈模型,通过对不同模型的均衡解进行比较,分析制造商的渠道进入决策,并进一步探究制造商渠道进入对零售商、闭环供应链系统、环境及社会福利的影响。在制造商回收模式下,零售商仅负责传统渠道产品的销售。以下将分别讨论制造商引入与不引入直销渠道两种情形下闭环供应链的决策。

一、无直销渠道(模型 MN)

制造商不引入直销渠道的情形中,闭环供应链仅存在单一的传统销售渠道。制造商和零售商间的博弈顺序为:制造商首先选择产品的批发价格 w 和回收率 τ,其次零售商确定传统渠数量 q_r。给定 w 和 τ,零售商的决策问题为:

---

① 参见 http://www.remanufacturing.org.uk/allresources.php。

$$\max_{q_r} \prod_r = (a - q_r - w) q_r \tag{3-1}$$

可验证 $\prod_r$ 是关于变量 q_r 的凹函数，零售商传统渠道的最优价格满足 $q_r(w,\tau) = (a-w)/2$。根据 $q_r(w,\tau)$，制造商的决策问题为：

$$\max_{w,\tau} \prod_m = (w - c_n + \Delta \tau) q_r(w,\tau) - g\tau^2 \tag{3-2}$$

可证明当条件 $8g - \Delta^2 > 0$ 满足时，$\prod_m$ 是关于 w 和 τ 的联合凹函数。联立一阶条件，可解出制造商的均衡批发价格 w^{MN*} 与回收率 τ^{MN*}。然后，将 w^{MN*} 和 τ^{MN*} 代入 $q_r(w,\tau)$ 中可得传统渠道的均衡产量 q_r^{MN*}，进一步将上述均衡结果代入决策成员及系统的利润函数中可得制造商、零售商和闭环供应链系统的均衡利润 $\prod_m^{MN*}$、$\prod_r^{MN*}$ 和 $\prod_T^{MN*}$。根据传统渠道的均衡数量可按照公式 $CS^* = 0.5 Q^2$ 算出消费者剩余，模型 MN 的均衡结果如表 3-1 所示。

表 3-1 模型 MN 与模型 ME 中闭环供应链的均衡决策

均衡	模型 MN	模型 ME
w^*	$\dfrac{4g(a+c_n) - a\Delta^2}{8g - \Delta^2}$	$\dfrac{4g(a+c_n) - \Delta^2(2a - C_d)}{2(4g - \Delta^2)}$
q_r^*	$\dfrac{2g(a - c_n)}{8g - \Delta^2}$	$\dfrac{C_d}{2}$
q_m^*	—	$\dfrac{4g(a - c_n) - (8g - \Delta^2) C_d}{2(4g - \Delta^2)}$
τ^*	$\dfrac{\Delta(a - c_n)}{8g - \Delta^2}$	$\dfrac{\Delta(a - c_n - C_d)}{4g - \Delta^2}$
$\prod_m^*$	$\dfrac{g(a - c_n)^2}{8g - \Delta^2}$	$\dfrac{4g(a - c_n)^2 - 8g(a - c_n) C_d + (8g - \Delta^2) C_d^2}{4(4g - \Delta^2)}$
$\prod_r^*$	$\dfrac{4g^2(a - c_n)^2}{(8g - \Delta^2)^2}$	$\dfrac{C_d^2}{4}$
CS^*	$\dfrac{2g^2(a - c_n)^2}{(8g - \Delta^2)^2}$	$\dfrac{2g^2(a - c_n - C_d)^2}{(4g - \Delta^2)^2}$

续表

均衡	模型 MN	模型 ME
EI^*	$\dfrac{2g(a-c_n)\begin{pmatrix}8g-(a(1-\alpha)+\Delta)\Delta+\\(1-\alpha)\Delta c_n\end{pmatrix}}{(8g-\Delta^2)^2}$	$\dfrac{2g(a-c_n-C_d)\begin{pmatrix}4g-(a(1-\alpha)+\Delta)\Delta+\\(1-\alpha)\Delta(c_n+C_d)\end{pmatrix}}{(4g-\Delta^2)^2}$

二、引入直销渠道（模型 ME）

该情形下，闭环供应链中同时存在直销与传统渠道两种销售渠道。制造商与零售商的博弈顺序为：制造商首先选择直销渠道数量 q_m、批发价格 w 和回收率 τ；其次，零售商选择传统渠道数量 q_r。给定制造商的决策，零售商的决策模型为：

$$\max_{q_r} \prod_r = (a - q_r - q_m - w)q_r \tag{3-3}$$

根据式（3-3），优化零售商的决策可得到传统渠道的最优产量 $q_r(w, q_m)$。则制造商的决策问题表示为：

$$\max_{w,q_m,\tau} \prod_m = (a - q_r(w,q_m) - q_m - c_n - C_d + \Delta\tau)q_m + (w - c_n + \Delta\tau)q_r(w, q_m) - g\tau^2 \tag{3-4}$$

可验证当条件 $4g - \Delta^2 > 0$ 满足时，$\prod_m$ 是关于变量 w、q_m 和 τ 的联合凹函数。优化制造商的决策问题，可得到均衡批发价格 w^{ME*}、直销渠道均衡产量 q_m^{ME*} 和均衡回收率 τ^{ME*}。将 $(w^{ME*}, q_m^{ME*}, \tau^{ME*})$ 代入 $q_r(w, q_m)$ 中可得传统渠道的均衡数量 q_r^{ME*}。

在模型 ME 中，闭环供应链的均衡决策、渠道成员和系统的最优利润和均衡消费者剩余如表 3-1 所示。

三、两模型间对比

以上分析了制造商回收模式下引入与不引入直销渠道情形闭环供应链的

均衡决策,那么该回收模式下制造商如何选择渠道进入决策,引入直销渠道对零售商、供应链系统、消费者、环境和社会福利会产生怎样的影响?本节将回答这些问题。

命题 3-1 在制造商回收模式下,当 $C_d < C_d^{m1} = 4g(a-c_n)/(8g-\Delta^2)$ 时,直销渠道销售量非负,制造商选择引入直销渠道;否则,制造商不引入直销渠道。制造商引入直销渠道始终对自身及消费者有利。

$$\prod_m^{ME*} - \prod_m^{MN*} = \frac{(4g(a-c_n)-(8g-\Delta^2)C_d)^2}{4(32g^2-12g\Delta^2+\Delta^4)} > 0$$

$$CS^{ME*} - CS^{MN*} = 2g^2\left(\frac{a-c_n-C_d}{4g-\Delta^2}+\frac{a-c_n}{8g-\Delta^2}\right)\left(\frac{a-c_n-C_d}{4g-\Delta^2}-\frac{a-c_n}{8g-\Delta^2}\right) > 0$$

由命题 3-1 可以看出,仅当制造商通过直销渠道销的边际成本低于一定的临界值时,直销渠道的需求量为正,此时制造商才会选择进入直销渠道。表明当零售商销售的成本优势足够大时,此时制造商难以通过开通直销渠道而从零售商处获得一定的市场份额,因此不会进入直销渠道与零售商展开竞争。这个结论与当前一些巨头零售商(沃尔玛、家乐福等)的渠道策略是一致的,由于此类巨头零售商的低销售成本优势,在一定程度上有效阻止了上游制造商的渠道进入。另外,制造商将能始终从进入直销渠道中获利,这是因为制造商从直销渠道获得了一部分的市场份额,从而增加了总销售收益。因此,与不选择渠道进入情形相比,选择开通直销渠道始终对制造商更为有利。

对制造商引入直销渠道的阈值 C_d^{m1} 分析可知: $\partial C_d^{m1}/\partial \Delta > 0$, $\partial C_d^{m1}/\partial g < 0$。制造商的回收成本越低或者再制造成本节约越高,将会导致选择开通直销渠道的临界值 C_d^{m1} 向右移动,此时制造商选择进入直销渠道的区间将扩大。这是因为制造商通过提高再制造成本节约水平或降低回收成本可以在一定程度上弥补直销渠道销售成本的劣势。由此可见,制造商应该努力降低回收的成本并提高废旧产品再制造的效率(如通过建立系统的回收渠道,实现回收的

规模经济性；使用基于拆卸性的产品化设计等）。

命题 3-2 在制造商回收模式下，制造商引入直销渠道始终对零售商不利：

$$\prod_r^{ME*} - \prod_r^{MN*} = \left(\frac{C_d}{2} + \frac{2g(a-c_n)}{8g-\Delta^2}\right)\left(\frac{C_d}{2} - \frac{2g(a-c_n)}{8g-\Delta^2}\right) < 0$$

多数研究已表明：制造商引入直销渠道在一定条件下将会受益于零售商，原因是制造商同时降低了批发价格从而提高了传统渠道的需求量。但与传统供应链研究结论不同的是，在制造商回收的闭环供应链中，制造商引入直销渠道始终对零售商不利。在双渠道闭环供应链中，尽管制造商降低了批发价格，供应链的双重边际效应降低，但该效应不足以抵消渠道竞争导致零售商利润下降的影响。实质上，闭环供应链中制造商同时负责产品的回收，因此会努力提高产品回收率和再制造收益。与传统双渠道供应链相比，零售商的渠道影响力被削弱，传统渠道的成本优势难以再使零售商获利。

该结论有效补充了 Arya 等（2007）的研究，从理论上说明在制造商回收的闭环供应链中，直销渠道的引入将不能受益于零售商；传统渠道的成本优势增加仅能减少零售商的劣势，但不足以完全抵消渠道竞争带来利润的减少效应。因此，双渠道闭环供应链中零售商应选择合适的决策以降低直销渠道引入所产生的不利影响。

命题 3-3 当且仅当 C_d 满足 $C_d \in [0, C_d^t)$ 时，制造商引入直销渠道会实现闭环供应链系统利润的增加；当 $C_d \in [C_d^t, C_d^{m1})$ 时，制造商引入直销渠道对闭环供应链系统不利。其中，$C_d^t = \dfrac{8g^2(a-c_n)}{48g^2 - 14g\Delta^2 + \Delta^4}$。

命题 3-3 表明：当且仅当零售商传统渠道的成本优势足够大（C_d 足够小）时，制造商开通直销渠道会增加整个闭环供应链系统的利润。当 $C_d < C_d^t$ 时，制造商存在直销渠道的成本优势，一部分消费者将从传统零售渠道向直销渠道转移，此种情形下制造商进入直销渠道带来的影响是：降低了对零售

商产品的批发价格进而减少了渠道冲突所产生的双重边际化效应,因此增加了系统的利润。另外,当零售商的渠道成本优势不特别明显时($C_d \in [C_d^t, C_d^{m1})$),尽管引入直销渠道对于制造商自身来说有利,但却降低了整个闭环供应链的利润。这是因为当 C_d 处于中间水平时,制造商和零售商都会彼此为获得更多的市场份额而展开激烈的竞争,渠道冲突的不利影响也最为明显,从而损害了整个系统的利益。

命题 3-4 ①在制造商回收模式下,制造商引入直销渠道对环境不利,$EI^{ME*} > EI^{MN*}$。②当且仅当 C_d 满足 $C_d \in [0, C_d^{sw1})$ 时,制造商引入直销渠道会提高社会福利;当 $C_d \in [C_d^{sw}, C_d^{m1})$ 时,直销渠道引入降低了社会福利。其中,C_d^{sw1} 是方程 $SW^{ME*} = SW^{MN*}$ 的一个正实根。

闭环供应链的环境绩效受废旧产品回收率与渠道需求两方面因素影响,回收率越高对降低环境影响越有利,而需求增加则会导致环境的不利影响增加。与单渠道决策情形比较,制造商引入直销渠道情形下产品的回收率和销售量均增加($Q^{ME*} > Q^{MN*}$,$\tau^{ME*} > \tau^{MN*}$),但需求增加对环境带来的负面影响超过了回收量增加带来的正向环保绩效,因此该回收模式下制造商渠道进入始终对环境不利。该结论对于实施闭环供应链的企业及政府来说具有重要的借鉴意义,从企业追求实现利润最大化的立足点分析,生产企业必然会选择进入直销渠道从而抢占更多的市场份额以获得更高的利润,但该行为在一定的条件下不利于环保。因此政府应该结合行业实际,积极引导生产企业的渠道进入行为。

社会福利由消费者剩余、生产者剩余和环境影响三个部分构成,由于制造商渠道进入下渠道需求更高($Q^{ME*} > Q^{MN*}$),因此消费者剩余在制造商引入直销渠道情形下更高,社会总福利水平的变化主要取决于闭环供应链系统利润(生产者剩余)及总的环境影响。制造商渠道进入增加了系统利润,但同时增加了对环境的不利影响。因此,当直销渠道的成本优势较明显时,系统利润的增加占主导作用，此时社会福利水平增加。相反，当传统渠道成本优势较大时，环境的负面影响起主导作用，此时制造商渠道进入反而导致社会福利降低。

第四节 零售商回收模型

零售商回收模式在经济实践中的案例非常普遍，本节旨在分析该回收模式下制造商的渠道进入行为对零售商及供应链的影响，并对比消费者剩余与社会福利的变化情况。在零售商回收的闭环供应链中，制造商通过从零售商处回购废旧产品并进行产品的再制造。

一、无直销渠道（模型 RN）

该决策环境下闭环供应链仅存在传统销售渠道，制造商和零售商的决策顺序为：制造商首先选择批发价格 w，其次零售商选择传统渠道的数量 q_r 和回收率 τ。给定 w，零售商的决策问题为：

$$\max_{q_r,\tau} \prod_r = (a - q_r - w + b\tau)q_r - g\tau^2 \qquad (3-5)$$

可验证当满足 $4g - b^2 > 0$ 时，$\prod_r$ 是关于变量 q_r 和 τ 的联合凹函数，模型存在唯一最优解。联合一阶条件，可得传统渠道的最优数量 $q_r(w) = \dfrac{2g(a-w)}{4g-b^2}$ 与回收率 $\tau(w) = \dfrac{b(a-w)}{4g-b^2}$。根据零售商决策的最优反应，制造商的决策问题为：

$$\max_w \prod_m = (w - c_n + (\Delta - b)\tau(w))q_r(w) \qquad (3-6)$$

当 $4g - b\Delta > 0$ 时，$\prod_m$ 是关于 w 的凹函数，制造商的决策存在均衡解。根据一阶条件，可得制造商的均衡批发价格 w^{RN*}。另外，将 w^{RN*} 代入 $q_r(w)$

和 $\tau(w)$ 中可解出均衡数量 q_r^{RN*} 与回收率 τ^{RN*}。

在模型 RN 中，闭环供应链的均衡结果、最优利润和消费者剩余如表 3-2 所示。

表 3-2 模型 RN 与模型 RE 中闭环供应链的均衡决策

均衡	模型 MN	模型 ME
w^*	$\dfrac{a(4g+b^2-2b\Delta)+(4g-b^2)c_n}{8g-2b\Delta}$	$\dfrac{a(10b^2g-b^4+8g(g-b\Delta))-2(4g-b^2)gc_n-b(8bg-4g\Delta-b^3)C_d}{16g^2-b^4-8bg(\Delta-b)}$
q_r^*	$\dfrac{g(a-c_n)}{4g-b\Delta}$	$\dfrac{2g(b^2(a-c_n)+(b^2+4g-2b\Delta)C_d)}{16g^2-b^4-8bg(\Delta-b)}$
q_m^*	—	$\dfrac{2(4g-b^2)g(a-c_n)+4g(4g-b\Delta)C_d}{16g^2-b^4-8bg(\Delta-b)}$
τ^*	$\dfrac{b(a-c_n)}{8g-2b\Delta}$	$\dfrac{b(4g(a-c_n+C_d)+b^2C_d)}{16g^2-b^4-8bg(\Delta-b)}$
Π_m^*	$\dfrac{g(a-c_n)^2}{8g-2b\Delta}$	$\dfrac{2g\begin{pmatrix}2g(a-c_n)^2-(4g-b^2)(a-c_n)C_d+\\(4g-b\Delta)C_d^2\end{pmatrix}}{16g^2-b^4-8bg(\Delta-b)}$
Π_r^*	$\dfrac{(4g-b^2)g(a-c_n)^2}{4(4g-b\Delta)^2}$	$\dfrac{g\begin{pmatrix}4b^2(4g-b^2)g(a-c_n)^2-\\2(b^3-4bg)^2(a-c_n)C_d-z_1C_d^2\end{pmatrix}}{(16g^2-b^4-8bg(\Delta-b))^2}$
CS^*	$\dfrac{g^2(a-c_n)^2}{2(4g-b\Delta)^2}$	$\dfrac{2g^2(4g(a-c_n+C_d)+b^2C_d)^2}{(16g^2-b^4-8bg(\Delta-b))^2}$
EI^*	$\dfrac{g(a-c_n)\begin{pmatrix}8g-ab(1-\alpha)-2b\Delta+\\(1-\alpha)bc_n\end{pmatrix}}{2(4g-b\Delta)^2}$	$\dfrac{2gz_2(4g(a-c_n+C_d)+b^2C_d)}{(16g^2-b^4-8bg(\Delta-b))^2}$

注：$z_1=b^6+4b^4g-64g^3-4b^5\Delta+32b^3g\Delta+64bg^2\Delta-16b^2g(5g+\Delta^2)$；
$z_2=8b^2g-b^4+16g^2-4bg(a(1-\alpha)+2\Delta)-b(1-\alpha)(b^2C_d-4g(c_n+C_d))$。

二、引入直销渠道（模型 RE）

在制造商引入直销渠道情形下，闭环供应链中同时存在直销与传统渠道。

零售商负责传统渠道与产品回收,制造商负责直销渠道并从零售商处回购产品进行再制造。制造商与零售商的博弈顺序为:制造商选择直销渠道数量 q_m 与批发价格 w,零售商选择传统渠道数量 q_r 与回收率 τ。给定 w 和 q_m,零售商的决策问题为:

$$\max_{q_r, \tau} \prod_r = (a - q_r - q_m - w)q_r + b\tau(q_r + q_m) - g\tau^2 \qquad (3-7)$$

可验证当满足 $4g - b^2 > 0$ 时,$\prod_r$ 是关于变量 q_r 和 τ 的联合凹函数。零售商决策的最优反应为 $q_r(w, q_m)$ 和 $\tau(w, q_m)$。然后,制造商的决策问题可表示为:

$$\max_{w, q_m} \prod_m = (a - q_r(w, q_m) - q_m - c_n - C_d + (\Delta - b)\tau(w, q_m))q_m + (w - c_n + (\Delta - b)\tau(w, q_m))q_r(w, q_m) \qquad (3-8)$$

当 $16g^2 - b^4 - 8bg(\Delta - b) > 0$ 时,$\prod_m$ 是关于变量 w 和 q_m 的联合凹函数。根据一阶条件,制造商的均衡决策为 w^{RE*} 和 q_m^{RE*}。将 w^{RE*} 和 q_m^{RE*} 代入零售商决策的最优反应函数 $q_r(w, q_m)$ 和 $\tau(w, q_m)$ 中可得传统渠道均衡数量 q_r^{RE*} 和回收率 τ^{RE*}。

在模型 RE 中,闭环供应链的均衡决策、最优利润及消费者剩余如表 3-2 所示。

三、两模型间对比

以上得到了零售商回收模式下不引入与引入直销渠道时闭环供应链的均衡决策,那么零售商回收模式下制造商如何选择渠道进入策略,制造商引入直销渠道对零售商、供应链、消费者、环境和社会福利会产生怎样的影响?本节将对上述问题进行回答。

命题 3-5 在零售商回收模式下,①当 $C_d < C_d^{m2} = \dfrac{(4g - b^2)(a - c_n)}{8g - 2b\Delta}$ 时,直销渠道需求为非负,制造商选择引入直销渠道。②制造商引入直销渠道始

终对自身及消费者有利，对零售商不利。

$$\prod_m^{RE*} - \prod_m^{RN*} = \frac{g\,(2(4g-b\Delta)\,C_d - (4g-b^2)(a-c_n))^2}{2(4g-b\Delta)(16g^2-b^4-8bg(\Delta-b))} > 0$$

$$CS^{RE*} - CS^{RN*} = \frac{1}{2}g^2\left(\frac{4g(a-c_n+C_d)+b^2 C_d}{16g^2-b^4-8bg(\Delta-b)} + \frac{a-c_n}{4g-b\Delta}\right) \times$$

$$\left(\frac{4g(a-c_n+C_d)+b^2 C_d}{16g^2-b^4-8bg(\Delta-b)} - \frac{a-c_n}{4g-b\Delta}\right) > 0$$

与制造商回收情形相似，在零售商回收模式下仅当直销渠道的成本低于一定的临界值时，制造商才选择引入直销渠道。在双渠道模式下总需求量增加，因此制造商利润和消费者剩余均实现增加。然而对于零售商来说，由于直销渠道引入带来了渠道竞争，导致传统渠道市场份额下降；尽管此时零售商的批发成本降低，但仍然不足以补偿渠道竞争所导致利润减少的效应。因此，制造商引入直销渠道对零售商不利。

分析零售商渠道进入的临界值 C_d^{m2} 可知，零售商回收模式下制造商回收转移支付价格影响制造商的渠道进入选择。当 $b = \frac{4g-2\sqrt{g(4g-\Delta^2)}}{\Delta}$ 时，阈值 C_d^{m2} 达到最大，此时制造商选择引入直销渠道的区间达到最大。当 $0<b<\frac{4g-2\sqrt{g(4g-\Delta^2)}}{\Delta}$ 时，C_d^{m2} 关于回收转移支付价格递增，制造商引入直销渠道的动力逐渐增加。相反，当 $\frac{4g-2\sqrt{g(4g-\Delta^2)}}{\Delta}<b<\Delta$ 时，C_d^{m2} 关于回收转移支付价格递减，制造商引入直销渠道的动力逐渐降低。该结果的管理意义为：在零售商回收模式下制造商渠道入侵的选择取决于回收转移支付价格的高低，且双方并非呈现一种单调关系。当回收转移支付价格低于一定的临界值时，制造商提高回收转移支付价格反而会有利于直销渠道的引入；相反，制造商提高回收转移支付价格会不利于直销渠道的引入。

命题 3-6 在零售商回收模式下：

（1）制造商引入直销渠道导致闭环供应链利润和环境绩效降低，$\prod_T^{RE*} < \prod_T^{RN*}, EI^{RE*} > EI^{RN*}$。

（2）当且仅当 C_d 满足 $C_d \in [0, C_d^{sw2})$ 时，制造商引入直销渠道会提高社会福利；当 $C_d \in [C_d^{sw2}, C_d^{m2})$ 时，直销渠道引入降低了社会福利。其中，C_d^{sw2} 是方程 $SW^{RE*} = SW^{RN*}$ 的一个正实根。

证明：由表 3-2 中均衡分析可得，$\prod_T^{RE*}$ 是关于 C_d 开口向上的二次函数。当 $C_d = C_d^{m2} = \dfrac{(4g-b^2)(a-c_n)}{8g-2b\Delta}$ 时，$\prod_T^{RE*} - \prod_T^{RN*} = \dfrac{g(a-c_n)^2}{-8g+2b\Delta} < 0$。当 $C_d = 0$ 时，$\prod_T^{RE*} - \prod_T^{RN*} = \dfrac{gH(a-c_n)^2}{4(4g-b\Delta)^2(b^4-8b^2g-16g^2+8bg\Delta)^2}$。其中，$H = -1024k^5 - 1792b^2k^4 + 2048bk^4\Delta - 1024b^2k^3\Delta^2 - 896b^4k^3 + 1792b^3k^3\Delta + 352b^6k^2 64b^5k^2\Delta - 256b^4k^2\Delta^2 + 128b^3k^2\Delta^3 - 48b^7k\Delta - 36b^8k + 32b^6k\Delta^2 + b^{10} + 4b^9\Delta < 0$，所以 $\prod_T^{RE*} - \prod_T^{RN*} < 0$。故 $\prod_T^{RE*} < \prod_T^{RN*}$ 得证。

另外，由分析可知，EI^{RE*} 是关于 C_d 的减函数，当 $C_d = C_d^{m2} = \dfrac{(4g-b^2)(a-c_n)}{8g-2b\Delta}$ 时，$EI^{RE*} = EI^{RN*}$。所以，$EI^{RE*} > EI^{RN*}$ 得证。

命题 3-6 分析了零售商回收模式下制造商引入直销渠道对闭环供应链利润、环境绩效和社会福利的影响。由命题可知，与制造商回收情形不同，零售商回收下制造商渠道进入将导致系统利润下降。原因为：在零售商负责回收下闭环供应链在传统销售渠道与回收渠道中均存在"双重边际"效应，尽管引入直销渠道能在一定程度上降低传统渠道的边际化效应，但还不足以增加系统的利润。因此，无论直销渠道的优势多明显，制造商渠道进入对闭环供应链系统都不利。另外，与制造商回收模式类似，制造商引入直销渠道降低了环境绩效，原因是双渠道模式下渠道的销售量提高导致对环境的影响增加。然而从社会福利对比的角度来说，仅当直销渠道优势足够明显时（$C_d \in$

$[0,C_d^{sw2}))$,在零售商回收模式下制造商渠道进入能提高社会福利。

第五节 回收模式对制造商渠道入侵策略的影响

本节探讨不同回收模式下制造商渠道入侵策略选择及对零售商、供应链系统、环境、消费者剩余和社会福利的影响。为刻画制造商渠道入侵的影响,可通过两种方式进行测量:①制造商渠道入侵前后决策者和系统利润、消费者剩余、环境影响和社会福利的变化幅度;②不同回收模式下制造商渠道入侵的区间大小。由于计算的复杂性,难以通过第一种方式分析不同回收模式下制造商渠道入侵策略的选择及对零售商、供应链、消费者、环境和社会福利的影响。命题3-7从区间变化的角度分析了何种回收模式下制造商更偏向于选择引入直销渠道。

命题3-7 ①对比制造商与零售商回收模式,在零售商回收模式下制造商引入直销渠道的区间缩小,$C_d^{m1} > C_d^{m2}$。②在制造商回收模式下制造商引入直销渠道对闭环供应链系统更有利。

证明:由命题3-1和命题3-5可得,$C_d^{m2} - C_d^{m1} = \left(\dfrac{-4g\Delta^2 + 8bg\Delta - b^2(8g + \Delta^2)}{(8g - 2b\Delta)(8k - \Delta^2)} \right)$ $(a - c_n)$。令$f(b) = -4g\Delta^2 + 8bg\Delta - b^2(8g + \Delta^2)$,其判别式为$\Delta(b) = -16g\Delta^2(4g - \Delta^2) < 0$,所以$f(b) < 0$且$C_d^{m2} < C_d^{m1}$成立。综合命题3-3与命题3-6,可知在制造商回收模式下引入直销渠道对闭环供应链系统更有利。

命题3-7对比了不同回收方式下制造商引入直销渠道的边界条件,由结论可知,制造商直接回收模式下制造商更偏好于引入直销渠道。制造商引入直销渠道的决策需考虑以下几方面因素,即渠道竞争效应、直销渠道收益与产品再制造收益。在零售商回收模式下,零售商同时负责传统渠道的销售与产品的回收,因此闭环供应链存在双向的"双重边际"效应;在制造商回收模式下,闭环供应链仅在正向销售渠道存在"双重边际"效应。从直销渠道引入对缓解闭环供应链双重边际效应的作用分析,在直接回收模式下制造商引入直销渠道能发挥更有效的作用以提高渠道的决策效率,因此在制造商回收模式下制造商更有动力采取渠道进入策略。另外,可从供应链渠道权力变化的角度对上述结论进行分析,与制造商回收模式相比较,在零售商回收模式下零售商由于需要负责产品的回收在渠道中的决策影响力增加。因此,在零售商回收模式下制造商的领导权地位得以削弱,所以引入直销渠道的动力降低。从闭环供应链系统角度分析,在零售商回收模式下,制造商引入直销渠道带来制造商利润增加的部分低于零售商利润降低的部分,而在制造商回收模式下直销渠道的引入导致供应链双重边际化效应的影响降低,因此当直销渠道成本优势足够大时,制造商引入直销渠道对系统有利。

命题3-7对于传统双渠道供应链中制造商渠道进入策略和闭环供应链中回收模式选择的研究均做了有效补充,论证了回收模式选择与制造商渠道进入策略之间的内在关系。该结论对现实经济中制造商渠道进入策略选择和企业再制造回收模式选择具有重要的借鉴意义,尤其在当前废旧产品回收再制造不断兴起的背景下,制造商的渠道和定价策略同样需要进行战略性改变,而将回收与渠道选择决策孤立开来是不合理的。例如,Xerox公司一直以来采用直接回收模式,在近年来不断推进直销渠道的建设,线上和线下销售渠道相结合取得了巨大成功(Chiang et al.,2013)。Dell公司在丰富销售渠道的同时提出了戴尔全球回收计划,为企业节约了资源并创造了巨大价值。①

---

① 参见http://www.dell.com/learn/us/en/uscorp1/corp-comm/globalrecycling。

第六节 算例分析

考虑到模型的复杂性，不同回收模式对系统利润、消费者剩余、环境绩效和社会福利的影响难以直接分析。因此，本节将通过数值实验进行比较。数值实验主要包括两部分：①四种模型中制造商、零售商和闭环供应链系统均衡利润的对比；②分析不同回收模式下成员和供应链利润、消费者剩余、环境影响和社会福利的变化幅度，探讨何种回收模式下对决策者更有利。由前文分析可知，直销渠道的成本 C_d 和回收转移支付价格 b 对闭环供应链决策产生了重要影响，因此算例部分主要集中分析以上两个参数变化所产生的影响。为方便表示，用 $\Delta\prod_i^j = \prod_i^{jE*} - \prod_i^{jN*}$ 表示 i 在 j 回收模式下利润的变化量，其中，$i \in \{m, r, T\}$ 表示制造商、零售商和闭环供应链系统，$j \in \{M, R\}$ 表示制造商和零售商回收模式。类似地，$\Delta CS^{j*} = CS^{jE*} - CS^{jE*}$ 表示 j 回收模式下消费者剩余的变化量 $\Delta EI^{j*} = EI^{jE*} - EI^{jE*}$，表示 j 回收模式下环境影响的变化量，$\Delta SW^{j*} = SW^{jE*} - SW^{jE*}$ 表示 j 回收模式下社会福利的变化量。

算例分析中基本参数赋值如表 3-3 所示，由命题 3-1、命题 3-5 可知，参数 C_d 需满足条件 $C_d \leq \left\{ \dfrac{(4g-b^2)(a-c_n)}{8g-2b\Delta}, \dfrac{4g(a-c_n)}{8g-\Delta^2} \right\}$，故需满足 $C_d \leq 46.349$。在分析参数 C_d 的影响时，令 $b=2$；在分析参数 b 的影响时，令 $C_d = 30$。

表 3-3 基本参数赋值

参数	a	c_n	g	Δ	α
赋值	100	8	200	5	0.6

图 3-1 比较了四种不同模型中制造商、零售商与闭环供应链利润的大小。结果表明，直接回收模式下制造商利润高于间接回收模式，且在同一种回收模式下，制造商引入直销渠道会提高制造商利润。然而，若综合考虑回收模式与制造商渠道入侵行为，当 $43.742 < C_d < 46.349$ 时，制造商回收且不引入直销渠道情形下制造商利润可能会高于零售商回收且引入直销渠道情形。该结论具有重要的实践意义，说明并非任何回收模式下制造商引入直销渠道均会有效提高企业利润。原因为：在零售商回收模式下，若直销渠道的成本较高，此时制造商引入直销渠道所产生的优势不能有效弥补逆向供应链中的"双重边际化效应"和销售渠道间的竞争冲突导致的决策效率损失。因此，制造商利润反而低于制造商回收且不引入直销渠道情形。从零售商角度来看，若不考虑直销渠道的引入，不同回收模式下零售商利润的比较取决于制造商对零售商的回收转移支付价格 b 的大小。另外，制造商的渠道入侵将始终会损害零售商的利益，且在制造商回收模式下零售商利润低于零售商回收情形。从闭环供应链系统角度分析，无论是否存在直销渠道入侵，制造商回收模式对闭环供应链系统更有利。仅当直销渠道成本足够低时，在制造商回收模式下直销渠道引入对闭环供应链系统有利，而在零售商回收模式下制造商引入直销渠道始终对供应链不利。

图 3-2 分析了两种回收模式下直销渠道引入对制造商、零售商和闭环供应链系统利润变化的影响。首先，对于制造商来说，制造商渠道进入产生的增量利润随着直销渠道成本 C_d 的增加而降低。对于不同回收模式，零售商回收模式下制造商渠道进入所产生的增量利润低于制造商回收情形，制造商回收模式下制造商渠道进入更有利，但随着 C_d 的增加，两种回收模式下增量利润的差额逐渐变小。当 $C_d \to C_d^{m1}$ 时，$\Delta \Pi_m^{M*} \to \Delta \Pi_m^{R*}$。原因为：制造商回收模式下直销渠道引入对缓解供应链的双重边际效应的作用更明显，因此能为制造商带来更高的增量利润，但当传统渠道的成本优势逐渐增加时，制造商

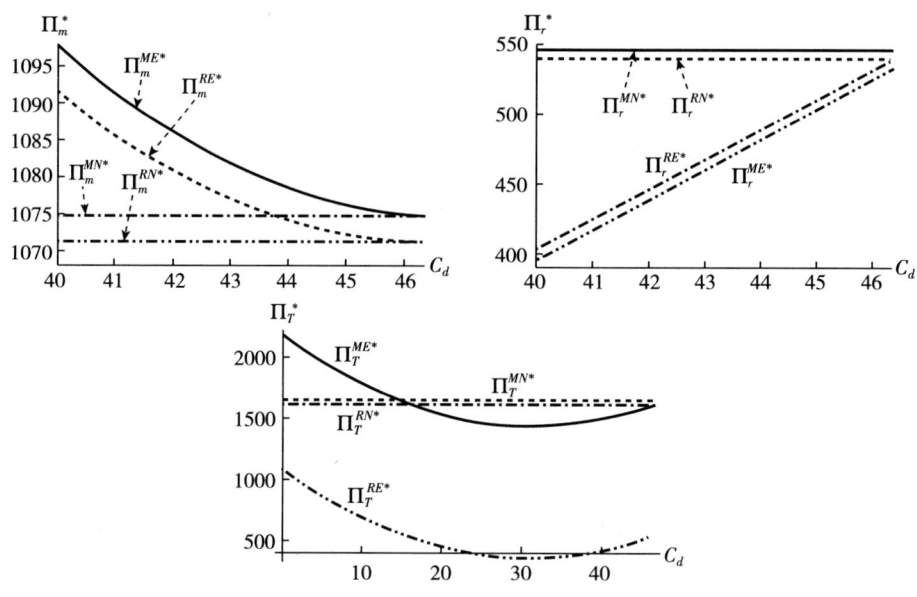

图3-1 不同模型中C_d对Π_m^*、Π_r^*和Π_T^*的影响

引入直销渠道的优势随之降低。其次，对于零售商来说，制造商渠道进入导致零售商利润降低，且利润的减少量随着传统渠道成本优势的增加不断降低，原因是直销渠道成本的增加导致批发价格降低从而对零售商有利。进一步对比发现，零售商回收模式下制造商渠道进入导致零售商利润的减少量低于制造商回收情形，原因是该回收模式下零售商决策影响力的增加削弱了制造商对渠道的主导优势。因此，零售商回收模式下制造商渠道进入对零售商的伤害较低。最后，对于闭环供应链系统来说，零售商回收模式下制造商渠道进入导致系统利润降低，而制造商回收模式下制造商渠道进入在渠道成本低于一定的临界值时能增加系统利润，系统的增量利润关于直销渠道成本C_d先降后增。比较不同回收模式，可知制造商直接回收模式下直销渠道引入对闭环供应链系统更有利。

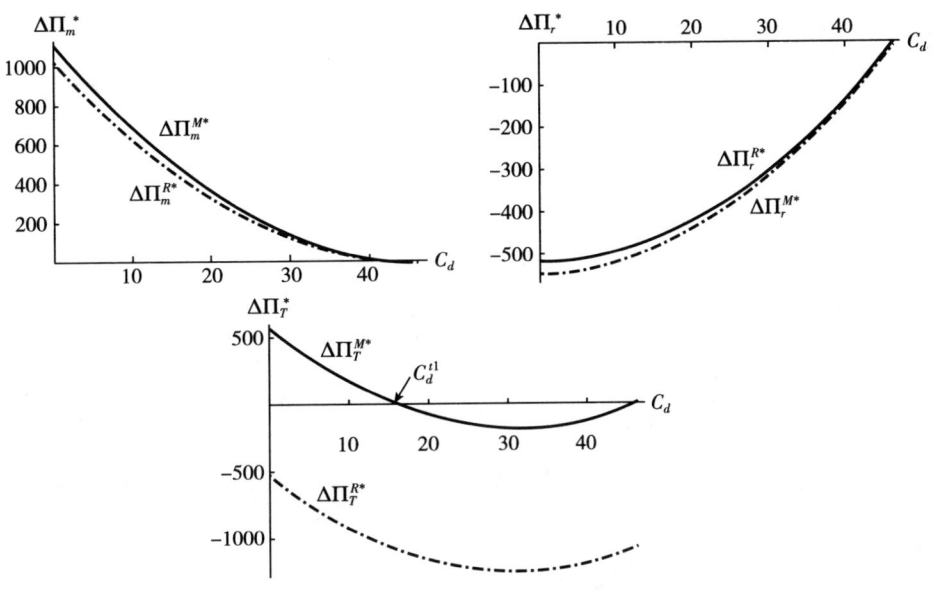

图 3-2 C_d 对 $\Delta\Pi_m^*$、$\Delta\Pi_r^*$ 和 $\Delta\Pi_T^*$ 的影响

图 3-3 对比了两种回收模式下制造商引入直销渠道前后消费者剩余、环境影响和社会福利的变化。首先，制造商渠道进入会提高消费者剩余，但消费者剩余的增加量随着直销渠道成本的增加不断降低。对比两种回收模式，制造商回收模式下消费者剩余的增量高于零售商回收模式，故制造商回收模式下直销渠道引入对消费者更有利。当 $C_d \to C_d^{m1}$ 时，$\Delta CS^{M*} \to \Delta CS^{R*}$。原因是制造商回收模式下渠道的总需求量更高，但当传统渠道的优势逐渐增大时，制造商回收模式下消费者剩余增加的优势逐渐缩小。其次，制造商渠道进入导致环境绩效降低，且零售商回收模式下制造商渠道进入对环境带来的负面影响更大，说明零售商回收模式下制造商渠道进入对环境更不利。原因是零售商回收模式下回收的数量低于制造商回收模式，产品再制造效率的降低导致环境绩效水平低于制造商回收模式。该结果能为环保政策制定者提供一定的策略建议。最后，当 C_d 分别低于一定的临界值时，制造商渠道进入能带来

社会福利的增加,且制造商回收模式下直销渠道引入对提高社会福利更有利。对比可知,$C_d^{sw2} < C_d^{sw1}$,说明零售商回收模式下制造商渠道进入能实现社会福利增加的区间缩小。

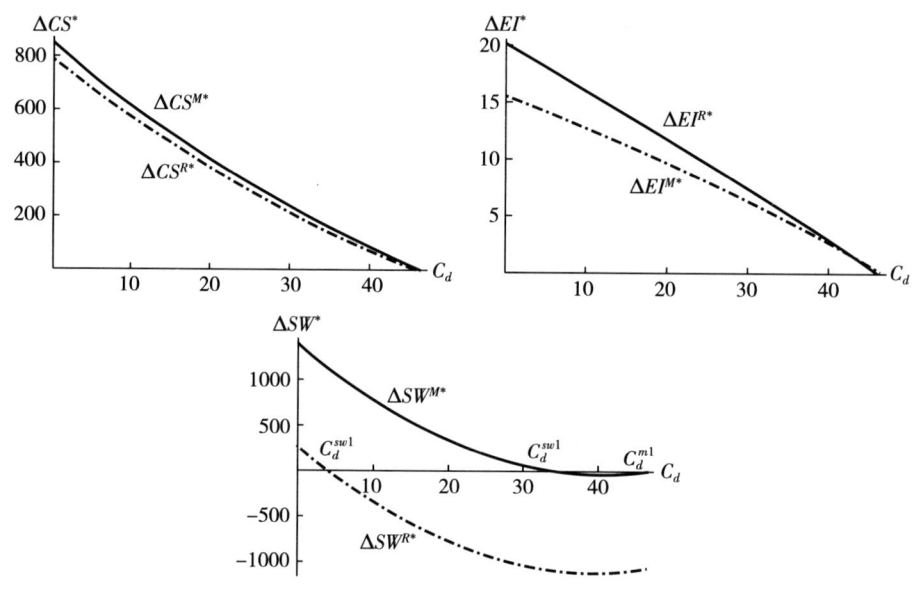

图 3-3　C_d 对 CS^*、EI^* 和 SW^* 的影响

图 3-4 分析了回收转移支付价格对直销渠道引入前后制造商、零售商和闭环供应链利润变化的影响。从制造商角度分析,若回收转移支付价格增加,零售商回收模式下制造商渠道引入直销渠道所产生的增量利润先增后降。当 b 较低时,提高对零售商的回收转移支付能更有利发挥直销渠道引入的优势。因此,制造商应战略性选择对零售商的回收转移支付价格,回收转移价格的确定影响了制造商的渠道进入策略。另外,对于零售商来说,零售商回收模式下零售商的利润减少量先减后增,说明当制造商的转移支付价格足够低或足够高时,制造商渠道进入对零售商更有利。从闭环供应链系统利润变化角

度分析，若回收转移支付价格增加，零售商回收模式下制造商渠道进入所导致系统利润的减少量增加。说明在零售商回收模式下，若回收转移支付价格增加，制造商渠道进入对系统更不利。

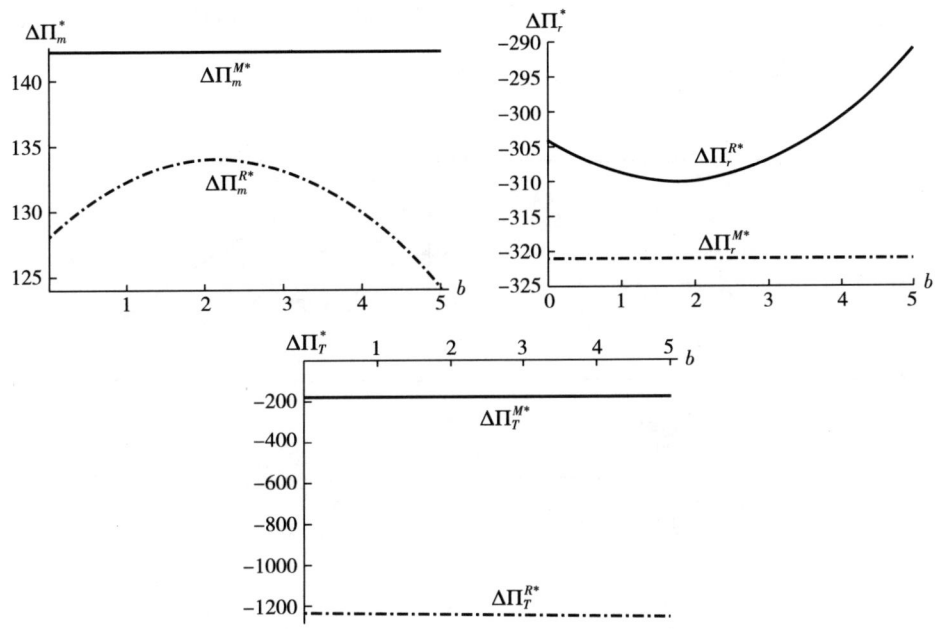

图3-4　b 对 $\Delta\Pi_m^*$、$\Delta\Pi_r^*$ 和 $\Delta\Pi_T^*$ 的影响

图3-5分析了回收转移支付价格对直销渠道引入前后消费者剩余、环境绩效和社会福利变化的影响。首先，回收转移支付价格对不同回收模式下消费者剩余增量的影响与对制造商利润增量的影响相类似。零售商回收模式下消费者剩余增量随回收转移支付价格先增后降，说明当 b 较低时，制造商提高回收转移支付价格对增加消费者剩余有利。其次，回收转移支付价格对环境影响水平增量的变化有重要的影响。由图3-4可以看出，若回收转移支付价格增加，零售商回收模式下环境影响的增量降低，说明制造商渠道进入下

回收转移支付价格增加能有效提高环境绩效。对比两种回收模式可知，存在临界值b^*使两种回收模式下环境影响的增量相同；当$b>b^*$时，零售商回收模式下制造商渠道进入反而对环保更有利，原因是制造商提高回收转移支付价格激励了零售商回收废旧产品的动力，回收量的增加间接提高了环境绩效。最后，零售商回收模式下社会福利的变化量随回收转移支付价格增加而降低，说明零售商回收模式下制造商渠道进入对社会福利更不利。

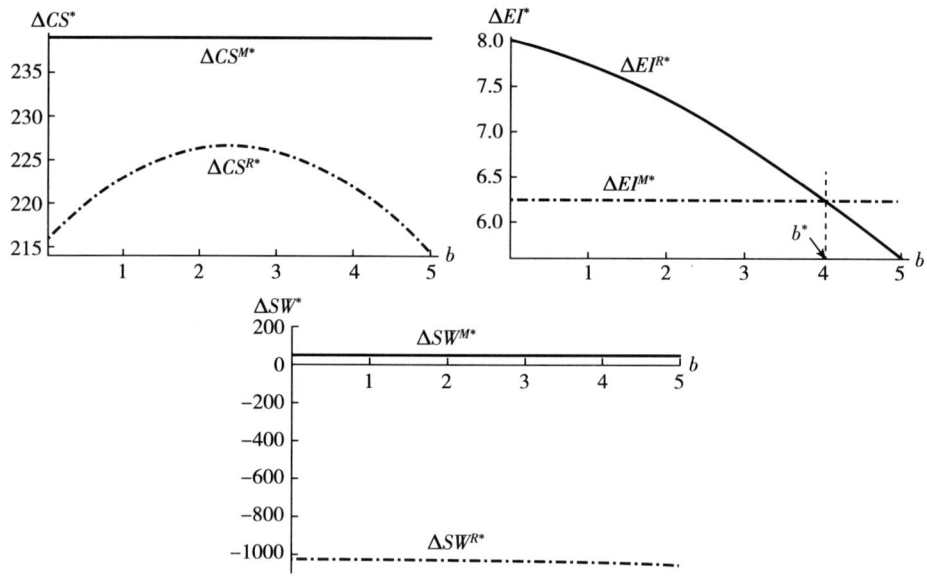

图 3-5 b 对 ΔCS^*、ΔEI^* 和 ΔSW^* 的影响

本章小结

本章对闭环供应链中制造商的渠道进入策略进行了探讨。针对制造商和零售商组成的二级闭环供应链系统，运用博弈理论建立了相关模型并得到了

一些分析性的结论。考虑了闭环供应链中回收主体差异性的影响,因此分别在制造商与零售商回收两种回收模式下探讨了制造商的渠道进入决策。在模型分析的过程中,通过对制造商引入直销渠道前后制造商、零售商和系统利润进行对比,分析了制造商最优的渠道进入策略及对零售商和系统利润的影响。并进一步探究了直销渠道引入对闭环供应链中消费者剩余、环境绩效和社会福利的影响。本书的基本研究结论为:首先,制造商的渠道进入策略选择与直销渠道的成本有关,当直销渠道的成本低于一定的临界值时,制造商选择引入直销渠道;无论是何种回收模式下,制造商引入直销渠道始终对下游零售商和环境不利。其次,制造商渠道进入是对系统是否有利与回收模式和直销渠道成本相关。在制造商回收模式下,当直销渠道成本低于一定的临界值时,制造商渠道进入对闭环供应链系统有利;在零售商回收模式下制造商渠道进入始终对系统不利。再次,制造商回收模式下制造商更偏好于选择引入直销渠道,零售商回收模式下制造商渠道进入策略与回收转移支付价格相关。最后,运用算例分析了直销渠道成本和回收转移支付价格变化对不同回收模式下闭环供应链均衡决策的影响。

本章对传统的双渠道相关研究进行了有效补充,将回收模式与制造商渠道进入结合讨论并得到了一些建设性的结论。所做研究具有一定的管理意义,能为制造商的回收和渠道进入的决策提供一定的建议,但研究仍然具有一定的局限性:首先,本章并未考虑制造商或零售商的风险偏好对决策的影响,制造商对待风险的态度可能会导致制造商渠道进入的动力降低;其次,本章使用的是确定性的需求函数,而需求不确定条件下的决策分析更符合实际;最后,制造商和零售商之间信息不对称对决策的影响也是未来的研究方向之一。

第四章 权力结构对闭环供应链渠道入侵决策的影响

第一节 引 言

当上游供应商（制造商）引入直销渠道（入侵零售渠道）时，供应链入侵现象发生。供应商入侵包括：特许经营（Company - Owned Franchises）、目录销售和产品直接销售（线下销售）（Tannenbaum，1995；Arya et al.，2007；Huang et al.，2018）。当前，越来越多的制造企业实施双渠道战略，即在选择向下游零售商传统批发的同时，向消费者直接销售产品（如华为、惠普和苹果均采用了这种模式）。传统观点认为：供应商入侵对下游零售商产生了威胁并因此损害零售商的利益。然而，一些研究发现，在供应链中由于双重边际效应缓和（Chiang et al.，2003；Arya et al.，2007；Ha et al.，2015；Sun et al.，2019）、激励需求的投入（A. Tsay and Agrawal，2004；Zhang et al.，2018）、品牌意思扩散（Blair and Lafontaine，2005）、供应商成本降低型投资所产生的溢出效应（Yoon，2016）、质量改进（Cui，2019；Zhang et al.，2019）、零售商私有需求信息分享（Li et al.，2013；Huang et al.，2018）等，在一定条件下供应商入侵会受益于零售商。

与传统关于制造商入侵的研究文献不同，本书旨在闭环供应链背景下分析渠道入侵问题。本章所体现出的不同在于：制造商通过直销和传统渠道销售产品，同时从市场中回收废旧产品。在实践中，很多企业在实施双渠道战略的同时选择回收废旧产品并进行再制造。例如，苹果通过直销渠道（线上/线下苹果直营店）和传统零售渠道（JD、亚马逊、授权经销商）销售产品。与此同时，苹果积极和供应商或回收商合作，积极实施"以旧换新"计划对产品进行再利用①。另一个相似的案例，惠普通过直销和传统零售渠道销售打印机，同时对墨盒、硒鼓等产品积极实施回收计划（Zheng et al.，2017）。然而，据我们所知，目前还很少有研究在闭环供应链管理背景下研究制造商入侵问题。然而，本章我们将探讨闭环供应链管理中，制造商渠道入侵策略的选择及对零售商和供应链系统产生的策略性影响，并且考虑了不同供应链渠道权力结构的影响。

制造商入侵会对供应链产生相反的效应：渠道竞争效应（对零售商不利）和双重边际缓和效应（会导致批发价格降低，对零售商有利）。在传统的正向供应链中，Arya等（2007）研究发现，当传统零售渠道相对于直销渠道的成本优势足够大时，制造商入侵会受益于零售商，原因是制造商渠道入侵导致批发价格降低。Yoon（2016）指出，当传统销售渠道相对于传统渠道无成本优势时，制造商入侵始终对零售商不利。然而，当制造商进行成本降低性投资时，制造商入侵可能对零售商有利。在本章中，我们提出了闭环供应链中制造商渠道入侵所产生的一种效应：再制造溢出效应（Remanufactur-

---

① 参见 https：//images.apple.com/environment/pdf/Apple_Environmental_Responsibility_Report_2017.pdf。

ing Spillover Effect）。尽管直销与传统零售渠道具有相同的成本效率，制造商不进行成本降低型投资，当直销与零售渠道竞争程度较低时制造商入侵对零售商有利。与无再制造情形相比较，上述的再制造溢出效应将会导致批发价格降低，进而有效缓解闭环供应链双重边际效应。此时，制造商具有动力降低批发价格以刺激需求和增加产品回收量。特别地，当直销与零售渠道之间的竞争程度较低时，制造商入侵会带来"双赢"的结果。

另外，本书考虑了渠道权力结构因素。渠道领导权决定了制造商和零售商之间的博弈关系，进而影响供应链成员的定价决策和收益。在实践中，不同的供应链渠道权力结构非常常见。例如，由苹果和一般零售商构成的供应链，苹果具有足够的渠道权力并影响零售商的决策，这一类结构可称为制造商领导结构（Manufacturer–Stakelberg Model，模型MS）。相反，一些大型零售商（如沃尔玛、JD、苏宁等）具有优先定价的权力，这是一种典型的零售商领导结构（Retailer–Stakelberg Model，模型RS）。存在一种供应链渠道权力结构，此时供应链中所有成员均具有同等的渠道权力，此时这种结构可称作垂直Nash结构（模型VN）。在本章中，将探讨在哪一种渠道权力结构下，初始市场容量对称或不对称时制造商入侵是制造商和零售商的最优策略？

本书的贡献体现在三个方面：第一，当渠道竞争强度较低时，闭环供应链中制造商入侵对零售商有利，原因是再制造溢出效应和双重边际缓和效应共同缓解了渠道竞争所产生的不利影响；第二，在初始市场容量对称情形，有趣的是，在制造商领导模型中，零售商受益于渠道入侵的区域最宽，原因是制造商领导的渠道权力结构对于缓和渠道竞争的不利效应是最为有效的；第三，在初始市场容量不对称情形，研究发现制造商入侵可能会产生"双输"的结果，即对制造商和零售商均不利，该结果取决于渠道竞争程度和初始市场容量共同的影响。

第二节 文献综述

本章分析闭环供应链中制造商入侵和权力结构之间的内在关系。与该研究相关的文献包括三个方面：逆向回收渠道选择、制造商入侵、权力结构对闭环供应链的影响。

一、逆向回收渠道选择

如何提高供应链的可持续性一直是学术界研究的热点问题，学者分别从生产计划与控制（Dubey et al.，2015；Sayyadi and Awasthi，2018；Y. Hao et al.，2018）、供应链网络优化（Tsao，2015；Sayyadi and Awasthi，2020；Rabbani et al.，2019；Rabbani et al.，2020）和库存管理（Hoseini Shekarabi et al.，2019；Gharaei et al.，2019）。作为提高供应链可持续性的有效手段，闭环供应链管理将产品正向销售与逆向回收有效联结起来。在闭环供应链管理中，产品逆向回收渠道的选择是制造商面临的关键问题。

早期关于逆向渠道选择的研究主要基于单渠道和确定环境。Savaskan 等（2014）提出了三种回收模式：制造商回收、零售商回收和第三方回收，他们研究发现零售商由于更接近市场，作为回收方更有效。Atasu 等（2013）分析了回收成本函数结构对制造商回收渠道选择的影响。De Giovanni 和 G. Zaccour（2014）在两周期闭环供应链背景下，分析了制造商自营或外包产品回收的问题，发现仅当外包产生更高的环保与运作绩效时，选择该策略会更有利。Han 等（2016）考虑了再制造成本扰动，并分析了该背景下制造商的最优回收策略。然而，竞争因素在上述研究中并未涉及。Savaskan 和 Van

Wassenhove（2006）在零售商竞争的闭环供应链中，研究了制造商最优回收渠道选择问题。他们研究发现，制造商回收渠道选择决策受两方面因素影响：回收努力的范围参数和零售商竞争程度。Wu 和 Zhou（2017）则考虑了供应链竞争，发现制造商选择不同的回收模式可成为博弈的均衡。Chu 等（2018）在制造商竞争的视角下，发现第三方联合回收模式是更有效的回收模式。He 等（2019）探究了闭环供应链竞争回收问题，分析了回收不便利性和回收机制的影响。此外，一些学者研究了回收竞争对回收模式选择的影响（Huang et al.，2013；Liu et al.，2016；Hong et al.，2017；Wang et al.，2019），与现有文献不同的是，该研究探讨了闭环供应链销售渠道选择问题。

二、制造商入侵

传统观点认为：供应商入侵会损害零售商利益（Fein and Anderson，1997；Frazier et al.，1996；Liu and Zhang，2006）。Chiang 等（2003）研究发现，制造商引入直销渠道可限制零售商定价决策权，但同时会降低批发价格，因此可能对零售商有利。Arya 等（2007）发现，当传统零售渠道成本优势足够大时，供应链入侵会提高零售商利润。一些学者则考虑了渠道入侵与质量或技术投资等因素的联合决策问题。Ha 等（2015）指出，当产品质量外生时，入侵始终对零售商不利；此外，质量差异化并不会始终对制造商或零售商有利。Cui 等（2019）研究了 OEM 如何策略性利用质量投资阻止制造商入侵问题。Yoon 等（2016）分析发现，制造商降低成本型投资对零售商存在溢出效应，在渠道竞争较弱时入侵对零售商有利。Xia 和 Niu（2019）在服务投资溢出背景下分析了供应商入侵对零售商和供应链利润的影响。Guan 等（2018）分析了供应商入侵和战略库存之间的内在联系。

在不对称信息背景下，Li 等（2013）发现，不对称信息下供应商入侵对供应商和零售商可能会产生"双输"的结果。此外，Li 等（2015）同时考虑了供应商入侵与非线性定价问题。Yang 等（2018）在考虑议价能力和收益共享契约的背景下，分析了非线性定价对供应商入侵的影响。Guan 等（2017）研究了供应商入侵和零售商信息分析决策问题，并发现当入侵成本适中且渠道竞争较强时，零售商自愿分享信息对自身更有利。Zhang 等（2018）分析了制造商广告投入背景下，供应商入侵对零售商的影响。Zhang 等（2019）研究了质量内生和不对称需求信息下制造商入侵策略选择问题。Sun 等（2019）进一步探讨了制造商入侵和生产成本扰动之间的关系。但上述研究均考虑的是正向供应链的决策，并未设计产品回收与再制造因素。该研究最大的不同是在闭环供应链背景下分析了制造商入侵问题。

三、权力结构对闭环供应链的影响

在闭环供应链中，该研究重点分析了权力结构对定价与回收决策的影响。已有很多文献分析了不同权力结构下供应链生产、定价或库存问题，权力结构涉及制造商领导或零售商领导结构（Geylani et al., 2007；Dukes et al., 2009；Xiao et al., 2014；Kazemi et al., 2018；Duan et al., 2018；Li et al., 2018；Gharaei et al., 2019；Gharaei et al., 2019）。此外，一些学者分析了不同权力结构下供应链运营决策问题（Shi et al., 2013；Luo et al., 2017；Zhang et al., 2019）。然而，分析权力结构对闭环供应链影响的研究还相对较少。Karakayali 等（2007）考虑了再制造商领导和回收商领导逆向供应链，分析了废旧产品的最优回收与处理问题。Li 等（2013）分析了不同权力结构下闭环供应链定价与回收问题，发现零售商回收模式效率最高。Gao 等（2016）研究了权力结构对闭环供应链定价与努力决策的影响。Wang 等（2015）在不同权力结构下，考虑了基于责任分担的政府奖惩机制建立问题。Zheng 等（2017）考虑了制造商领导、零售商领导和无领导三种权力结构，分析了不同模式下双渠道闭环供应链最优定价与回收决策问题。

第三节　问题描述

考虑由制造商和零售商组成的闭环供应链系统。制造商面临着是否引入直销渠道的决策,同时将产品批发给零售商进行销售。同时,制造商负责产品的回收与再制造。为了分析渠道权力结构对制造商渠道入侵决策的影响,考虑以下两类决策模型:①无渠道入侵模型(单渠道模型);②渠道入侵模型(双渠道模型)。在前一类模型中,制造商仅通过零售商批发产品;在后一类模型中,制造商向零售商批发产品的同时直接向市场销售产品。

根据对实际案例的分析,我们考虑三种闭环供应链渠道权力结构。渠道权力体现在闭环供应链中制造商和零售商的决策顺序方面。在三种渠道权力结构下,可细分为两类博弈:Stakelberg 博弈和 Nash 博弈。在 Stakelberg 博弈中,闭环供应链由制造商或零售商领导;在 Nash 博弈中,闭环供应链无领导者,表现为一种平衡的权力结构。以下分别对三种渠道权力结构进行界定:

制造商 Stakelberg 博弈:在该博弈中,制造商作为领导者首先决定批发价格、直销渠道价格和回收率,零售商作为跟随者决定零售渠道价格。

零售商 Stakelberg 博弈:在该博弈中,零售商作为领导者首先决定零售渠道价格;然后,制造商作为跟随者决定批发价格、直销渠道价格和回收率。

垂直 Nash 博弈:在该博弈中,制造商和零售商同时决策。制造商决定批发价格、直销渠道价格和回收率,零售商同时确定零售渠道价格。

假设再制造产品的单位生产成本低于新产品的单位生产成本(Savaskan et al.,2004;Savaskan and Van Wassenhove,2006)。令 c_m 和 c_r 分别表示新产品和再制造产品的单位生产成本,$\Delta(\Delta = c_m - c_r)$ 表示单位再制造成本节约。

Δ 的具体取值与多个因素相关，如回收产品的质量、制造商的生产技术水平和回收效率等。为保证模型的合理性，需要满足 $\Delta \in [0, c_m)$。我们用二次函数的形式刻画制造商的回收成本，$C(\tau) = K\tau^2$，相似的假设在现有文献中多次出现（Savaskan et al., 2004; Savaskan and Wassenhove, 2006; Atasu et al., 2013; Ma et al., 2016）。在该成本函数中，τ 表示产品的回收率，K 为范围参数，刻画回收效率的高低。该成本函数表明，回收难度不断增加（回收率越高，所付出的回收成本相应越高）。为避免无意义的情形出现（$\tau^* > 1$），范围参数 K 需满足条件 $K \geqslant \Delta(1 + \Delta - c_m)/2(1 + \beta)$，从而保证制造商从事再制造活动的经济合理性（制造商难以回收和再制造所有产品）。

根据上述假设，制造商的平均生产成本可表示为 $c_a = (1 - \tau)c_m + \tau c_r = c_m - \Delta\tau$。此外，假设新产品与再制造产品之间无差异，即消费者对两种产品具有相同的支付意愿，此假设在闭环供应链的相关研究中多次得以运用（Savaskan et al., 2004; Atasu et al., 2013; Wu and Zhou, 2017; He et al., 2019）。制造商以单位价格 w 向零售商批发产品，分别用 p_r 和 p_d 代表直销和传统渠道的价格。如果制造商不引入直销渠道，直销渠道的需求为 $q_r = 1 - p_r$。如果制造商引入直销渠道，可运用代表性消费者的效用函数推导直销与传统渠道的需求函数，如式（4-1）所示：

$$U = \sum_{i=d,r}\left(\alpha_i q_i - \frac{q_i^2}{2}\right) - \beta q_d q_r - \sum_{i=d,r} p_i q_i, i = d, r \qquad (4-1)$$

式（4-1）中，q_d 和 q_r 分别代表直销和传统渠道的需求量，$\alpha_i, i \in \{d, r\}$ 表示直销与传统渠道的初始需求。$\beta \in [0, 1)$ 描述两种渠道之间的竞争程度。如果 $\beta = 0$，两种渠道互相独立，而随着 β 的增加，两种渠道之间的竞争程度加剧；当 $\beta \to 1$，两种渠道接近完全替代。该需求函数在现有文献中被大量使用（Raju and Zhang, 2005; Ingene and Parry, 2007; Abhishek et al., 2015）。

为便于分析，在初始模型中，假设两种渠道的初始需求是对称的（满足 $\alpha_r = \alpha_d = 1$）①。然后，直销与传统渠道的需求分别为：

$$q_d = \frac{1}{1+\beta} - \frac{1}{1-\beta^2}p_d + \frac{\beta}{1-\beta^2}p_r \qquad (4-2)$$

$$q_r = \frac{1}{1+\beta} - \frac{1}{1-\beta^2}p_r + \frac{\beta}{1-\beta^2}p_d \qquad (4-3)$$

与 Savaskan 等（2004）研究一致，该模型中闭环供应链所有决策均发生在单周期内。该假设说明，产品已经在市场中销售，制造商可直接回收前一周期销售的产品。本书考虑面临产品重复销售的市场，单个周期中闭环供应链的平均收益。因此，在单渠道情形中，制造商的利润函数为：

$$\pi_M = \underbrace{(w-c_m)(1-\tau)(1-p_r)}_{①} + \underbrace{(w-c_r)\tau(1-p_r)}_{②} - \underbrace{K\tau^2}_{③}$$
$$= (w - c_m + \Delta\tau)(1-p_r) - K\tau^2 \qquad (4-4)$$

式（4-4）中，①和②分别表示制造商批发新产品和再制造产品的收益，③表示回收成本。单渠道情形零售商利润函数为：

$$\pi_R = (p_r - w)(1 - p_r) \qquad (4-5)$$

同理，在双渠道情形下，制造商和零售商的利润函数为：

$$\pi_M = \underbrace{(w-c_m+\Delta\tau)q_r}_{①} + \underbrace{(p_d-c_m+\Delta\tau)q_d}_{②} - \underbrace{K\tau^2}_{③} \qquad (4-6)$$

$$\pi_R = (p_r - w)q_r \qquad (4-7)$$

q_r 和 q_d 由式（4-2）和式（4-3）给出，式（4-6）中①和②表示制造商从传统和直销渠道所获得的收益，③表示回收成本。

为方便符号描述，令 π_i^{hj-k} 表示决策成员 i 在 $hj-k$ 情形下的利润，$h \in \{S, A\}$ 代表渠道初始需求对称与不对称情形；$i \in \{M, R, T\}$ 代表制造商、零售商和供应链系统；$j \in \{N, E\}$ 表示无入侵与入侵两种决策情形；$k \in \{MS, RS, VN\}$ 分别为制造商 Stakelberg、零售商 Stakelberg 和 Nash 权力结构。此外，

---

① 第五部分将初始模型扩展至两种渠道初始需求不对称情形。

令 β^{hi-k} 表示在 k 权力结构中决策成员成员 i 受益于渠道入侵的上界。

第四节 模型和分析

在本节中，在初始需求对称情形，考虑三种权力结构，分别建立无入侵和入侵情形下闭环供应链博弈模型。然后，分析不同权力结构下制造商最优入侵策略及入侵对零售商、供应链系统的影响。

一、制造商 Stakelberg 模型

在制造商领导的闭环供应链中，制造商首先制定价格与回收策略，零售商然后根据制造商的最优策略进行定价。我们将分析制造商的渠道策略及入侵对零售商和供应链系统的影响。分别建立以下两类博弈模型：①无入侵模型（模型 SN – MS）；②入侵模型（模型 SE – MS）。运用逆向归纳的方法对模型求解，且模型的求解过程如下：

1. 模型 SN – MS 求解过程

根据式（4 – 4），$\frac{\partial^2 \pi_R}{\partial p_r^2} = -2 < 0$，可判定 π_R 是关于 p_r 的凹函数。根据一阶条件，给定 w，可得到 $p_r^b(w) = \frac{1+w}{2}$。因此，式（4 – 5）中制造商的决策转化为：

$$\max_{w,\tau} \pi_M = (w - c_m + \Delta \tau)\left(1 - \frac{1+w}{2}\right) - K\tau^2$$

可求出 $\frac{\partial^2 \pi_M}{\partial w^2} = -1 < 0$，$\frac{\partial^2 \pi_M}{\partial \tau^2} = -2K < 0$，$\frac{\partial^2 \pi_M}{\partial w^2}\frac{\partial^2 \pi_M}{\partial \tau^2} - \frac{\partial^2 \pi_M}{\partial w \partial \tau}\frac{\partial^2 \pi_M}{\partial \tau \partial w} = 2K - $

$\frac{\Delta^2}{4}$。因为 $K \geqslant \frac{\Delta(1+\Delta-c_m)}{2(1+\beta)}$,可知 $2K - \frac{\Delta^2}{4} > 0$,所以 π_M 是关于 w 和 τ 的联合凹函数。由式(4-5)的一阶条件可得:

$$\frac{\partial \pi_M}{\partial w} = \frac{1}{2}(1 - 2w - \Delta\tau + c_m)$$

$$\frac{\partial \pi_M}{\partial \tau} = \frac{1}{2}(\Delta - w\Delta - 4K\tau)$$

令 $\frac{\partial \pi_M}{\partial w} = 0$, $\frac{\partial \pi_M}{\partial \tau} = 0$ 并联立方程组,可得模型 SN-MS 的均衡批发价格和回收率:

$$w^{SN-MS*} = \frac{4K(1+c_m) - \Delta^2}{8K - \Delta^2}, \quad \tau^{SN-MS*} = \frac{\Delta(1-c_m)}{8K - \Delta^2}$$

然后,可解出传统渠道均衡价格 p_r^{SN-MS*},制造商、零售商和供应链系统利润 π_M^{SN-MS*}、π_R^{SN-MS*} 和 π_T^{SN-MS*}。

2. 模型 SE-MS 求解过程

根据式(4-6),$\frac{\partial^2 \pi_R}{\partial p_r^2} = -\frac{2}{1-\beta^2} < 0$,可判定 π_R 是关于 p_r 的凹函数。由一阶条件得到:

$$\frac{\partial \pi_R}{\partial p_r} = \frac{1 + w - \beta + \beta p_d - 2p_r}{1 - \beta^2}$$

解方程 $\frac{\partial \pi_R}{\partial p_r} = 0$,给定 w 和 p_d,零售商的最优价格 $p_r^b(w, p_d)$ 为:

$$p_r^b(w, p_d) = \frac{1}{2}(1 + w - \beta + \beta p_d)$$

式(4-5)中制造商的决策问题可转化为:

$$\max_{w,p_d,\tau} \pi_M = (w - c_m + \Delta\tau)\left(\frac{1}{1+\beta} - \frac{1}{1-\beta^2}p_r^b(w, p_d) + \frac{\beta}{1-\beta^2}p_d\right) +$$

$$(p_d - c_m + \Delta\tau)\left(\frac{1}{1+\beta} - \frac{1}{1-\beta^2}p_d + \frac{\beta}{1-\beta^2}p_r^b(w, p_d)\right) - K\tau^2$$

π_M关于w、p_d和τ的海塞矩阵为:

$$H_1 = \begin{bmatrix} \dfrac{\partial^2 \pi_M}{\partial w^2} & \dfrac{\partial^2 \pi_M}{\partial w \partial p_d} & \dfrac{\partial^2 \pi_M}{\partial w \partial \tau} \\ \dfrac{\partial^2 \pi_M}{\partial p_d \partial w} & \dfrac{\partial^2 \pi_M}{\partial p_d^2} & \dfrac{\partial^2 \pi_M}{\partial p_d \partial \tau} \\ \dfrac{\partial^2 \pi_M}{\partial \tau \partial w} & \dfrac{\partial^2 \pi_M}{\partial \tau \partial p_d} & \dfrac{\partial^2 \pi_M}{\partial \tau^2} \end{bmatrix} = \begin{bmatrix} -\dfrac{1}{1-\beta^2} & \dfrac{\beta}{1-\beta^2} & -\dfrac{\Delta}{2(1+\beta)} \\ \dfrac{\beta}{1-\beta^2} & -\dfrac{2-\beta^2}{1-\beta^2} & -\dfrac{(2+\beta)\Delta}{2(1+\beta)} \\ -\dfrac{\Delta}{2(1+\beta)} & -\dfrac{(2+\beta)\Delta}{2(1+\beta)} & -2K \end{bmatrix}$$

因为$D_1 = -\dfrac{1}{1-\beta^2} < 0$, $D_2 = \dfrac{2}{1-\beta^2} > 0$, $D_2 = -\dfrac{8(1+\beta)K - (3+\beta)\Delta^2}{2(1-\beta)(1+\beta)^2} < 0$,

所以π_M是关于w、p_d和τ的联合凹函数。根据一阶导数,可得:

$$\frac{\partial \pi_M}{\partial w} = \frac{1 - 2w - \beta - \Delta\tau + \beta\Delta\tau + (1-\beta)c_m + 2\beta p_d}{2(1-\beta^2)}$$

$$\frac{\partial \pi_M}{\partial p_d} = \frac{2 - \beta + 2w\beta - \beta^2 - (2-\beta-\beta^2)(\Delta\tau - c_m) - 2(2-\beta^2)p_d}{2(1-\beta^2)}$$

$$\frac{\partial \pi_M}{\partial \tau} = \frac{(3 - w + \beta)\Delta - 4(1+\beta)K\tau - (2+\beta)\Delta p_d}{2(1+\beta)}$$

联立方程组$\dfrac{\partial \pi_M}{\partial w} = 0$, $\dfrac{\partial \pi_M}{\partial p_d} = 0$, $\dfrac{\partial \pi_M}{\partial \tau} = 0$,可得:

$$p_d^{SE-MS*} = w^{SE-MS*} = \frac{4(1+\beta)K(1+c_m) - (3+\beta)\Delta^2}{8(1+\beta)K - (3+\beta)\Delta^2}$$

$$\tau^{SE-MS*} = \frac{(3+\beta)\Delta(1-c_m)}{8(1+\beta)K - (3+\beta)\Delta^2}$$

然后,根据制造商的最优策略,可解出传统渠道最优价格、供应链成员和利润最优利润。

表4-1给出了模型SN-MS和模型SE-MS的均衡解。

比较模型SN-MS和模型SE-MS,制造商Stakelberg模型中其如何选择最优入侵策略?入侵是否会对零售商和供应链系统始终有利?结论4-1对上述问题进行了回答。

表 4-1　模型 SN-MS 和模型 SE-MS 的均衡决策结果

均衡	模型 SN-MS	模型 SE-MS
w^*	$\dfrac{4KC_1-\Delta^2}{B_3}$	$\dfrac{4A_1KC_1-A_2\Delta^2}{8A_1K-A_2\Delta^2}$
p_d^*	—	$\dfrac{4A_1KC_1-\bar{A}_2\Delta^2}{8A_1K-A_2\Delta^2}$
p_r^*	$\dfrac{4K+2KC_1-\Delta^2}{B_3}$	$\dfrac{2(3-\beta)A_1K+2A_1^2Kc_m-A_2\Delta^2}{8A_1K-A_2\Delta^2}$
τ^*	$\dfrac{\Delta C_2}{B_3}$	$\dfrac{A_2\Delta C_2}{8A_1K-A_2\Delta^2}$
π_M^*	$\dfrac{KC_2^2}{B_3}$	$\dfrac{A_2KC_2^2}{8A_1K-A_2\Delta^2}$
π_R^*	$\dfrac{4K^2C_2^2}{B_3^2}$	$\dfrac{4\beta A_1K^2C_2^2}{(8A_1K-A_2\Delta^2)^2}$
π_T^*	$\dfrac{(12K-\Delta^2)KC_2^2}{B_3^2}$	$\dfrac{K(4A_1(7+\beta)K-A_2^2\Delta^2)C_2^2}{(8A_1K-A_2\Delta^2)^2}$

注：$\bar{\beta}=1-\beta$, $A_1=1+\beta$, $A_2=3+\beta$, $A_3=5+\beta$；$B_1=4K-\Delta^2$, $B_2=6K-\Delta^2$；$B_3=8K-\Delta^2$, $C_1=1+c_m$, $C_2=1-c_m$。

结论 4-1　在制造商 Stakelberg 模型中：

(1) 入侵对制造商和供应链系统始终有利，即 $\pi_M^{SE-MS*}>\pi_M^{SN-MS*}$，$\pi_T^{SE-MS*}>\pi_T^{SN-MS*}$。

(2) 当且仅当渠道竞争水平 β 满足 $\beta\in(0,\beta^{SR-MS}]$ 时，入侵对零售商有利，其中：

$$\beta^{SR-MS}=\frac{\sqrt{64K^2+16\Delta^2K-7\Delta^4}}{2(8K-\Delta^2)}-\frac{64K^2-32\Delta^2K+3\Delta^4}{2(8K-\Delta^2)^2}$$

证明：由均衡解可得：

$$\pi_M^{SE-MS*}-\pi_M^{SN-MS*}=\frac{16K^2(1-c_m)^2}{(8K-\Delta^2)(8(1+\beta)K-(3+\beta)\Delta^2)}>0$$

$$\pi_T^{SE-MS*} - \pi_T^{SN-MS*} =$$

$$K\left(\frac{8K((2-\beta-\beta^2)\Delta^4 - 16(3-\beta^2)\Delta^2 K + 64(2+\beta-\beta^2)K^2)}{((3+\beta)\Delta^2 - 8(1+\beta)K)^2}\right)(1-c_m)^2$$

令 $f_1(K) = 8K((2-\beta-\beta^2)\Delta^4 - 16(3-\beta^2)\Delta^2 K + 64(2+\beta-\beta^2)K^2)$，函数 $f_1(K)$ 的对称轴为 $K_1 = \frac{16(3-\beta^2)\Delta^2}{2(64(2+\beta-\beta^2))}$。因为 $K \geqslant \frac{\Delta(1+\Delta-c_m)}{2(1+\beta)}$，$K \geqslant \frac{\Delta^2}{2(1+\beta)}$；所以 $\frac{\Delta^2}{2(1+\beta)} - \frac{16(3-\beta^2)\Delta^2}{2(64(2+\beta-\beta^2))} = \frac{(11-\beta(4+\beta))\Delta^2}{8(2-\beta)(1+\beta)} > 0$。进一步可得 $[f_1(K)]_{min} = f_1\left(\frac{\Delta^2}{2(1+\beta)}\right) = \frac{8(1-\beta)(10-(5-\beta)\beta)\Delta^4 K}{1+\beta} > 0$，故 $\pi_T^{SE-MS*} > \pi_T^{SN-MS*}$。

$$\pi_R^{SE-MS*} - \pi_R^{SN-MS*} = 4K^2\left(\frac{1-\beta^2}{(8(1+\beta)K - (3+\beta)\Delta^2)^2} - \frac{1}{(8K-\Delta^2)^2}\right)(1-c_m)^2$$

因此，必然存在阈值 β^{SR-MS}，满足当 $0 < \beta \leqslant \beta^{SR-MS}$ 时，$\pi_R^{SE-MS*} \geqslant \pi_R^{SN-MS*}$。其中，$\beta^{SR-MS}$ 是方程 $\pi_R^{SE-MS*} - \pi_R^{SN-MS*} = 0$ 的一个实根。

结论 4-1 表明：闭环供应链中入侵始终对制造商有利。与无入侵情形相比，制造商入侵会产生三种效应：①批发价格降低效应，其能有效缓解供应链双重边际效应；②直销渠道收益，即制造商从直销渠道直接获得销售收益；③再制造成本节约增加效应，回收量提高导致再制造成本节约增加。由于后两种正向效应的影响超过了第一种负向效应，所以制造商入侵情形下获得了更高的利润。该结果补充了 Arya 等（2007）的研究，并佐证在闭环供应链中入侵仍为制造商的占优策略。

此外，仅当渠道竞争强度较低时，入侵会让零售商受益。该结论的原因为：一方面，制造商入侵将会导致传统渠道的一部分消费者转移至线上渠道，从而降低了零售商的渠道影响力；另一方面，与无入侵情形相比，入侵导致批发价格降低（$w^{SE-MS*} < w^{SN-MS*}$），从而补偿了零售商传统渠道销售利润的

损失。从渠道效率来看，入侵缓解了传统渠道中的双重边际效应。批发价格降低意味零售商可能从制造商入侵中获利。结论4-1表明，仅当两种渠道之间的竞争较弱时（$\beta \in (0, \beta^{SR-MS}]$），入侵才对零售商有利。相反，入侵对零售商不利，原因是直销渠道对传统渠道的替代效应超过了批发价格下降效应。有趣的是，入侵会导致供应链利润增加。在零售商不利的情形下（$\beta \geq \beta^{SR-MS}$），制造商利润的增加幅度超过了零售商利润的下降幅度。

然后，将结论4-1与Arya等（2007）和Yoon（2016）研究结果进行对比。Arya等（2007）指出，仅当零售商传统渠道的成本效率足够高时，入侵对零售商有利；Yoon（2016）发现，当直销与传统渠道销售成本相同时，入侵将始终对零售商不利。有趣的是，本书的研究结论与Arya等（2007）和Yoon（2016）不同，在闭环供应链中，尽管零售商传统渠道不存在成本优势，当渠道竞争程度低于一定阈值时，零售商仍然能从入侵中获利。原因为：产品再制造产生了溢出效应，从而让零售商获利。概括来说，在闭环供应链中，批发价格降低效应和再制造溢出效应导致在一定条件下，零售商的利润在入侵情形实现了增加。该结论对现有关于渠道入侵的研究进行了补充，分析了闭环供应链中渠道入侵的影响与管理启示。

二、零售商 Stakelberg 模型

在零售商领导的闭环供应链中，令 m 表示传统渠道的边际销售收益，满足 $p_r = w + m$。根据制造商是否选择引入直销渠道，分别考虑：①无入侵情形（模型SN-RS），制造商不引入直销渠道；②入侵情形（模型SE-RS），制造商引入直销渠道。模型SN-RS和模型SE-RS的均衡决策结果如表4-2所示。

结论4-2 在零售商Stakelberg模型中：

(1) 入侵对制造商和供应链系统始终有利，即 $\pi_M^{SE-RS*} > \pi_M^{SN-RS*}$，$\pi_T^{SE-RS*} > \pi_T^{SN-RS*}$。

表4-2 模型 SN-RS 和模型 SE-RS 的均衡决策结果

均衡	模型 SN-RS	模型 SE-RS
w^*	$\dfrac{B_2 c_m + B_0}{2B_1}$	$\dfrac{2\Delta^4 - (7+5\beta)\Delta^2 K + 4A_1^2 K^2 + K(4(3-\beta)A_1 K - A_3 \Delta^2)c_m}{2B_1(2A_1 K - \Delta^2)}$
p_d^*	—	$\dfrac{4A_1 C_1 B_1 + 4\Delta^2 B_1 - 2K\Delta^2 \bar{\beta} C_2}{8B_1(2A_1 K - \Delta^2)}$
p_r^*	$\dfrac{3K + Kc_m - \Delta^2}{B_1}$	$\dfrac{2\Delta^4 - (11+\beta)\Delta^2 K + 4A_1 K^2 (3-\beta+c_m) + (1+3\beta)K\Delta^2}{2B_1(2A_1 K - \Delta^2)}$
τ^*	$\dfrac{\Delta C_2}{2B_1}$	$\dfrac{\Delta(A_2 K - \Delta^2)C_2}{B_1(2A_1 K - \Delta^2)}$
π_M^*	$\dfrac{K C_2^2}{4B_1}$	$\dfrac{K((5+3\beta)K - 2\Delta^2)C_2^2}{2B_1(2A_1 K - \Delta^2)}$
π_R^*	$\dfrac{K C_2^2}{2B_1}$	$\dfrac{\bar{\beta} K^2 C_2^2}{B_1(2A_1 K - \Delta^2)}$
π_T^*	$\dfrac{3K C_2^2}{4B_1}$	$\dfrac{K((7+\beta)K - 2\Delta^2)C_2^2}{2B_1(2A_1 K - \Delta^2)}$

注:$\bar{\beta} = 1 - \beta$,$A_1 = 1 + \beta$,$A_2 = 3 + \beta$,$A_3 = 5 + \beta$;$B_0 = 2K - \Delta^2$,$B_1 = 4K - \Delta^2$;$B_2 = 6K - \Delta^2$,$B_3 = 8K - \Delta^2$,$C_1 = 1 + c_m$,$C_2 = 1 - c_m$。

(2) 当且仅当渠道竞争水平 β 满足 $\beta \in (0, \beta^{SR-RS}]$ 时,入侵对零售商有利,其中,

$$\beta^{SR-MS} = \dfrac{\sqrt{64K^2 + 16\Delta^2 K - 7\Delta^4}}{2(8K - \Delta^2)} - \dfrac{64K^2 - 32\Delta^2 K + 3\Delta^4}{2(8K - \Delta^2)^2}$$

证明:类似于结论4-1,可证结论4-2成立。

结论4-2表明:①尽管在零售商领导的闭环供应链中,入侵对制造商和供应链系统均有利。②当且仅当渠道竞争程度较低时,入侵可使零售商受益。

该结果与制造商 Stakelberg 博弈情形相类似，其原因是批发价格递减和再制造溢出效应所致。③零售商受益于入侵的阈值 β^{SR-RS} 与制造商 Stakelberg 博弈模型不同。

该结论补充了 Arya 等（2007）的研究，证明在零售商领导闭环供应链中，入侵是制造商的占优策略。管理启示如下，对于弱势制造商来说，在一定条件下引入直销渠道可获得更高市场份额和利润。

三、垂直 Nash 模型

如果供应链中任何一方成员均无力成为领导者，此时将构成一种平衡的权力结构（Nash 博弈模型）。该权力结构在现有文献中多次涉及（Shi et al., 2013；Chen et al., 2017）。在这种情形下，闭环供应链中制造商和零售商同时决策。类似地，我们考虑两种博弈模型：①模型 SN – VN，制造商不引入直销渠道；②模型 SE – VN，制造商引入直销渠道。供应链均衡如表 4 – 3 所示。

表 4 – 3　模型 SN – VN 和模型 SE – VN 的均衡决策结果

均衡	模型 SN – VN	模型 SE – VN
w^*	$\dfrac{2K+4Kc_m-\Delta^2}{B_2}$	$\dfrac{2A_1(2+\beta)K-A_3\Delta^2-2(4-\beta)A_1Kc_m}{12A_1K-A_3\Delta^2}$
p_d^*	—	$\dfrac{6A_1K+6A_1Kc_m-A_3\Delta^2}{12A_1K-A_3\Delta^2}$
p_r^*	$\dfrac{3K+Kc_m-\Delta^2}{B_1}$	$\dfrac{2(4-\beta)A_1K+2A_1(2+\beta)Kc_m-A_3\Delta^2}{12A_1K-A_3\Delta^2}$
τ^*	$\dfrac{\Delta C_2}{B_2}$	$\dfrac{A_3\Delta C_2}{12A_1K-A_3\Delta^2}$
π_M^*	$\dfrac{B_1KC_2^2}{B_2^2}$	$\dfrac{K(4A_1(13+5\beta)K-A_3^2\Delta^2)C_2^2}{(12A_1K-A_3\Delta^2)^2}$

续表

均衡	模型 SN–VN	模型 SE–VN
π_R^*	$\dfrac{4K^2C_2^2}{B_2^2}$	$\dfrac{16-\bar{\beta}A_1K^2C_2^2}{(12A_1K-A_3\Delta^2)^2}$
π_T^*	$\dfrac{B_3KC_2^2}{B_2^2}$	$\dfrac{K(4A_1(17+\beta)K-A_3^2\Delta^2)C_2^2}{(12A_1K-A_3\Delta^2)^2}$

注：$\bar{\beta}=1-\beta$, $A_1=1+\beta$, $A_2=3+\beta$, $A_3=5+\beta$; $B_0=2K-\Delta^2$, $B_1=4K-\Delta^2$, $B_2=6K-\Delta^2$; $B_3=8K-\Delta^2$, $C_1=1+c_m$, $C_2=1-c_m$。

比较模型 SN–VN 和模型 SE–VN，可得结论 4–3。

结论 4–3 在 Nash 模型中：

(1) 入侵对制造商和供应链系统始终有利，即 $\pi_M^{SE-VN*} > \pi_M^{SN-VN*}$，$\pi_T^{SE-VN*} > \pi_T^{SN-VN*}$。

(2) 当且仅当渠道竞争水平 β 满足 $\beta \in (0, \beta^{SR-VN}]$ 时，入侵对零售商有利，其中

$$\beta^{SR-VN}=\frac{72\Delta^2K-5\Delta^4-4(36K^2-(6K-\Delta^2)\sqrt{36K^2+12\Delta^2K-5\Delta^4})}{288K^2-72\Delta^2K+5\Delta^4}$$

证明：类似于结论 4–1 的证明过程，可证结论 4–3 成立。

第五节 权力结构对制造商入侵的影响

上节给出了不同权力结构下，不存在与存在入侵情形闭环供应链的均衡策略，并分析了制造商最优入侵策略及对供应链产生的影响。研究表明：不管在哪一种权力结构下，入侵均是制造商的占优策略。此外，当渠道竞争程

度较低时,入侵对零售商有利。然而,下列问题仍需继续探讨。首先,哪一种权力结构可为制造商带来更高利润?其次,在哪一种权力结构下,零售商受益于制造商入侵的区间最大?

为回答以上两个问题,通过以下两个维度衡量入侵对制造商、零售商和供应链的影响。①当入侵为制造商和供应链系统的占优策略时,比较不同权力结构下的递增利润。令 $\Phi\pi_i$, $i \in \{M, T\}$ 表示制造商和供应链系统的递增利润,其中 $\Phi\pi_i^{k*} = \pi_i^{SE-k*} - \pi_i^{SN-k*}$, $k \in \{MS, RS, VN\}$。②对于零售商,比较零售商受益于入侵的最优区间(与 β 相关)。引理(4-1)比较了不同权力下供应链成员、系统的最优利润。

引理 4-1 (1) 在无入侵情形,存在 $\pi_M^{SN-MS*} > \pi_M^{SN-VN*} > \pi_M^{SN-RS*}$, $\pi_R^{SN-RS*} > \pi_R^{SN-VN*} > \pi_R^{SN-MS*}$, $\pi_T^{SN-VN*} > \pi_T^{SN-RS*} > \pi_T^{SN-MS*}$。

(2) 在入侵情形,存在 $\pi_M^{SE-MS*} > \pi_M^{SE-VN*} > \pi_M^{SE-RS*}$, $\pi_R^{SE-RS*} > \pi_R^{SE-VN*} > \pi_R^{SE-MS*}$;
$\begin{cases} \pi_T^{SE-RS*} > \pi_T^{SE-VN*} > \pi_T^{SE-MS*} & if\ 0 < \beta < \beta^T \\ \pi_T^{SE-VN*} > \pi_T^{SE-RS*} > \pi_T^{SE-MS*} & if\ \beta^T \leq \beta < 1 \end{cases}$,其中 $\beta^T = \dfrac{3\Delta^2 - 4K}{4K + \Delta^2}$。

证明:在无入侵情形下,

$$\pi_M^{SN-MS*} - \pi_M^{SN-VN*} = \frac{4K^3(1-c_m)^2}{(8K-\Delta^2)(\Delta^2-6K)^2} > 0$$

$$\pi_M^{SN-VN*} - \pi_M^{SN-RS*} = \frac{K(1-c_m)^2(14K-3\Delta^2)(2K-\Delta^2)}{4(4K-\Delta^2)(6K-\Delta^2)^2}$$

因为 $K \geq \dfrac{\Delta(1+\Delta-c_m)}{2(1+\beta)}$,可得 $2K - \Delta^2 > 0$,所以 $\pi_M^{SN-VN*} - \pi_M^{SN-RS*} > 0$。

$$\pi_R^{SN-RS*} - \pi_R^{SN-VN*} = \frac{(2K-\Delta^2)^2 K(1-c_m)^2}{2(\Delta^2-6K)^2(4K-\Delta^2)} > 0$$

$$\pi_R^{SN-VN*} - \pi_R^{SN-MS*} = \frac{16(7K-\Delta^2)K^3(1-c_m)^2}{(\Delta^4-14\Delta^2K+48K^2)^2} > 0$$

$$\pi_T^{SN-VN*} - \pi_T^{SN-RS*} = \frac{(10K-\Delta^2)(2K-\Delta^2)K(1-c_m)^2}{4(6K-\Delta^2)^2(\Delta K-\Delta^2)} > 0$$

$$\pi_T^{SN-RS*} - \pi_T^{SN-MS*} = \frac{K\Delta^2(16K-\Delta^2)(1-c_m)^2}{4(8K-\Delta^2)^2(4K-\Delta^2)} > 0$$

在入侵情形下，

$$\pi_M^{SE-MS*} - \pi_M^{SE-VN*} = \frac{4\bar{\beta}A_1^2 B_1 K^2(1-c_m)^2}{(12A_1K-A_3\Delta^2)^2(8A_1K-A_2\Delta^2)} > 0$$

$$\pi_M^{SE-VN*} - \pi_M^{SE-RS*} = \frac{\bar{\beta}K^2(28A_1K-(13+\beta)\Delta^2)(4A_1K-(3-\beta)\Delta^2)(1-c_m)^2}{2B_1(12A_1K-A_3\Delta^2)^2(2A_1K-\Delta^2)} > 0$$

$$\pi_R^{SE-RS*} - \pi_R^{SE-VN*} = \frac{\bar{\beta}K^2(4A_1K-(3-\beta)\Delta^2)^2(1-c_m)^2}{B_2(12A_1-(5+\beta)\Delta^2)^2(2A_1K-\Delta^2)} > 0$$

$$\pi_R^{SE-VN*} - \pi_R^{SE-MS*} = 4\bar{\beta}A_1 K^2\left(\frac{4}{(12A_1K-A_3\Delta^2)^2} - \frac{1}{(8A_1K-A_2\Delta^2)^2}\right)(1-c_m)^2$$

其中，$\bar{\beta} = 1-\beta$，$A_1 = 1+\beta$，$A_2 = 3+\beta$，$A_3 = 5+\beta$；$B_1 = 4K-\Delta^2$，$B_2 = 6K-\Delta^2$，$B_3 = 8K-\Delta^2$。因为 $12(1+\beta)K - (5+\beta)\Delta^2 - 16(1+\beta)K - 2(3+\beta)\Delta^2 = -(1+\beta)(4K-\Delta^2) < 0$，所以 $\pi_R^{E-VN*} > \pi_R^{E-MS*}$。

$$\pi_T^{SE-RS*} - \pi_T^{SE-MS*} = \frac{\bar{\beta}^2\Delta^2 K^2(16A_1K-(5+3\beta)\Delta^2)(1-c_m)^2}{2B_1(8A_1K-A_2\Delta^2)^2(2A_1K-\Delta^2)} > 0$$

$$\pi_T^{SE-VN*} - \pi_T^{SE-RS*} = \frac{|\bar{\beta}K^2(20A_1K-(7+3\beta)\Delta^2)(4A_1K-(3-\beta)\Delta^2)(1-c_m)^2}{2B_1(2A_1K-\Delta^2)(12A_1K-A_3\Delta^2)^2}$$

因为不确定 $4(1+\beta)K - (3-\beta)\Delta^2$ 的正负，所以可判断当 $\beta > \beta^T = \frac{3\Delta^2-4K}{4K+\Delta^2}$ 时，$\pi_T^{SE-VN*} > \pi_T^{SE-RS*}$。

引理 4-1 表明，无论制造商是否引入直销渠道，所有成员均有动力成为供应链的领导者。对于制造商，MS 结构最优，RS 结构最差；相反，RS 结构对零售商则最有利。主要原因为：供应链的领导者具有优先决策的权力，间接限制了其他决策者的渠道影响力，该结果在现有文献中多次得以体现（Shi et al.，2013；Choi et al.，2013）。

然而，对于闭环供应链系统，渠道权力结构的影响则并不直接。首先，在无入侵情形下，Nash 结构对供应链系统最有利，该结果与 Chen 等（2017）的研究结果相一致。相较于 MS 结构来说，RS 结构会为供应链系统带来更高利润，原因是在 RS 结构下，供应链的双重边际效应更能得到有效的缓解，从而有效提高了供应链效率。其次，在入侵情形下，权力结构对供应链系统利润的影响与无入侵情形不同。当渠道竞争较强时，Nash 结构更有利；否则，RS 结构则会带来更高利润。

结论 4-4 （制造商视角）在三种权力结构下，入侵前后制造商递增利润的变化满足下列关系：

$$\begin{cases} \Phi \pi_M^{RS*} < \Phi \pi_M^{VN*} < \Phi \pi_M^{MS*}, & 0 < \beta \leq \beta^{MS-VN} \\ \Phi \pi_M^{RS*} < \Phi \pi_M^{MS*} < \Phi \pi_M^{VN*}, & \beta^{MS-VN} < \beta \leq \beta^{MS-RS} \\ \Phi \pi_M^{MS*} < \Phi \pi_M^{RS*} < \Phi \pi_M^{VN*}, & \beta^{MS-RS} < \beta \leq \beta^{RS-VN} \\ \Phi \pi_M^{MS*} < \Phi \pi_M^{VN*} < \Phi \pi_M^{RS*}, & \beta^{RS-VN} < \beta < 1 \end{cases}$$

其中，β^{MS-RS} 是方程 $\Phi \pi_M^{MS*} - \Phi \pi_M^{RS*} = 0$ 的实根，β^{MS-VN} 是方程 $\Phi \pi_M^{MS*} - \Phi \pi_M^{VN*} = 0$ 的实根，β^{RS-VN} 是方程 $\Phi \pi_M^{RS*} - \Phi \pi_M^{VN*} = 0$ 的实根。

证明：根据模型最优解，可得：

$$\Phi \pi_M^{MSk} = \pi_M^{SE-MS*} - \pi_M^{SN-MS*} = \frac{16 K^2 (1-c_m)^2}{B_3 (8A_1 K - A_2 \Delta^2)}$$

$$\Phi \pi_M^{RS*} = \pi_M^{SE-RS*} - \pi_{M1}^{SN-RS*} = \frac{K(4(2+\beta)K - 3\Delta^2)(1-c_m)^2}{4B_1 (2A_1 K - \Delta^2)}$$

$$\Phi \pi_M^{VN*} = \pi_M^{SE-VN*} - \pi_M^{SN-VN*} = K \left(\frac{4A_1 (13+5\beta)K - A_3^2 \Delta^2}{(12A_1 K - A_3 \Delta^2)^2} - \frac{B_1}{B_2^2} \right)(1-c_m)^2$$

然后，比较 $\Phi \pi_M^{MS}$、$\Phi \pi_M^{RS}$ 和 $\Phi \pi_M^{VN}$ 三者之间的大小，可得：

$$\Phi \pi_M^{MS*} - \Phi \pi_M^{RS*} = \frac{1}{4} K \left(\frac{64K}{B_3 (8A_1 K - A_2 \Delta^2)} - \frac{1}{2A_1 K - \Delta^2} - \frac{2}{B_1} \right)(1-c_m)^2$$

$$\Phi \pi_M^{MS*} - \Phi \pi_M^{VN*} = K \left(\frac{16K}{B_3 (8A_1 K - A_2 \Delta^2)} - \frac{B_1}{B_2^2} - \frac{4A_1(13+5\beta)K - A_3^2 \Delta^2}{(12A_1 K - A_3 \Delta^2)^2} \right)$$

$$\Phi\pi_M^{RS*} - \Phi\pi_M^{VN*} = \frac{1}{4}K\left(\frac{1}{2A_1K-\Delta^2} + \frac{2}{B_1} - 4\left(\frac{4A_1(13+5\beta)K - A_3^2\Delta^2}{(12A_1K - A_3\Delta^2)^2} - \frac{B_1}{B_2^2}\right)\right)(1-c_m)^2$$

其中，$A_1 = 1+\beta$，$A_2 = 3+\beta$，$A_3 = 5+\beta$；$B_1 = 4K - \Delta^2$，$B_2 = 6K - \Delta^2$，$B_3 = 8K - \Delta^2$。

解方程 $\Phi\pi_M^{MS*} - \Phi\pi_M^{RS*} = 0$ 可得阈值 β^{MS-RS}：

$$\beta^{MS-RS} = \frac{3\Delta^6 - 68\Delta^4K + 320\Delta^2K^2 - 256K^3 + B_1\sqrt{9\Delta^8 - 192\Delta^6K + 1664\Delta^4K^2 - 4096\Delta^2K^3 + 4096K^4}}{8B_3^2K}$$

因为 $2K \geq \Delta^2$，假设 $b = \frac{\Delta^2}{2K}$（满足 $0 < b \leq 1$），则 β^{MS-RS} 可转化为参数 b 的函数：

$$\beta^{MS-RS} = \frac{(-32 + (8-b)b(10-3b)) - (b-2)\sqrt{256 - b(416 - 96b + 9b^2)}}{4(b-4)^2}$$

类似地，β^{MS-VN} 和 β^{RS-VN} 可分别通过求解方程 $\Phi\pi_M^{MS*} - \Phi\pi_M^{VN*} = 0$ 和 $\Phi\pi_M^{RS*} - \Phi\pi_M^{VN*} = 0$ 得到：

$$\beta^{MS-VN} = (-2(\Delta^8 - 37\Delta^6K + 516\Delta^4K^2 - 2880\Delta^2K^3 + 4608K^4) + (4(\Delta^2 - 4K)(\Delta^{14} - 10\Delta^{12}K - 303\Delta^{10}K^2 + 5964\Delta^8K^3 - 37440\Delta^6K^4 + 76032\Delta^4K^5 + 82944\Delta^2K^6 - 331776K^7))/Z_1 + 4Z_1)/(6(\Delta^2 - 8K)^2(\Delta^4 - 9\Delta^2K + 36K^2))$$

$$\beta^{RS-VN} = (3\Delta^{10} - 140\Delta^8K + 2444\Delta^6K^2 - 16320\Delta^4K^3 + 43200\Delta^2K^4 - 32256K^5 + (B_1^2(9\Delta^{16} - 408\Delta^{14}K + 9496\Delta^{12}K^2 - 154080\Delta^{10}K^3 + 1474320\Delta^8K^4 - 7511040\Delta^6K^5 + 19146240\Delta^4K^6 - 23224320\Delta^2K^7/Z_2 + Z_2)/(12K(\Delta^8 - 28\Delta^6K + 364\Delta^4K^2 - 2016\Delta^2K^3 + 4032K^4))$$

其中，

$$Z_1 = 6\sqrt{3}B_2B_1B_3^2(\Delta^6B_3B_1K(\Delta^4 - 9\Delta^2K + 36K^2)^2 \times (\Delta^{12} + 34\Delta^{10}K - 1115\Delta^8K^2 +$$

$9856\Delta^6 K^3 - 31488\Delta^4 K^4 + 9216\Delta^2 K^5 + 82944 K^6)) + B_1^2 (\Delta^{20} + 41\Delta^{18} K - 2925\Delta^{16} K^2 + 61623\Delta^{14} K^3 - 668844\Delta^{12} K^4 + 4222368\Delta^{10} K^5 - 15873408\Delta^8 K^6 + 34089984\Delta^6 K^7 - 32845824\Delta^4 K^8 - 23887872\Delta^2 K^9 + 95551488 K^{10}))^{1/3}$

$Z_2 = 192\sqrt{3} B_2 B_1^3 \sqrt{\Delta^4 K^3} \ (\Delta^8 - 28\Delta^6 K + 364\Delta^4 K^2 - 2016\Delta^2 K^3 + 4032 K^4)^2$
$(81\Delta^{18} - 2736\Delta^{16} K + 56748\Delta^{14} K^2 - 819056\Delta^{12} K^3 + 7691824\Delta^{10} K^4 - 45085312\Delta^8 K^5 + 59561024\Delta^6 K^6 - 321838848\Delta^4 K^7 + 332688384\Delta^2 K^8 - 146313216 K^9)) + B_1^3 \times (27\Delta^{24} - 1836\Delta^{22} K + 63540\Delta^{20} K^2 - 1338848\Delta^{18} K^3 + 19714320\Delta^{16} K^4 - 210495168\Delta^{14} K^5 + 1524954816\Delta^{12} K^6 - 6636100608\Delta^{10} K^7 + 13017480192\Delta^8 K^8 + 10419093504\Delta^6 K^9 - 93724065792\Delta^4 K^{10} + 140460687360\Delta^2 K^{11} - 65548320768 K^{12})) \ 1/3$

然后，β^{MS-VN} 和 β^{RS-VN} 也可转化为参数 b 的函数，β^{MS-RS}、β^{MS-VN} 和 β^{RS-VN} 关于参数 b 的函数图像如图 4-1（a）所示。

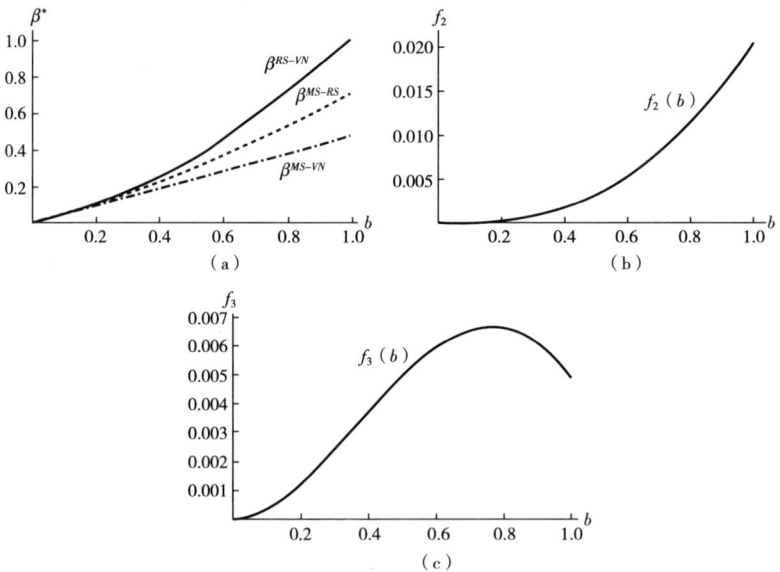

图 4-1　β^{MS-RS}、β^{MS-VN}、β^{RS-VN}、$f_2(b)$、$f_3(b)$ 关于参数 b 的函数图像

因此，可判断 $\beta^{RS-VN} > \beta^{MS-RS} > \beta^{MS-VN}$。进一步，可证明结论 4-4 中 $\Phi\pi_M^{MS}$、$\Phi\pi_M^{RS}$ 和 $\Phi\pi_M^{VN}$ 之间的大小关系。故结论 4-4 得证。

有趣的是，不同权力结构下入侵是否可以为制造商带来更高利润与渠道竞争强度（β）有关。若 β 递增，制造商最优的权力结构选择为 MS→VN→RS。当两种渠道趋近于完全独立时，MS 权力结构下入侵可为制造商带来最高的递增利润；当 β 递增至中间水平时，VN 权力结构对制造商更有利。然而，若渠道接近于完全替代时（$\beta \to 1$），RS 权力结构是制造商的最优选择。

首先，当 β 较低时，直销渠道对传统渠道的替代性较弱。此时在 MS 权力结构下，制造商可利用渠道的领导地位制定更高的直销渠道价格和批发价格。然后，制造商将从两种渠道获得最大化利润。其次，当 β 足够高时，两种渠道接近完全替代，此时渠道价格将逐渐趋同（$p_r^* \to p_d^*$）。在 RS 权力结构下，尽管零售商的渠道影响力会让制造商降低批发价格，但是传统渠道需求增加仍然会让制造商受益。在该情形下，制造商无法通过高价策略获得更高的递增受益。因此，RS 权力结构比 MS 权力结构对制造商更有利。最后，当 β 位于中间水平时，VN 权力结构是制造商的最优选择。原因为：平衡的供应链结构有效缓解了渠道冲突。结论 4-4 的管理启示为：制造商在制定入侵策略时应考虑渠道权力结构的影响，渠道竞争强度决定了制造商的最优策略。

结论 4-5 （零售商视角）在三种权力结构下，闭环供应链中零售商受益于制造商入侵的阈值满足关系：$\beta^{SR-MS} > \beta^{SR-RS} > \beta^{SR-VN}$。

证明：令

$$f_2 = \frac{-3\Delta^4 + 32\Delta^2 K - 64 K^2 + B_3\sqrt{16\Delta^2 K + 64 K^2 - 7\Delta^4}}{2B_3^2} - \frac{\Delta^2}{4K}$$

$$f_3 = \frac{\Delta^2}{4K} - \frac{-5\Delta^4 + 72\Delta^2 K + 4(36 K^2 + B_2\sqrt{12\Delta^2 K + 36 K^2 - 5\Delta^4})}{5\Delta^4 - 72\Delta^2 K + 288 K^2}$$

因为 $K = \frac{\Delta^2}{2b}$，f_2 和 f_3 可转化为：

$$f_2(b) = \frac{-(16+(b-5)b^2)+(4-b)\sqrt{(16+b(8-7b))}}{2(4-b)^2}$$

$$f_3(b) = \frac{(72-b^2(26-5b))-8(3-b)\sqrt{(9+b(6-5b))}}{2(72-b(36-5b))}$$

$f_2(b)$ 和 $f_3(b)$ 关于参数 b 的图像如图 4-1（b）和图 4-1（c）所示，故 $\beta^{SR-MS} > \beta^{SR-RS} > \beta^{SR-VN}$。结论 4-5 得证。

结论 4-1 已表明，入侵对零售商会产生三方面效应：渠道竞争、批发价格下降和再制造溢出。从直观上看，可推断在 RS 权力结构下入侵对零售商更有利，因为零售商在该结构下具有更强的渠道影响力。但是，我们研究发现，MS 权力结构对零售商反而更有利。原因为：比较 MS 与 RS 两种权力结构，MS 权力结构下制造商确定了更高的批发价格（$w^{SE-MS*} > w^{SE-RS*} > w^{SE-VN*}$），零售商因此提高了产品零售价格（$p_r^{SE-MS*} > p_r^{SE-RS*} > p_r^{SE-VN*}$）。价格提高增加了渠道的差异性（降低了竞争），从而间接缓解了渠道冲突。尽管 MS 权力结构下批发价格更高且回收率更低（$\tau^{SE-VN*} > \tau^{SE-RS*} > \tau^{SE-MS*}$），但渠道冲突缓解带来的正向效应超过批发价格和回收率下降所带来的不利影响。因此，MS 权力结构下入侵反而对零售商更有利。此外，比较 RS 和 VN 权力结构，结论表明 RS 权力结构对零售商仍然更有利，原因是 RS 权力结构渠道竞争的强度低于 VN 权力结构，所以零售商受益于入侵的区间更宽。

考虑闭环供应链中制造商入侵和权力结构之间的内在关系，我们可得到以下管理启示。尽管 VN 权力结构下批发价格最低、回收率最高，但却同时加剧了渠道竞争。因此，在面临制造商入侵的闭环供应链中，该权力结构对零售商最为不利。此外，尽管 RS 权力结构下零售商获得了更高的利润，但 MS 权力结构下零售商受益于制造商入侵的区间更宽。

第六节 模型延伸——初始需求不对称

在上述分析中,在直销与传统渠道初始需求相同的假设下,分析了制造商入侵策略及对零售商的影响。然而,在现实中,两种渠道之间的初始需求不对称情形更符合实际情况($\alpha_d \neq \alpha_t$)。该假设在双渠道供应链的研究中经常出现(Cai,2010;Chen et al.,2012)。为验证初始模型研究结论的鲁棒性,本节在考虑入侵的闭环供应链中,分析渠道初始需求不对称和权力结构对制造商和零售商决策的影响。根据式(4-2)和式(4-3),直销和传统渠道的需求函数可写为:

$$q_d = \frac{\alpha_d}{1+\beta} - \frac{1}{1-\beta^2}p_d + \frac{\beta}{1-\beta^2}p_r \tag{4-8}$$

$$q_r = \frac{\alpha_r}{1+\beta} - \frac{1}{1-\beta^2}p_r + \frac{\beta}{1-\beta^2}p_d \tag{4-9}$$

为简化模型且不失一般性,假设 $\alpha_r = \chi$($0 < \chi < 1$),$\alpha_d = 1$,表示直销渠道拥有更强的"相对权力地位"[①]。

与渠道初始需求对称情形相似,构建了三种渠道权力结构下闭环供应链入侵模型,分别记为模型 AE-MS、模型 AE-RS 和模型 AE-VN。求解的过程与渠道初始需求对称情形类似,这里不再给出详细的求解过程。不同情形下闭环供应链均衡解在本书附录 A 中给出。然后,分析制造商最优入侵策略选择及对零售商的影响。

结论 4-6 在渠道初始需求不对称情形:

---

① 传统渠道拥有更强"相对权力地位"的情形在附录 B 中给出,分析表明初始结论仍然成立。

(1) 对于 MS 权力结构,当 $\chi^{M*} < \chi < 1$ 时,入侵是制造商的占优策略。当 $0 < \chi \leq \chi^{M*}$ 时,存在阈值 β^{AM-MS} 使其当 $\beta \in (0, \beta^{AM-MS}]$ 时,制造商选择入侵更有利。其中 β^{AM-MS} 是方程 $\pi_M^{AE-MS*} - \pi_M^{SN-MS*} = 0$ 的实根,且

$$\chi^{M*} = \frac{2(1-c_m)\sqrt{(8K-\Delta^2)(4K-\Delta^2)}}{8K-\Delta^2} + 2c_m - 1$$

(2) 对于 RS 权力结构,当 $\chi^{M**} < \chi < 1$ 时,入侵是制造商的占优策略。当 $0 < \chi \leq \chi^{M**}$ 时,存在阈值 β^{AM-RS} 使其当 $\beta \in (0, \beta^{AM-RS}]$ 时,制造商选择入侵更有利。其中 β^{AM-RS} 是方程 $\pi_M^{AE-RS*} - \pi_M^{SN-RS*} = 0$ 的一个实根且 $\chi^{M**} = c_m$。

(3) 对于 VN 权力结构,当 $\chi^{M***} < \chi < 1$ 时,入侵是制造商的占优策略。当 $0 < \chi \leq \chi^{M***}$ 时,存在阈值 β^{AM-VN} 使当 $\beta \in (0, \beta^{AM-VN}]$ 时,制造商选择入侵更有利。其中 β^{AM-VN} 是方程 $\pi_M^{AE-VN*} - \pi_M^{SN-VN*} = 0$ 的一个实根,且

$$\chi^{M***} = \frac{4Kc_m + 2K - \Delta^2}{6K - \Delta^2}$$

证明:因为 π_M^{AE-MS*} 关于 β 递减,可知 $\pi_M^{AE-MS*} > \pi_M^{SN-MS*}$ 等价于 $[\pi_M^{AE-MS*}]_{min} = [\pi_M^{AE-MS*}]_{\beta=1} > 0$。解不等式:

$$[\pi_M^{AE-MS*}]_{\beta=1} = \frac{K(1+\chi-2c_m)^2}{4(4K-\Delta^2)} > 0$$

可得 $\chi^{M*} < \chi < 1$,其中

$$\chi^{M*} = \frac{2(1-c_m)\sqrt{(8K-\Delta^2)(4K-\Delta^2)}}{8K-\Delta^2} + 2c_m - 1$$

然而,如果 $0 < \chi \leq \chi^{M*}$,存在阈值 β^{AM-MS} 使其当 $\beta \in (0, \beta^{AM-MS}]$ 时,$\pi_M^{AE-MS*} \geq \pi_M^{SN-MS*}$;否则,$\pi_M^{AE-MS*} < \pi_M^{SN-MS*}$。因此,结论 4-6 (1) 得证。类似地,结论 4-6 (2) 和 4-6 (3) 可得证。

结论 4-6 分析了权力结构和初始需求不对称对制造商入侵策略的影响。不同于需求对称情形,入侵并非在任何情形下均为制造商的占优策略。结论表明,仅当传统渠道需求足够大时,入侵对制造商有利。当传统渠道初始需

求较低时,入侵是否对制造商有利与渠道竞争强度相关。若渠道竞争强度较低,渠道冲突相对较弱,此时制造商可通过高价策略获得更高利润;相反,制造商的利润降低。原因为:第一,渠道竞争强度提高会导致制造商制定更低的批发价格和直销渠道价格;第二,传统渠道低市场需求使制造商批发收益降低。

一般意义上,制造商在选择入侵策略时应考虑渠道初始需求和竞争强度。如果传统渠道初始需求相对较低,制造商应充分提高直销渠道的差异化程度(如通过广告、提供更有效的退货渠道)。另外,制造商可通过一定契约(如转移支付、收益共享契约等)激励零售商增加对传统渠道的投资。入侵前后,参数 β 和 χ 对制造商利润的联合影响如图 4-2 所示。

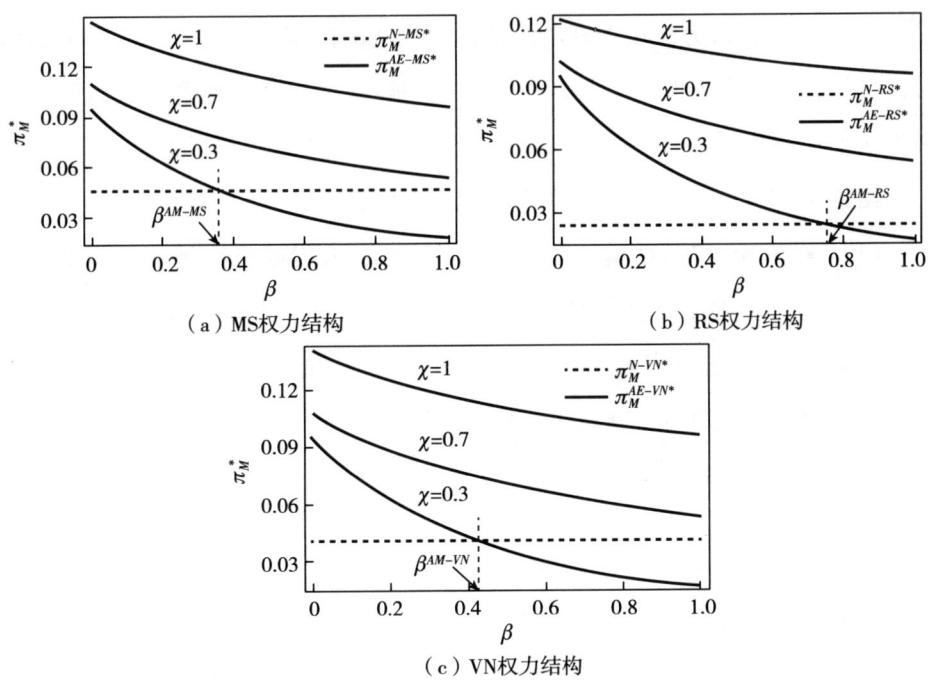

图 4-2 β 对 π_M^* 的影响 ($c_m = 0.4$, $K = 0.18$, $\Delta = 0.2$)

图 4-2 证明了结论 4-6。首先，当 χ 足够大时（$\chi \geq \chi^{M**}$），入侵始终对制造商有利。而且，阈值 χ^{M*}、χ^{M**}、χ^{M***} 满足关系 $\chi^{M**} < \chi^{M***} < \chi^{M*}$，表示制造商受益于入侵的区间在 RS 情形下最大、在 MS 情形下最小。制造商的利润包括两个部分：直销渠道销售收益和传统渠道批发收益。在 RS 结构中，传统渠道初始需求低于另两种权力结构（$\chi^{M**} < \chi^{M***} < \chi^{M*}$），制造商从传统渠道获得更高利润（$(w^{AE-RS*} - c_m + \Delta \tau^{AE-RS*}) q_r^{AE-RS*} > (w^{AE-VN*} - c_m + \Delta \tau^{AE-VN*}) q_r^{AE-VN*} > (w^{AE-MS*} - c_m + \Delta \tau^{AE-MS*}) q_r^{AE-MS*}$），从而使入侵对制造商更有利。然而，在 MS 权力结构下，尽管制造商会获得更高利润，但制造商从传统渠道获得的利润却最低。

其次，当 χ 较小时，入侵是否对制造商有利于渠道竞争强度 β 相关。如果渠道竞争较小，制造商引入直销渠道更有利。另外，$\beta^{AM-MS} < \beta^{AM-VN} < \beta^{AM-RS}$，表示 RS 权力结构下制造商受益于入侵的区间最大，其原因与 χ 足够大情形相类似。从实践的视角，该结果表明传统渠道在制造商入侵策略选择中扮演了重要角色。

结论 4-7　在渠道初始需求不对称情形中：

（1）对于 MS 权力结构，当 $0 < \chi \leq \chi^{R*}$ 时，入侵始终会损害零售商。当 $\chi^{R*} < \chi \leq 1$ 时，存在阈值 β^{AR-MS} 使其当 $\beta \in (0, \beta^{AR-MS}]$ 时，入侵对零售商有利。其中，β^{AR-MS} 是方程 $\pi_R^{AE-MS*} - \pi_R^{SN-MS*} = 0$ 的一个实根，且

$$\chi^{R*} = \frac{\Delta^4 - 20\Delta^2 K + 32 K^2 + 8\Delta^2 K c_m}{\Delta^4 - 12\Delta^2 K + 32 K^2}$$

（2）对于 RS 权力结构，当 $0 < \chi \leq \chi^{R**}$ 时，入侵始终会损害零售商。当 $\chi^{R**} < \chi \leq 1$ 时，存在阈值 β^{AR-RS} 使当 $\beta \in (0, \beta^{AR-RS}]$ 时，入侵对零售商有利。其中，β^{AR-RS} 是方程 $\pi_R^{AE-RS*} - \pi_R^{SN-RS*} = 0$ 的一个实根，且

$$\chi^{R**} = \frac{16 K^2 c_m - 4\Delta^2 K(1 + c_m) + \Delta^4}{(4K - \Delta^2)^2} + \frac{2\sqrt{2}(1 - c_m)\sqrt{(2K - \Delta^2)K}}{(4K - \Delta^2)}$$

（3）对于 VN 权力结构，当 $0 < \chi \leq \chi^{R***}$ 时，入侵始终会损害零售商。当

$\chi^{R***} < \chi \le 1$ 时，存在阈值 β^{AR-VN} 使当 $\beta \in (0, \beta^{AR-VN}]$ 时，入侵对零售商有利。其中，β^{AR-VN} 是方程 $\pi_R^{AE-VN*} - \pi_R^{SN-RVN} = 0$ 的一个实根，且

$$\chi^{R***} = \frac{\Delta^4 - 16\Delta^2 K + 24 K^2 + 6\Delta^2 K c_m}{\Delta^4 - 10\Delta^2 K + 24 K^2}$$

结论 4-7 表明：首先，若传统渠道初始需求较低，入侵对零售商始终不利，原因是传统渠道低市场份额所致。其次，随着传统渠道初始需求逐渐递增，入侵是否对零售商有利取决于渠道竞争程度 β。如果渠道之间差异化程度足够高，对零售商更有利；否则，对零售商不利。总之，如果传统渠道初始需求足够大且渠道竞争程度较弱时，零售商从入侵中将获得更高利润。

在图 4-3 中，比较阈值 χ^{R*}、χ^{R**}、χ^{R***} 可发现，$\chi^{R***} < \chi^{R**} < \chi^{R*}$，表明在 VN 权力结构下入侵对零售商不利的区间最小，在 MS 权力结构下区间最

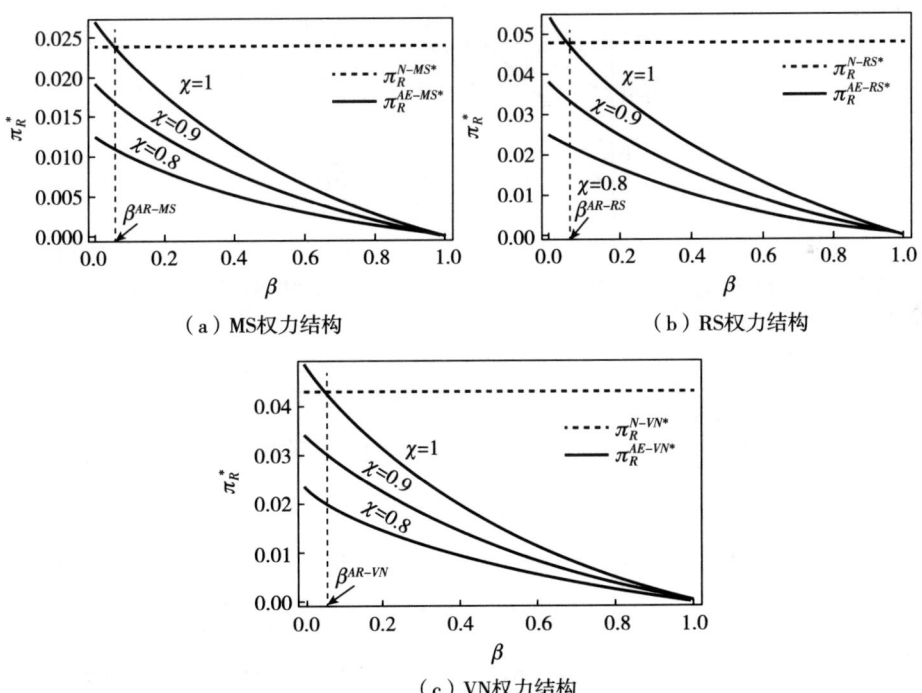

图 4-3 β 对 π_R^* 的影响（$c_m = 0.4$, $K = 0.18$, $\Delta = 0.2$）

大。在 VN 权力权力结构下，回收率高于另外两种权力结构（$\tau^{AE-VN*} > \tau^{AE-RS*} > \tau^{AE-MS*}$），传统渠道价格低于另两种权力结构（$p_r^{AE-MS*} > p_r^{AE-RS*} > p_r^{AE-VN*}$）。如果渠道竞争程度提高，制造商无法通过制定更高的批发价格和直销渠道价格获取更高利润。然而，如果渠道竞争程度下降，制造商可通过高价策略，在传统渠道中获取更高利润。图 4-4 绘制了 χ 对阈值 β^{AR-MS}、β^{AR-RS} 和 β^{AR-VN} 影响的图形。

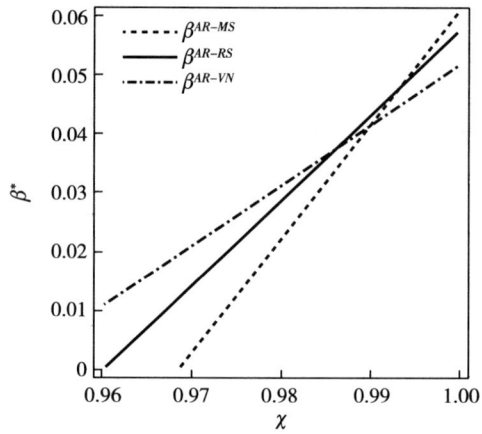

图 4-4　χ 对阈值 β^{AR-MS}、β^{AR-RS} 和 β^{AR-VN} 的影响（$c_m = 0.4$，$K = 0.18$，$\Delta = 0.2$）

图 4-4 表明：当更多的消费者选择传统渠道时（χ 足够大），MS 权力结构对零售商更有利，该结果与初始需求对称情形相似。在 MS 权力结构中，制造商制定更高的批发价格和直销渠道价格，从而缓解了渠道冲突。因此，相较于 RS 和 VN 权力结构，MS 权力结构下入侵能为零售商带来更高利润。有趣的是，随着 χ 的增加，VN 权力结构对零售商更有利。当传统渠道的初始需求低于一定的临界值时，制造商从传统渠道中获得的利润降低。然后，制造商具有动力降低批发价格，以刺激需求和提高产品回收率。在 VN 权力结构下，批发价格降低效应和再制造溢出效应最为显著，从而

使零售商受益于制造商入侵的区间最大。总之,入侵是否对零售商有利取决于权力结构和消费者渠道偏好因素的共同影响。当 χ 足够大时,渠道价格提高加大了渠道之间的差异化程度,从而使 MS 权力结构对零售商最有利。当 χ 相对较低时,批发价格降低和再制造溢出效应占了主导地位,从而使 VN 权力结构成为了零售商的最优选择。因此,零售商应根据权力结构和消费者渠道偏好策略性制定渠道价格策略。

结论 4-8 在渠道初始需求不对称情形,不同权力结构下入侵对制造商和零售商的影响如表 4-4 所示。

表 4-4 不同权力结构下入侵对供应链成员的影响

权力结构	χ	β	制造商	零售商
MS	$0<\chi\leqslant\chi^{M*}$	$0<\beta\leqslant\beta^{AM-MS}$	win	lose
		$\beta^{AM-MS}<\beta<1$	lose	lose
	$\chi^{M*}<\chi\leqslant\chi^{R*}$	—	win	lose
	$\chi^{R*}<\chi<1$	$0<\beta\leqslant\beta^{AR-MS}$	win	win
		$\beta^{AR-MS}<\beta<1$	win	lose
RS	$0<\chi\leqslant\chi^{M**}$	$0<\beta\leqslant\beta^{AM-RS}$	win	lose
		$\beta^{AM-RS}<\beta<1$	lose	lose
	$\chi^{M**}<\chi\leqslant\chi^{R**}$	—	win	lose
	$\chi^{R**}<\chi<1$	$0<\beta\leqslant\beta^{AR-RS}$	win	win
		$\beta^{AR-RS}<\beta<1$	win	lose
VN	$0<\chi\leqslant\chi^{M***}$	$0<\beta\leqslant\beta^{AM-VN}$	win	lose
		$\beta^{AM-VN}<\beta<1$	lose	lose
	$\chi^{M***}<\chi\leqslant\chi^{R***}$	—	win	lose
	$\chi^{R***}<\chi<1$	$0<\beta\leqslant\beta^{AR-VN}$	win	win
		$\beta^{AR-VN}<\beta<1$	win	lose

结论 4-8 表明:在不对称初始需求下,闭环供应链中入侵可能为制造商和零售商带来"双赢"或"双输"的结果。特别地,在大部分情形下,入侵

对制造商有利,但对零售商不利。主要原因是直销渠道的引入增加了制造商的影响力,且由于渠道冲突间接降低了零售商渠道竞争力。然而,当传统渠道初始需求相对较低且渠道竞争较强时,入侵可能会同时对制造商和零售商不利,原因是传统渠道的利润损失不能有效被直销渠道的收益所补偿。因此,制造商应在直销和传统渠道之间做出平衡并制定合理的价格决策。例如,制造商应降低批发价格,以鼓励零售商增加订货量。此外,与初始需求对称情形类似,当消费者对传统渠道的接受度较高且渠道竞争较弱时,入侵可为制造商和零售商带来 Pareto 改进。在该情形下,批发价格降低和再制造溢出效应使入侵对零售商有利。

然后,在入侵情形下,我们分析了权力结构对制造商和零售商受益区间的影响。当传统渠道初始需求较低时,$\beta^{AM-MS} < \beta^{AM-VN} < \beta^{AM-RS}$(见结论 4-5),这表明在 MS 权力结构下,入侵对制造商和零售商均不利的区间最大。然而,当传统渠道的初始需求足够大时,无法直接比较不同权力结构下制造商和零售商的收益区间,其取决于传统渠道初始需求(χ)、回收成本范围参数(K)和单位再制造成本节约(Δ)三方面因素的共同影响。

第七节 算例分析

到目前为止,已经分析了不同权力结构下入侵对制造商和零售商的影响。然而,制造商入侵环境下权力结构对闭环供应链利润的影响还未进行分析。因此,本节将通过数值算例分析该影响。令 $\Phi \pi_T^{k*} = \pi_T^{SE-k*} - \pi_T^{SN-k*}$ 表示入侵前后供应链系统的利润差,其中,$k \in \{MS, RS, VN\}$ 分别代表制造商 Stakelberg、零售商 Stakelberg 和 Nash 权力结构。参数的初始值设为 $c_m = 0.4$,

$K=0.18$,$\Delta=0.2$。

由图 4-5 可知：入侵对供应链系统递增利润的影响与渠道竞争程度 β 相关。当 β 较低时（$\beta<0.0546$），Nash 权力结构对供应链系统更有利。相反，当 β 超过一定临界值（$\beta\geq0.0546$），MS 权力结构是供应链系统的最优选择。入侵对供应链的影响包括直销渠道收益、再制造成本节约递增、渠道竞争三个方面。渠道初始需求对称情形，入侵对系统始终有利的原因是前两种正向效应超过了第三种负向效应。当渠道竞争相对较小时，VN 权力结构下直销渠道收益和再制造成本节约效应起了主导作用。然而，当 β 足够大时，MS 权力结构对于缓解渠道冲突最为有效，所以此时供应链系统的利润增幅也更加明显。

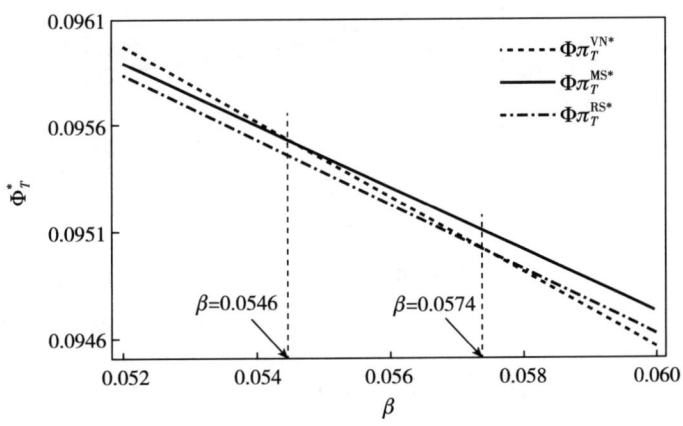

图 4-5 β 对供应链系统递增利润的影响

图 4-6 在不同权力结构和初始需求不对称情形下比较了供应链利润。由图像可知，在初始需求对称情形（$\chi=1$），入侵始终对供应链有利。然而，在初始需求不对称情形，入侵是否对供应链有利于传统渠道初始需求和渠道竞争程度有关。当 χ 增加时，供应链系统受益于入侵的区间逐渐缩小，原因

是直销渠道收益不能完全补偿传统渠道收益的减少额。

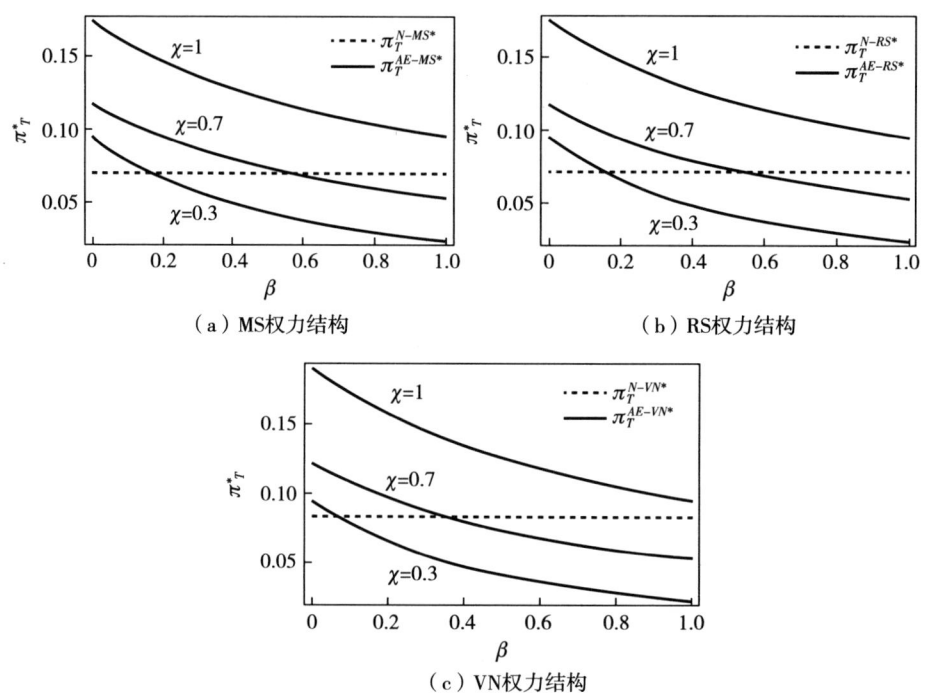

图 4-6 β 对 π_T^* 的影响

在图 4-7 中，阈值 β^{AT-MS}、β^{AT-RS} 和 β^{AT-VN} 分别为方程 $\pi_T^{AE-MS*} - \pi_T^{SN-MS*} = 0$、$\pi_T^{AE-RS*} - \pi_T^{SN-RS*} = 0$ 和 $\pi_T^{AE-VN*} - \pi_T^{SN-VN*} = 0$ 的实根。图 4-7 比较了入侵情形下 χ 对供应链系统受益区间的影响。由图 4-7 可知，该区间在 MS 权力结构下最大，而在 VN 权力结构下最小。该结果与结论 4-5 中入侵对零售商的影响类似。原因是 MS 权力结构下渠道冲突得到了最大限度的缓解。此外，从图 4-7 可知，阈值 β^{AT-j}，$j \in \{MS, RS, VN\}$，随着 χ 的提高先减后增。若 $\chi \to 1$，入侵将始终对供应链系统有利。

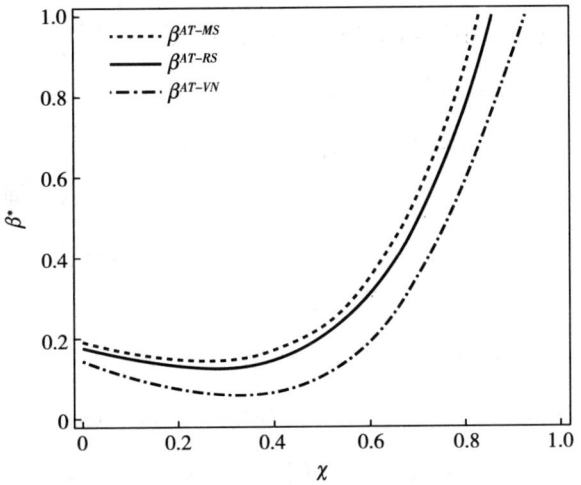

图4-7 χ 对阈值 β^{AT-MS}、β^{AT-RS} 和 β^{AT-VN} 的影响

本章小结

在供应链中，由于引入直销渠道会削弱传统零售渠道的竞争优势，上游制造商（或供应商）渠道入侵对下游零售商会产生重要影响。目前，多数研究表明制造商入侵由于会缓解供应链双重边际效应，故可能对零售商有利。本章首先分析了制造商最优入侵策略的选择，其次探讨了入侵对零售商和供应链系统的影响。

本章得到了一些有趣的结论。在闭环供应链中，制造商入侵可能对零售商有利。尽管入侵降低了传统渠道需求，但闭环供应链中由于存在再制造溢出效应，激励制造商降低批发价格。当渠道竞争强度较小时，批发价格降低和再制造溢出效应超过了渠道竞争的负面效应，入侵反而能提高零售商利润。

此外，分析了渠道权力结构对零售商受益于制造商入侵的范围的影响，发现MS权力结构对零售商最有利。然后，将模型扩展到渠道需求不对称情形，研究结果表明入侵可对制造商和零售商产生"双赢"或"双输"的结果。当传统渠道初始需求较低渠道竞争强度较大时，入侵对制造商不利。

该研究仍有待拓展。第一，本书假设制造商负责回收产品，那么在零售商或第三方回收模式下本书的结论是否仍然成立需要进一步分析。第二，本书假设直销与传统渠道的销售成本效率相同，未来研究可分析渠道成本不同是制造商入侵策略及对零售商和闭环供应链的影响。第三，在新产品与再制造产品差异化背景下分析制造商入侵问题会更具现实意义。

第五章 渠道偏好异质下闭环供应链销售渠道选择决策

第一节 引　言

经济的快速发展产生了环境污染和一系列社会问题，可持续发展理念因此在近年来受到了社会各界的关注（Xie et al.，2017）。关于闭环供应链的研究主要集中在网络设计、回收渠道、定价与协调决策的分析，但关于闭环供应链销售渠道选择的研究则非常有限。Chiang等（2003）考虑了消费者对传统渠道与直销渠道偏好的差异性，假设消费者对直销渠道的偏好低于对传统渠道的偏好，研究分析了不同情形下制造商选择单渠道或双渠道模式的条件。区别于Chiang等（2003）的研究，Arya等（2007）、Cai（2010）采用了古诺产量博弈竞争形式刻画直销和传统渠道的竞争，在此背景下分析了制造商选择直销渠道的条件及对零售商、系统利润和消费者剩余的影响。

但在闭环供应链中，由于存在产品逆向的回收与再制造，可能会对制造商的销售渠道选择决策产生影响。在传统供应链背景下,当消费者对直销渠道的偏好程度位于一定的区间时,制造商引入直销渠道可实现"双赢",而闭环供应链中制造商同时负责产品的回收与再制造,再制造降低了平均生产成本,因此制造商具有更大的空间去降低对零售商的批发价格,零售商受益于制造商直销渠道引入的区间更大。

本章针对制造商和零售商构成的闭环供应链,制造商负责产品的回收、新产品与再制造产品的生产,同时向零售商批发产品。有两种渠道模式供制造商选择:单渠道模式或双渠道模式。运用博弈论的方式建立闭环供应链博弈模型,旨在对以下问题做出回答:①在闭环供应链中,直销渠道的引入对均衡批发价格、渠道价格、回收率和回收率的影响;②在集中或分散决策模型中,消费者对直销渠道的接受程度和回收、再制造的效率对制造商销售渠道选择决策的影响;③在分散化决策的双渠道闭环供应链中,制造商引入直销渠道是否会对零售商有利,且制造商和零售商是否能实现"双赢"?

第二节 问题描述

本章通过建立制造商与零售商构成的二级闭环供应链模型,运用博弈论的方法分析了制造商入侵与不入侵两种情形下闭环供应链的均衡决策,探讨了闭环供应链中制造商的销售渠道选择策略及对零售商的影响。表 5-1 中给出一些研究假设和相应的符号说明,对废旧产品回收与再制造成本、消费者偏好选择与需求函数、销售渠道的成本与结构、闭环供应链的决策顺序几方面进行描述与界定。

第五章 渠道偏好异质下闭环供应链销售渠道选择决策

表5-1 符号及定义

符号	定义
c_m	新产品的单位生产成本
c_{rm}	再制造产品的单位生产成本
Δ	再制造单位成本节约
c_d	直销渠道的单位成本
c_r	传统渠道的单位成本
K	回收成本函数的范围参数
v	消费者对新产品的估值
θ	消费者对再制造产品的估值折扣系数
τ	回收率
w	批发价格
p_r	传统渠道的价格
p_d	直销渠道的价格
π_i^j	决策者 i 在 j 模型中的利润

1. 产品回收与再制造

与 Savaskan 等（2004）研究假设相同，制造商直接对废旧产品进行回收及再制造。假设新产品的单位生产成本为 c_m，再制造产品的单位生产成本为 c_{rm}。从产品生产的工艺与流程分析，一般情况下，新产品的单位生产成本高于再制造产品的生产成本，$c_m < c_{rm}$（Savaskan, 2004; Savaskan and Van Wassenhove, 2006）。利用参数 Δ 表示再制造产品的单位成本节约，则 $\Delta = c_m - c_{rm}$。为简化模型，聚焦于闭环供应链中制造商销售渠道选择决策的分析，假设新产品与再制造产品无差异。该假设在很多闭环供应链的相关研究文献中得以使用（Savaskan, 2004; 熊中楷等, 2011），且与一些行业的实践相符合（如硒鼓、废纸行业）。

废旧产品的回收过程有多种刻画方法，与大部分闭环供应链的研究类似，本章用回收率刻画废旧产品的回收量。假设制造商回收产品的总投资为 I，废旧产品的回收率为 τ，则回收总投资与回收率的关系可表示为 $\tau = \sqrt{I/K}$。不考虑回收的单位变动成本，制造商的回收总成本为 $C(\tau) = K\tau^2$，其中 K 为回收成本函数的范围参数。运用二次成本函数表示回收的总成本（Savaskan，2004；Savaskan and Van Wassenhove，2006），根据产品的回收率 τ 和单位再制造成本节约 Δ，制造商的单位平均生产成本可写作 $\bar{c} = \tau c_{rm} + (1-\tau)c_m = c_m - \Delta\tau$。

2. 消费者偏好选择与需求函数

消费者对直销与传统渠道的偏好是异质的，假设消费者对产品价值的估值为 v，不是一般性，v 服从 0 到 1 上的均匀分布，且概率密度为 1。消费者对线上与传统渠道的偏好程度并不相同，与 Chiang 等（2003）研究假设相同，消费者对传统渠道的接受程度高于对直销渠道的接受程度。用 θ（$0 < \theta < 1$）表示消费者对直销渠道估值的折扣，因此 v 和 θv 分别表示消费者选择传统和直销渠道所获得的价值。

根据消费者对不同渠道的偏好选择，可推算出不同渠道所对应的需求函数。假设单个消费者最多购买一个产品，如果消费者选择通过传统渠道购买，则获得效用 $v - p_r$；如果消费者选择通过直销渠道购买，则相应获得效用 $\theta v - p_d$。消费者是理性的，因此会选择效用更高的渠道。消费者选择传统渠道的条件需满足 $v - p_r \geq 0$ 且 $v - p_r \geq \theta v - p_d$，选择直销渠道的条件需满足 $\theta v - p_d \geq 0$ 且 $\theta v - p_d \geq v - p_r$。根据效用的无差异性原则，可确定制造商渠道入侵下传统渠道与直销渠道的需求函数分别为：

$$Q_r = \begin{cases} 1 - \dfrac{p_r - p_d}{1 - \theta} & if\, p_r \geq \dfrac{p_d}{\theta} \\ 1 - p_r & 否则 \end{cases} \quad (5-1)$$

$$Q_d = \begin{cases} \dfrac{p_r - p_d}{1 - \theta} - \dfrac{p_d}{\theta} & if\, p_r \geq \dfrac{p_d}{\theta} \\ 0 & 否则 \end{cases} \quad (5-2)$$

仅存在传统渠道条件下，需求函数为：

$$Q_r = 1 - p_r, \quad Q_d = 0 \tag{5-3}$$

仅存在直销渠道条件下，需求函数为：

$$Q_d = 1 - \frac{p_d}{\theta}, \quad Q_r = 0 \tag{5-4}$$

3. 渠道成本与渠道结构

假设制造商和零售商通过直销渠道和传统渠道销售的单位渠道成本分别为 c_d 和 c_r，直销渠道模式下消费者负责运输费和管理费用，且制造商直接销售能有效降低信息的不对称所产生的道德风险成本，因此 $c_d < c_r$。为方便符号表示，用 C_d 表示直销渠道成本与新产品单位生产成本之和，$C_d = c_d + c_m$；同理，$C_r = c_r + c_m$ 表示传统渠道成本与新产品单位成本之和。

考虑了四种渠道结构：①仅存在直销渠道（模型 SD）；②仅存在传统渠道（模型 SR）；③集中决策的双渠道闭环供应链（模型 DC）；④分散决策的双渠道闭环供应链（模型 DD）。在单渠道模式下，制造商仅选择一种渠道销售产品，而在双渠道模式下，制造商选择开通直销渠道，同时通过直销和传统渠道销售产品。通过对比单渠道和双渠道闭环供应链中制造商和零售商利润的变化，分析制造商的最优渠道选择策略及对零售商的影响。

4. 闭环供应链博弈结构

在集中决策下，闭环供应链中制造商和零售商组成联盟共同决定不同渠道的产品销售价格和废旧产品的回收率。在分散决策下，制造商和零售商作为独立个体按利润最大化目标分别进行决策。对于单渠道或双渠道闭环供应链，均假设制造商为渠道的领导者，零售商为跟随者。在模型 SR 中，闭环供应链的决策顺序为：制造商首先选择批发价格 w 和废旧产品的回收率 τ，其次零售商选择传统渠道的销售价格 p_r。在模型 DR 中，制造商首先选择批发价格 w、直销渠道价格 p_d 和回收率 τ；其次零售商选择传统渠道价格 p_r。在闭环供应链中制造商和零售商之间的博弈与完全信息下的动态博弈结构一致，可利用逆向归纳法对问题求解。

第三节　单渠道闭环供应链模型

本节通过建立单渠道模式下两类闭环供应链决策模型（模型 SD 和模型 SR），分析制造商和零售商的均衡决策行为，探究制造商选择不同渠道的条件及分析产品再制造成本节约水平 Δ 和回收成本 K 对制造商渠道选择策略的影响。

一、模型 SR

在该模型中，制造商不开通直销渠道，通过零售商分销产品。给定制造商的批发价格决策 w 和回收率 τ，零售商确定产品的销售价格 p_r，决策模型为：

$$\max_{p_r} \Pi_R^{SR} = (p_r - w)(1 - p_r) \tag{5-5}$$

可验证 Π_R^{SR} 是决策变量 p_r 的凹函数，模型存在最优解。根据式（3-5）的一阶条件，可求出零售商价格决策的最优反应函数 $p_r(w, \tau)$。然后，根据零售商的最优决策，制造商选择 w 和 τ 以实现企业利润的最大化。决策问题为：

$$\max_{w, \tau} \Pi_M^{SR} = (w - C_r + \Delta \tau)(1 - p_r) - K\tau^2 \tag{5-6}$$

可验证当 $8K - \Delta^2 \geq 0$ 时，Π_M^{SR} 是关于变量 w 和 τ 的联合凹函数，制造商的决策模型存在唯一最优解。根据式（5-6）的联合一阶条件，可得到制造商的最优批发价格 w^{SR*} 和最优回收率 τ^{SR*}。将均衡解 (w^{SR*}, τ^{SR*}) 代入 $p_r(w, \tau)$ 中可得零售商的均衡销售价格 p_r^{SR*}。然后，根据制造商和零售商的最优决策，可求出制造商和零售商的最优利润 Π_M^{SR*} 和 Π_R^{SR*}、闭环供应链系统的最优利润 Π_T^{SR*}。在模型 SR 中闭环供应链的均衡决策由表 5-2 给出。

由假设可知，在闭环供应链中废旧产品的回收率属于 0~1。因此，为保证产品回收与再制造在经济上的可行性，成本参数 K 需满足引理 5-1。

引理 5-1　在模型 SR 中，为保证 $\tau^{SR*} \in [0, 1]$，则 K 满足 $K \geqslant \frac{1}{4}(1 + \Delta - C_r)$。

证明：由表 5-2，在模型 SR 中 $\tau^{SR*} = \frac{\Delta(1 - C_r)}{8K - \Delta^2}$。$\tau^{SR*} \in [0, 1]$ 等价于 $\frac{\partial \tau^{SR*}}{\partial \tau}\big|_{\tau = 1} \leqslant 0$，因此可得条件 $K \geqslant \frac{1}{4}(1 + \Delta - C_r)$。

引理 5-1 得证。

以上引理的实际含义为：在闭环供应链中，制造商难以回收所有的废旧产品。因此，回收成本参数 K 足够大确保了模型的合理性。由引理 5-1 可知，当不等式取"="时，闭环供应链的回收效率达到最大（$\tau^{SR*} = 1$）。上述引理保证了模型 SR 中制造商和零售商决策存在唯一的最优解。

由均衡价格与回收率可知：$\partial p_r^{SR*}/\partial \Delta < 0$，$\partial \tau^{SR*}/\partial \Delta < 0$，表明再制造成本节约增加降低了渠道价格并提高了回收率。原因为：若再制造的成本节约增加，制造商有动力降低对零售商的批发价格。零售商因此会同时降低价格，产品需求量与回收量均会增加。同理，$\partial p_r^{SR*}/\partial K > 0$，$\partial \tau^{SR*}/\partial K < 0$，说明回收成本增加会导致产品零售价格提高和回收率下降。该结果管理的意义为：制造商应努力降低回收成本并提高再制造的效率，从而最终提高企业利润。例如，提高回收的专业化水平、对员工进行培训、增加对回收渠道建设的投入等。

与无再制造情形相比，在闭环供应链中制造商的批发价格和零售价格更低，系统的利润增加。说明废旧产品的再制造节约了生产成本，并间接缓和了供应链的双重边际效应。

二、模型 SD

在该模型中，制造商直接通过直销渠道销售产品，闭环供应链为集中决策结构。制造商的决策问题为：

$$\max_{w,\tau} \Pi_M^{SD} = (p_d - C_d + \Delta\tau)\left(1 - \frac{p_d}{\theta}\right) - K\tau^2 \quad (5-7)$$

要保证直销渠道需求为非负，需满足条件 $p_d \leq \theta \leq 1$。可验证当 $4K\theta - \Delta^2 \geq 0$ 时，Π_M^{SD} 是关于变量 p_d 和 τ 的联合凹函数，模型存在唯一均衡解。根据一阶条件，可得均衡零售价格和回收率：

$$p_d^{SD*} = \theta - \frac{2K\theta(\theta - C_d)}{4K\theta - \Delta^2}, \quad \tau^{SD*} = \frac{\Delta(\theta - C_d)}{4K\theta - \Delta^2}$$

由均衡解可知，当且仅当 $C_d < \theta < 1$ 时，制造商决策才具有实际意义。根据 p_d^{SD*} 和 τ^{SD*}，可求出模型 SD 中均衡需求量 Q_d^{SD*} 和制造商的最优利润 Π_M^{SD*}，结果由表 5-2 给出。

表 5-2 模型 SR 和模型 SD 的均衡决策

均衡	模型 SR	模型 SD
w^*	$\dfrac{4K(1+C_r) - \Delta}{8K - \Delta^2}$	—
p_r^*	$\dfrac{2K(3+C_r) - \Delta^2}{8K - \Delta^2}$	—
p_d^*	—	$\theta - \dfrac{2K\theta(\theta - C_d)}{4K\theta - \Delta^2}$
τ^*	$\dfrac{2\Delta(1-C_r)}{8K - \Delta^2}$	$\dfrac{\Delta(\theta - C_d)}{4K\theta - \Delta^2}$
Q_r^*	$\dfrac{2K(1-C_r)}{8K - \Delta^2}$	

续表

均衡	模型 SR	模型 SD
Q_d^*	—	$\dfrac{2K(\theta - C_d)}{4K\theta - \Delta^2}$
Π_M^*	$\dfrac{K(1 - C_r)^2}{8K - \Delta^2}$	$\dfrac{K(\theta - C_d)^2}{4K\theta - \Delta^2}$
Π_R^*	$\dfrac{4K^2(1 - C_r)^2}{8K - \Delta^2}$	—
Π_T^*	$\dfrac{K(12K - \Delta^2)(1 - C_r)}{8K - \Delta^2}$	$\dfrac{K(\theta - C_d)^2}{4K\theta - \Delta^2}$

与模型 SR 相似，要保证 $\tau^{SD*} \in [0, 1]$，则存在引理 5 - 2。

引理 5 - 2 在模型 SR 中，为保证 $\tau^{SD*} \in [0, 1]$，则参数 K 满足 $K \geqslant \dfrac{\Delta(\Delta + \theta - C_d)}{4\theta}$。

证明：类似于引理 5 - 1 的证明，此处省略。

综合引理 5 - 1 和引理 5 - 2，要保证模型 SR 和模型 SD 中的均衡解同时存在，则 K 需满足 $K \geqslant \max\left\{\dfrac{1}{4}(1 + \Delta - C_r), \dfrac{\Delta(\Delta + \theta - C_d)}{4\theta}\right\}$，而 θ 对价格 p_d^{SD*} 和回收率 τ^{SD*} 会产生什么影响？经分析可知，$\partial p_d^{SD*}/\partial \theta > 0$，$\partial \tau^{SD*}/\partial \theta > 0$。表明随着消费者对直销渠道接受程度的增加，制造商会相应提高渠道的价格，产品的回收率和企业的利润因此增加。间接说明消费者对直销渠道认可度的增加对制造商和提高环境绩效是有利的。

三、模型 SD 与模型 SR 之间对比

以上分析了单渠道模型中闭环供应链的决策，本节将对比两种模型中的均衡回收率和渠道需求量，分析制造商的最优销售渠道选择决策。

结论 5 - 1 若 $\theta \geqslant \theta_0$，$\tau^{SD*} \geqslant \tau^{SR*}$，$Q_d^{SD*} \geqslant Q_r^{SR*}$；否则，$\tau^{SD*} < \tau^{SR*}$，$Q_d^{SD*} < Q_r^{SR*}$。其中：

$$\theta_0 = \frac{(8K - \Delta^2) C_d - \Delta^2 (1 - C_r)}{4K (1 + C_r)}$$

证明：根据表 5-2，可得：

$$\tau^{SR*} - \tau^{SD*} = \frac{\Delta(4K\theta - \Delta^2)(1 - C_r) - \Delta(8K - \Delta^2)(\theta - C_d)}{(8K - \Delta^2)(4K\theta - \Delta^2)}$$

$$Q_r^{SR*} - Q_d^{SD*} = \frac{2\Delta(4K\theta - \Delta^2)(1 - C_r) - \Delta(8K - \Delta^2)(\theta - C_d)}{(8K - \Delta^2)(4K\theta - \Delta^2)}$$

分析可知，当 $\theta \geq \theta_0 = \frac{(8K - \Delta^2) C_d - \Delta^2 (1 - C_r)}{4K(1 + C_r)}$ 时，$\tau^{SD*} \geq \tau^{SR*}$，$Q_d^{SD*} \geq Q_r^{SR*}$。否则，$\tau^{SD*} < \tau^{SR*}$，$Q_d^{SD*} < Q_r^{SR*}$。

结论 5-1 得证。

结论 5-1 表明在两种不同渠道模式下，均衡回收率与渠道需求的大小与消费者对直销渠道的接受程度 θ 相关。若 θ 增加，在直销模式下回收率和渠道需求更高。从产品回收与再制造角度分析，消费者对直销渠道偏好程度增加对制造商有利。另外，阈值 θ_0 关于再制造成本节约 Δ 递增，制造商的市场占有量和废旧产品的回收量均随之增加。

结论 5-2 （1）存在阈值 θ^{sm} 满足当 $\theta \in (\max\{C_d, \theta^{sm}\}, 1)$ 时，直销渠道模式对制造商更有利；否则，制造商选择传统渠道模式更有利。其中：

$$\theta^{sm} = \frac{2K + Y_0 C_d - 2K Y_1 C_r + (1 - C_r)\sqrt{4K^2 - Y_0 \Delta^2 + 4K(Y_0 C_d - K Y_1 C_r)}}{Y_0}$$

$Y_0 = 8K - \Delta^2$，$Y_1 = 2 - C_r$

（2）阈值 θ^{sm} 关于 Δ 递减，关于递增：$\frac{\partial \theta^{sm}}{\partial \Delta} < 0$，$\frac{\partial \theta^{sm}}{\partial K} > 0$。

证明：因为 $C_d < \theta < 1$，可得 $\Pi_M^{SD*}|_{\theta=1} - \Pi_M^{SR*} > 0$，$\Pi_M^{SD*}|_{\theta=C_d} - \Pi_M^{SR*} < 0$。故方程 $\Pi_M^{SD*} - \Pi_M^{SR*} = 0$ 至少存在一个实根 $\theta^* \in [C_d, 1)$。

可验证 $\Pi_M^{SD*} - \Pi_M^{SR*}$ 是单调函数，所以由 $\Pi_M^{SD*} - \Pi_M^{SR*} = 0$ 可得阈值 θ^{sm}。

另外，令 $\frac{\partial \theta^{sm}}{\partial \Delta} = -f_1 + f_2$。其中：

$$f_1 = \frac{1}{Y_0}\left(2\Delta\, C_d - \frac{2\Delta(4K - \Delta^2 + 2K C_d)(1 - C_r)}{\sqrt{4K^2 - Y_0\Delta^2 + 4K(Y_0 C_d - KY_1 C_r)}}\right)$$

$$f_2 = \frac{2\Delta(2K(4C_d - (1-C_r)^2) + (1-C_r)\sqrt{4K^2 - \Delta^2 + 4K} - \Delta^2 C_d)}{Y_0^2}$$

只需证明 $f_1 + f_2 < 0$ 即可。计算可知：

$$\frac{\partial f_1}{\partial C_r} = \frac{-2\Delta(4KC_d - \Delta^2)(4K - \Delta^2 + 2K C_d)(1 - C_r)}{((1-C_r)^2(4K^2 - Y_0\Delta^2 + 4K(Y_0 C_d - KY_1 C_r)))^{3/2}} < 0$$

$$\frac{\partial f_2}{\partial C_r} = -\frac{2\Delta(1-C_r)}{Y_0^2}\left(4K + \frac{8K(K-\Delta^2) + \Delta^4 + 4K Y_0 C_d - 8K^2 Y_1 C_r}{(1-C_r)\sqrt{4K^2 - Y_0\Delta^2 + 4K(Y_0 C_d - KY_1 C_r)}}\right) < 0$$

f_1 和 f_2 关于 C_r 递减。$f_1\mid_{C_r=0} = \dfrac{2\Delta(4K - \Delta^2)}{Y_0\sqrt{4K^2 - 8K\Delta^2 + \Delta^4}}$，$f_2\mid_{C_r=0} = \dfrac{2\Delta(2K + \sqrt{4K^2 - \Delta^2})}{Y_0^2}$，$f_1\mid_{C_r=0} - f_2\mid_{C_r=0} = \dfrac{4K\Delta(14K - 2\Delta^2 - \sqrt{4K^2 - 8K\Delta^2 + \Delta^4})}{Y_0^2\sqrt{4K^2 - \Delta^2}} > 0$。

所以，$f_1 > f_2$，$\dfrac{\partial \theta^{sm}}{\partial \Delta} < 0$。

同理可证，$\dfrac{\partial \theta^{sm}}{\partial \Delta} < 0$。

结论 5-2 得证。

结论 5-2（1）表明：当消费者对直销渠道的接受程度足够高时，直销渠道模式对制造商更有利，该结论解释了为什么一些制造商针对同一类产品却选择通过不同渠道销售的原因。另外，由于制造商最优渠道选择决策与消费者的渠道偏好有关，因此制造商应综合考虑消费者对直销与传统渠道偏好的差异性，从而选择合适的渠道策略。

结论 5-2（2）表明：随着再制造成本节约水平 Δ 的增加，制造商偏向于选择直销渠道模式；若回收成本 K 的增加，制造商更偏好于选择传统渠道模式。再制造成本节约增加，制造商通过直销渠道获得的利润增加，当 Δ 足够大时，制造商将不再使用传统渠道。相反，再制造节约水平较低时，制造商利用传统渠道销售产品更有利。回收成本 K 对制造商销售渠道选择的影响与 Δ 的影响相反。因此，再制造成本节约和回收成本对于制造商销售渠道的策略选择具有重要的影响，制造商在制定渠道战略时应综合考虑上述因素的影响。由于参数 Δ 和 K 的影响分析相类似，后文仅分析参数 Δ 的影响。

进一步利用算例分析制造商的销售渠道策略，初始参数选取为：$C_d = 0.25$，$C_r = 0.4$，$K = 0.02$；对应的阈值 θ^{sm} 满足 $\theta^{sm} = 0.5282$（$\Delta = 0.1$），$\theta^{sm} = 0.4601$（$\Delta = 0.14$）。具体结果如图 5-1 和图 5-2 所示。

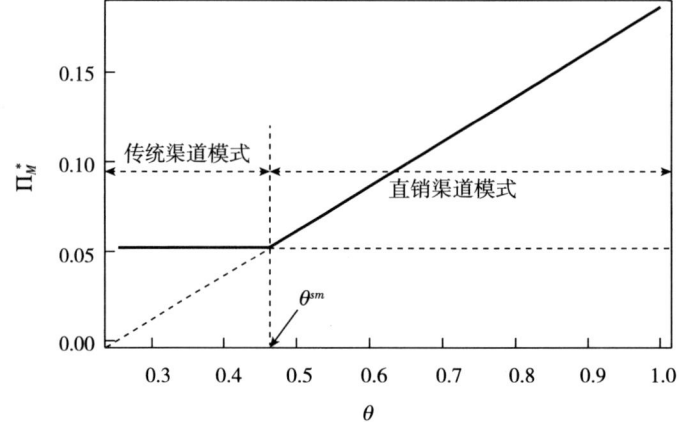

图 5-1　θ 对 Π_M^* 的影响

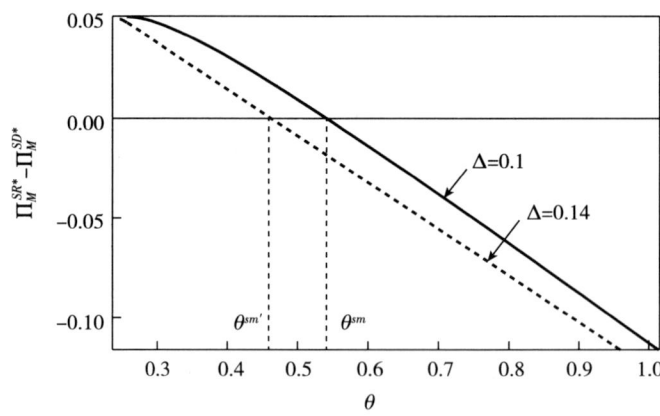

图 5-2　θ 对 $\Pi_M^{SR*} - \Pi_M^{SD*}$ 的影响

由图 5-1 可知，当 $\theta \leqslant \theta^{sm}$ （0.4601）时，传统渠道模式下制造商利润更高。若消费者对直销渠道的接受程度超过阈值 θ^{sm}，制造商最优策略是选择传统渠道模式，该结果验证了结论 5-1（1）的正确性。另外，在图 5-2 中，分别考虑了 $\Delta=0.1$（低成本节约水平）和 $\Delta=0.14$（高成本节约水平）两种情形下参数 θ 对制造商利润差额的影响。随着 Δ 从 0.1 增加到 0.14，阈值由 θ^{sm} 向左移至 $\theta^{sm'}$，说明再制造成本节约增加，制造商更偏好于选择直销渠道模式，该结果与结论 5-2（低成本节约水平）相符合。

第四节　双渠道闭环供应链模型

本节分析双渠道环境下闭环供应链的渠道选择决策，考虑两种供应链结构：集中决策与分散决策。在集中决策下，制造商与零售商作为整体选择渠道价格和回收率。在分散决策下，制造商与零售商分别进行渠道定价。

一、集中决策（模型 DC）

该情形下，制造商和零售商共同确定闭环供应链的直销渠道与传统渠道的价格 p_r 和 p_d、回收率 τ。闭环供应链的决策问题为：

$$\max_{p_r, p_d, \tau} \Pi^{DC} = (p_r - C_r + \Delta \tau) Q_r + (p_d - C_d + \Delta \tau) Q_d - K \tau^2 \tag{5-8}$$

分析传统与直销渠道同时存在的情形，$p_r \geqslant \dfrac{p_d}{\theta}$。可验证式（5-8）是关于 p_r、p_d 和 τ 的联合凹函数，模型存在最优解。联合一阶条件，均衡解为：

$$p_r^{DC*} = \frac{1}{2}\left(\frac{4K\theta + \Delta^2 C_d - \Delta^2(1+\theta)}{4K\theta - \Delta^2} + C_r\right)$$

$$p_d^{DC*} = \frac{\theta(2K(\theta + C_d) - \Delta^2)}{4K\theta - \Delta^2}$$

$$\tau^{DC*} = \frac{\Delta(\theta - C_d)}{4K\theta - \Delta^2}$$

条件 $p_r \geq \dfrac{p_d}{\theta}$ 等价于 $\dfrac{1}{2}\left(\dfrac{\Delta^2(1+\theta) - (4K - \Delta^2)C_d}{4K\theta - \Delta^2} + C_r\right) > 0$，可得到均衡解成立时参数 θ 的下界，表示为：

$$\theta \geq \underline{\theta} = \frac{(4K - \Delta^2)C_d - \Delta^2(1 - C_r)}{4K C_r - \Delta^2}$$

当 $p_r = p_d/\theta$ 时，制造商会关闭直销渠道（$0 \leq \theta < \underline{\theta}$ 时，$Q_d = 0$）。此时传统渠道需求为 $Q_r = 1 - p_r$，闭环供应链的均衡决策与模型 SR 相同。当 $p_r = 1 - \theta + p_d$ 时，传统和直销渠道的需求分别为 0 和 $Q_d = 1 - p_d/\theta$。要保证直销渠道需求为非负，则需满足 $\theta \leq \overline{\theta} = 1 + C_d - C_r$。模型 DC 的均衡决策及利润由结论 3-3 给出。

结论 5-3 在集中决策双渠道闭环供应链中，制造商渠道选择决策与消费者对直销渠道的接受程度 θ 相关。当 $0 \leq \theta < \underline{\theta}$ 时，选择传统渠道最优；当 $\underline{\theta} \leq \theta < \overline{\theta}$ 时，选择双渠道模式最优；当 $\overline{\theta} \leq \theta < 1$ 时，选择直销渠道模式更有利。表 5-3 给出了闭环供应链的最优渠道选择决策。

表 5-3 模型 DC 中闭环供应链的均衡决策

均衡	$0 \leq \theta < \underline{\theta}$	$\underline{\theta} \leq \theta < \overline{\theta}$	$\overline{\theta} \leq \theta < 1$
p_r^*	$\dfrac{2K(1+C_r) - \Delta^2}{4K - \Delta^2}$	$\dfrac{1+C_r}{2} - \dfrac{\theta^2(\theta - C_d)}{2(4K\theta - \Delta^2)}$	—
p_d^*	—	$\dfrac{\theta + C_d}{2} - \dfrac{\Delta^2(\theta - C_d)}{8K\theta - 2\Delta^2}$	$\theta - \dfrac{2K\theta(\theta - C_d)}{4K\theta - \Delta^2}$

续表

均衡	$0 \leq \theta < \underline{\theta}$	$\underline{\theta} \leq \theta < \bar{\theta}$	$\bar{\theta} \leq \theta < 1$
τ^*	$\dfrac{\Delta(1-C_r)}{4K-\Delta^2}$	$\dfrac{\Delta(\theta-C_d)}{4K\theta-\Delta^2}$	$\dfrac{\Delta(\theta-C_d)}{4K\theta-\Delta^2}$
Q_r^*	$\dfrac{2K(1-C_r)}{4K-\Delta^2}$	$\dfrac{1}{2}-\dfrac{C_r-C_d}{2(1-\theta)}$	—
Q_d^*	—	$\dfrac{\theta C_r-C_d}{2\theta(1-\theta)}+\dfrac{\Delta^2(\theta-C_d)}{2\theta(4K\theta-\Delta^2)}$	$\dfrac{2K(\theta-C_d)}{4K\theta-\Delta^2}$
Q_T^*	$\dfrac{(1-C_r)^2}{4}+\dfrac{\Delta^2(1-C_r)^2}{4(4K-\Delta^2)}$	$\dfrac{(1-C_r)^2}{4}+\dfrac{(C_d-C_r)^2}{4(1-\theta)}+\dfrac{C_d^2-\theta C_r^2}{4\theta}+\dfrac{\Delta^2(\theta-C_d)^2}{4\theta(4K\theta-\Delta^2)}$	$\dfrac{K(\theta-C_d)^2}{4K\theta-\Delta^2}$

证明：验证式（5-8）存在均衡解，当 $p_r \geq p_d/\theta$ 时，海塞矩阵为：

$$\begin{Bmatrix} \dfrac{\partial^2 \Pi_T}{\partial p_r^2} & \dfrac{\partial^2 \Pi_T}{\partial p_r \partial p_d} & \dfrac{\partial^2 \Pi_T}{\partial p_d^2} \\ \dfrac{\partial^2 \Pi_T}{\partial p_d \partial p_r} & \dfrac{\partial^2 \Pi_T}{\partial p_d^2} & \dfrac{\partial^2 \Pi_T}{\partial p_d \partial \tau} \\ \dfrac{\partial^2 \Pi_T}{\partial \tau \partial p_r} & \dfrac{\partial^2 \Pi_T}{\partial \tau \partial p_d} & \dfrac{\partial^2 \Pi_T}{\partial \tau^2} \end{Bmatrix} = \begin{Bmatrix} -\dfrac{2}{1-\theta} & \dfrac{2}{1-\theta} & 0 \\ \dfrac{2}{1-\theta} & -\dfrac{2}{(1-\theta)\theta} & -\dfrac{\Delta}{\theta} \\ 0 & -\dfrac{\Delta}{\theta} & -2K \end{Bmatrix}$$

可验证 Π^{DC} 是关于 p_r、p_d 和 τ 的联合凹函数，要保证直销和传统渠道需求非负，则需满足 $\dfrac{(4K-\Delta^2)C_d-\Delta^2(1-C_r)}{4KC_r-\Delta^2} \leq \underline{\theta} < \theta < \bar{\theta} = 1+C_d-C_r$。当 $0 \leq \theta < \underline{\theta}$ 时，直销渠道需求为 0；当 $\bar{\theta} \leq \theta < 1$ 时，传统渠道需求为 0。模型 DC 的 $0 \leq \theta < \underline{\theta}$ 均衡决策由表 5-3 给出。

由表 5-3 可知，回收率在 $\underline{\theta} \leqslant \theta < \overline{\theta}$ 与 $\overline{\theta} \leqslant \theta < 1$ 两种决策情形下相同，体现了制造商在回收成本与渠道边际利润两方面之间的权衡。从该角度分析，在考虑产品回收背景下，制造商的渠道选择应综合考虑产品回收与再制造效率的影响。根据结论 5-3，当消费者对直销渠道的认可程度足够高或足够低时，制造商会选择关闭传统渠道或直销渠道；否则，双渠道模式是制造商的占优策略。另外，在双渠道模式下系统利润不低于单渠道情形的利润（模型 SD 和模型 SR），如图 5-3 所示。

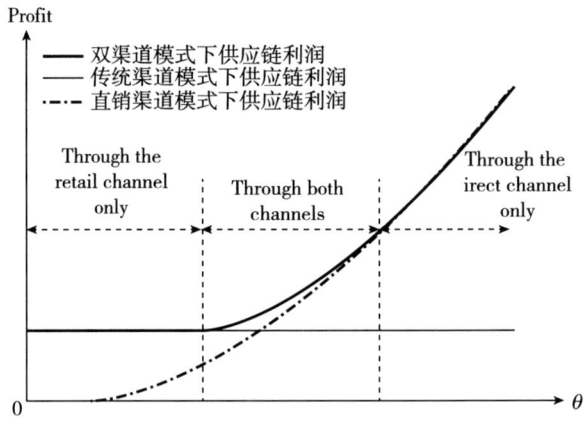

图 5-3　θ 对 Π_T^{DC*} 的影响

引理 5-3　若再制造成本节约水平 Δ 增加，阈值 $\underline{\theta}$ 递减，$\overline{\theta}$ 与 Δ 变化无关。另外，当 $\Delta \to 2\sqrt{K}$ 时，$\underline{\theta}$ 与 $\overline{\theta}$ 收敛于 C_d。

引理 5-3 分析了再制造成本节约对闭环供应链渠道选择的影响。若消费者对直销渠道认可程度 θ 增加，闭环供应链选择传统渠道模式的区间 $[0, \underline{\theta})$ 缩小。若 Δ 足够大，即使消费者对直销渠道的认可程度较低，在双渠道模式下闭环供应链的利润仍很高。从图 5-4 可以看出：当 $\Delta \to 2\sqrt{K}$ 时，$\underline{\theta} \to C_d$。因此，若 $\theta < C_d$ 且 $0 \leqslant \Delta \leqslant 2\sqrt{K}$，选择传统渠道模式更有利。$\overline{\theta}$ 与 Δ 无

关表明闭环供应链选择双渠道或直销渠道模式与产品回收过程无关，原因是在双渠道模式下传统渠道需求 $\left(\dfrac{1}{2} - \dfrac{C_r - C_d}{2(1-\theta)}\right)$ 与参数 Δ 无关。该结论的管理意义为：制造商应根据产品回收与再制造的效率选择合适的销售渠道。若 Δ 增加，则区间 $\left[\dfrac{(4K-\Delta^2)C_d - \Delta^2(1-C_r)}{4KC_r - \Delta^2},\ 1 + C_d - C_r\right]$ 扩大，区间 $\left[0,\ \dfrac{(4K-\Delta^2)C_d - \Delta^2(1-C_r)}{4KC_r - \Delta^2}\right]$ 缩小，选择双渠道模式更有利。

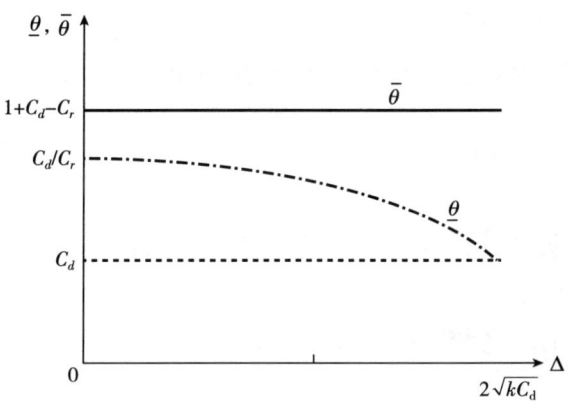

图 5-4　Δ 对 $\underline{\theta}$ 和 $\bar{\theta}$ 的影响

结论 5-4　与不考虑产品再制造的双渠道供应链决策相比（Chiang et al., 2003），双渠道闭环供应链的利润更高。

与 Chiang 等（2003）关于双渠道供应链的研究结果相比，产品的再制造降低了渠道价格且提高了渠道的需求量，供应链系统利润增加。在直销与传统渠道同时存在情形下 ($\underline{\theta} < \theta < \bar{\theta}$)，供应链利润的增量为 $\dfrac{\Delta^2(\theta - C_d)^2}{4\theta(4K\theta - \Delta^2)}$。该结论说明在双渠道环境下产品的回收与再制造始终会受益于制造商，制造商应

努力提高产品再制造的效率。

二、分散决策（模型DD）

在分散化决策下，制造商和零售商独立决策。闭环供应链的决策顺序为：首先，制造商确定直销渠道价格 p_d、传统渠道的批发价格 w 和回收 τ。要保证直销与传统渠道同时存在，需满足条件 $w \leq p_d$，即批发价格不高于直销渠道的价格。其次，零售商根据制造商的最优决策确定价格 p_r。利用逆向归纳法对博弈模型求解。

1. 阶段二：零售商决策

给定制造商决策 p_d、w 和 τ，零售商的决策模型为：

$$\max_{p_r} \Pi_r = (p_r - w)\left(1 - \frac{p_r - p_d}{1 - \theta}\right) \tag{5-9}$$

零售商的决策与价格 p_r 和 p_d 变化相关，当 $p_r \geq \frac{p_d}{\theta}$ 时，传统渠道需求为 $Q_r = 1 - \frac{p_r - p_d}{1 - \theta}$，此时传统渠道的最优价格为 $p_r(p_d, w) = \frac{1}{2}(1 + w - \theta + p_d)$。当 $Q_r = 1 - p_r$ 时，传统渠道的价格为 $p_r(p_d, w) = \frac{1 + w}{2}$。根据约束条件 $w \leq p_d$ 与 $p_r \geq \frac{p_d}{\theta}$，可得到以下三个决策区间：

$$R_1 = \left\{(p_d, w, \tau) \mid \frac{1}{2}(1 + w - \theta + p_d) \geq \frac{p_d}{\theta}, w \leq p_d, \tau \geq 0\right\}$$

$$R_2 = \left\{(p_d, w, \tau) \mid \frac{1}{2}(1 + w - \theta + p_d) \leq \frac{p_d}{\theta}, \frac{1 + w}{2} \geq \frac{p_d}{\theta}, w \leq p_d, \tau \geq 0\right\}$$

$$R_3 = \left\{(p_d, w, \tau) \mid \frac{1 + w}{2} \leq \frac{p_d}{\theta}, w \leq p_d, \tau \geq 0\right\}$$

结论 5-5 总结了零售商的均衡价格。

结论 5-5 给定制造商的决策 (p_d, w, τ)，零售商渠道价格的最优反应为：

$$p_r^* = \begin{cases} \dfrac{1}{2}(1+w-\theta+p_d) & if(p_d, w, \tau) \in R_1 \\ \dfrac{p_d}{\theta} & if(p_d, w, \tau) \in R_2 \\ \dfrac{1+w}{2} & if(p_d, w, \tau) \in R_3 \end{cases}$$

2. 阶段一：制造商决策

给定零售商的最优价格决策，制造商确定直销渠道价格 p_d、传统渠道的批发价格 w 和回收率 τ，决策模型为：

$$\begin{cases} \max\limits_{p_d, w, \tau} \Pi_m = (w - C_r + \Delta\tau)Q_r + (p_d - C_d + \Delta\tau)Q_d - K\tau^2 \\ s.t.\ w \leqslant p_d \end{cases} \quad (5-10)$$

在分散化双渠道闭环供应链中，零售商会提高渠道价格，从而加剧了供应链的"双重边际"效应，但制造商可策略性利用直销渠道影响零售商的决策，从而最终缓解闭环供应链的"双重边际"效应。

考虑在区间 R_1 上制造商的均衡决策。与 Chiang 等（2003）分析类似，选择相同的批发价格和直销渠道价格是制造商的均衡策略。引理 5-4 给出了区间 R_1 上的均衡决策。

引理 5-4 在区间 R_1 上，闭环供应链的均衡价格为：$w^{DD*} = p_d^{DD*} = \dfrac{\theta}{2}$，$p_r^{DD*} = \dfrac{1}{2}$。均衡回收率：$\tau^{DD*} = \dfrac{\Delta}{4K}$；制造商、零售商和系统的最优利润为：

$\Pi_M^{DD*} = \dfrac{\Delta^2}{16K} + \left(\dfrac{\theta}{4} - \dfrac{C_r}{2}\right)$，$\Pi_R^{DD*} = \dfrac{1-\theta}{4}$，$\Pi_T^{DD*} = \dfrac{\Delta^2}{16K} + \dfrac{1}{4} - \dfrac{C_r}{2}$。

证明：零售商价格的最优反应为 $p_r(p_d, w) = \dfrac{1}{2}(1+w-\theta+p_d)$，制造商的决策问题为：

$$\max_{w,p_d,\tau} \Pi_M = (w - C_r + \Delta \tau)\left(1 - \frac{p_r - p_d}{1-\theta}\right) + (p_d - C_d + \Delta \tau)\left(\frac{p_r - p_d}{1-\theta} - \frac{p_d}{\theta}\right) - K\tau^2$$

$$\text{s. t.} \begin{cases} \frac{1}{2}(1 + w - \theta + p_d) \geq \frac{p_d}{\theta} \\ w \leq p_d \end{cases}$$

分步对上述问题优化。首先,给定回收率决策 τ,根据 KKT 条件,可验证当且仅当 $w = p_d$ 时存在最优解,求解:$w^{DD*} = p_d^{DD*} = \frac{\theta}{2}$。其次,制造商的决策问题转化为:

$$\max_{\tau} \Pi_M = \frac{1}{4}(\theta + 2\tau(\Delta - 2\delta\tau) - 2C_r)$$

求解可得:$\tau^{DD*} = \frac{\Delta}{4K}$,根据 w^{DD*}、p_d^{DD*} 和 τ^{DD*} 可求出决策成员和系统的最优利润。

故引理 5-4 得证。

在区间 R_1 内,结论 5-4 表明产品再制造对制造商有利,但对零售商无影响,产品再制造所产生的增量利润 $\Delta^2/16K$ 全部为制造商所得。原因是零售商价格决策并不受制造商价格和回收决策的影响。另外,由分析可知,区间 R_1 内闭环供应链的均衡解属于区间 R_2,因此区间 R_1 内不会产生全局最优解。

由于均衡批发价格与直销渠道价格相同,导致直销渠道的需求量为 0。那么在区间 R_3 内,闭环供应链的均衡决策与模型 SR 相同。结论 5-5 给出了区间 R_2 和区间 R_3 上制造商的均衡决策。

结论 5-6 在区间 R_2 和 R_3 上,存在关于阈值 θ^d 满足:当 $\theta \geq \theta^d$ 时,制造商选择双渠道营销模式,均衡解如下:$w^{DD*} = p_d^{DD*} = \frac{\theta(2K(\theta + C_r) - \Delta^2)}{4K\theta - \Delta^2}$,$\tau^{DD*} = \frac{\Delta(\theta - C_r)}{4K\theta - \Delta^2}$;当 $\theta < \theta^d$ 时,制造商将选择传统渠道模式,此时闭环供应链均衡解与模型 SR 相同。其中,

$$\theta^d = \frac{2K(1+C_r)^2 - \Delta^2 C_r + 2K(1-C_r)\sqrt{(1+6C_r+C_r^2)} + \Delta^2(\Delta^2 - 4K - 8K)}{8K - \Delta^2}$$

结论 5-6 表明，在分散决策下制造商的最优渠道策略与消费者对直销渠道的认可程度 θ 相关。当且仅当 θ 高于一定的临界值时，制造商开通直销渠道才能有效促使零售商降低传统渠道的销售价格，而直销渠道的有效性则取决于该渠道对零售商传统渠道价格决策的威胁程度。

为分析产品再制造对制造商渠道选择的影响，有必要对有无产品再制造两种决策情形进行对比。与 Chiang 等（2003）研究结论对比，图 5-5 表明：当消费者对直销渠道的认可程度较低时（$\theta < \theta^d$），引入直销渠道对零售商价格决策没有影响，且制造商不能从引入直销渠道中受益；当消费者对直销渠道的认可程度足够大时（$\theta \geq \theta^d$），引入直销渠道对传统渠道产生威胁，因此零售商会降低价格，闭环供应链的"双重边际"效应得到了缓解。从产品再制造的角度分析，图 5-5 表明产品再制造增加了制造商受益于双渠道模式的范围（$\theta^d < \hat{\theta}$），直销渠道的优势更为明显。从供应链系统角度分析，产品再制造缓解了双渠道闭环供应链的"双重边际"效应并提高了系统的决策效率。

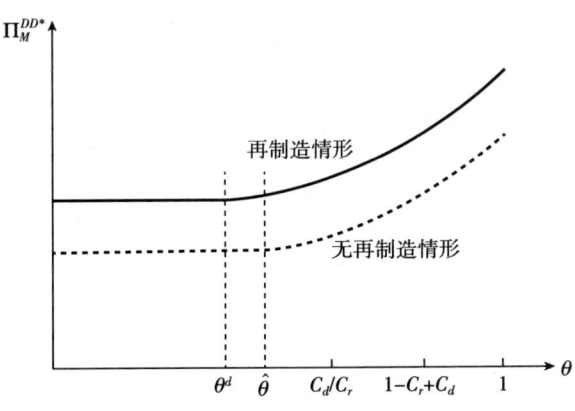

图 5-5　θ 对 Π_M^{DD*} 的影响

图 5-6 表明，若再制造成本节约 Δ 增加，双渠道模式对制造商更有利，原因是再制造成本节约增加间接提高了制造商在闭环供应链中的决策权力，此时引入直销渠道带来的优势愈加明显。

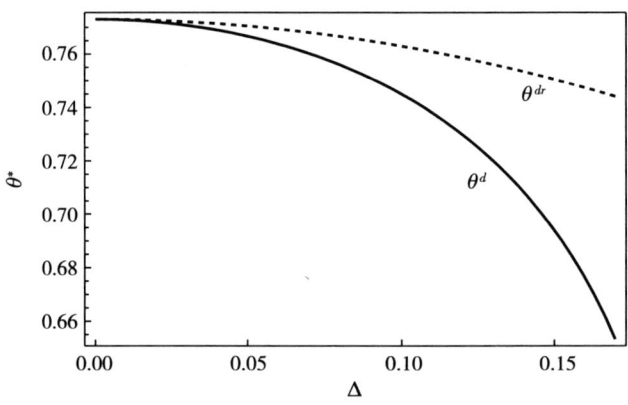

图 5-6 Δ 对 θ^d 和 $\hat{\theta}$ 的影响

结论 5-7 当 $\theta \in (\theta^d, \theta^{dr})$ 时，双渠道闭环供应链中制造商和零售商可实现"双赢"。其中，阈值 θ^{dr} 是以下方程的一个实根：

$$\frac{2K(1-\theta)(\theta-C_r)(2K(\theta+C_r)-\Delta^2)}{(4K\theta-\Delta^2)^2} = \frac{4K^2(1-C_r)^2}{8K-\Delta^2}$$

证明：根据表 5-4 中的均衡解，可假设：

$$\Pi_R(\theta) = \begin{cases} \dfrac{4K^2(1-C_r)^2}{8K-\Delta^2} & \theta < \theta^d \\ \dfrac{2K(1-\theta)(\theta-C_r)(2K(\theta+C_r)-\Delta^2)}{(4K\theta-\Delta^2)^2} & 否则 \end{cases}$$

表 5-4 模型 DD 的均衡决策

渠道模式	$0 < \theta < \theta^d$	$\theta^d \leqslant \theta < 1$
w^*	$\dfrac{4K(1+C_r)-\Delta}{8K-\Delta^2}$	$\dfrac{\theta(2K(\theta+C_r)-\Delta^2)}{4K\theta-\Delta^2}$
p_r^*	$\dfrac{2K(3+C_r)-\Delta^2}{8K-\Delta^2}$	$\dfrac{2K(\theta+C_r)-\Delta^2}{4K\theta-\Delta^2}$

续表

渠道模式	$0 < \theta < \theta^d$	$\theta^d \leq \theta < 1$
p_d^*	$\dfrac{4K(1+C_r) - \Delta}{8K - \Delta^2}$	$\dfrac{\theta(2K(\theta+C_r) - \Delta^2)}{4K\theta - \Delta^2}$
τ^*	$\dfrac{2\Delta(1-C_r)}{8K - \Delta^2}$	$\dfrac{\Delta(\theta - C_r)}{4K\theta - \Delta^2}$
Q_r^*	$\dfrac{2K(1-C_r)}{8K - \Delta^2}$	$\dfrac{2K(\theta - C_r)}{4K\theta - \Delta^2}$
Q_d^*	0	0
Π_M^*	$\dfrac{K(1-C_r)^2}{8K - \Delta^2}$	$\dfrac{K(\theta - C_r)^2}{4K\theta - \Delta^2}$
Π_R^*	$\dfrac{4K^2(1-C_r)^2}{8K - \Delta^2}$	$\dfrac{2K(1-\theta)(\theta - C_r)(2K(\theta+C_r) - \Delta^2)}{(4K\theta - \Delta^2)^2}$
Π_T^*	$\dfrac{K(12K - \Delta^2)(1-C_r)}{8K - \Delta^2}$	$\dfrac{K(\theta - C_r)(4K\theta - \Delta^2(2-\theta)) + (\Delta^2 + 4K(1-2\theta))C_r)}{(4K\theta - \Delta^2)^2}$

然后，只需证明 $\Pi_R(\theta^d) > \Pi_R(\theta^d - \varepsilon)$，计算可得：

$$\Pi_R(\theta^d) - \Pi_R(\theta^d - \varepsilon) = \frac{2K(\Delta^2 - 4K\theta^d)^2(1-C_r)^2 + Y_0^2(1-\theta^d)(\theta^d - C_r)(\Delta^2 - 2K\theta^d - 2KC_r)}{(\Delta^2 - 4K\theta^d)^2 Y_0^2}$$

令 $h(\theta^d) = 2K(\Delta^2 - 4K\theta^d)^2(1-C_r)^2 + Y_0^2(1-\theta^d)(\theta^d - C_r)(\Delta^2 - 2K\theta^d - 2KC_r)$，可得 $h(\theta^d) = f_3 + f_4$。其中，$f_3 = -\dfrac{2K(1-C_r)^2(\Delta^4 + 8K^2(1+C_r)^2 - 4K\Delta^2(2+C_r) + 4Kx)^2}{Y_0^2}$，$f_4 = \dfrac{1}{Y_0^2}(2K(1-Y_1C_r)+x)(-6K + \Delta^2 + C_r(4K - \Delta^2 + 2KC_r) + x)(4K^2 - Y_0\Delta^2 + 2K(2C_r(6K - \Delta^2 + KC_r) + x))$，$x = (1-C_r)\sqrt{4KC_r(KC_r + 6K + \Delta^2) + 4K^2 - Y_0\Delta^2}$。

因为 $f_3|_{C_r=1} + f_4|_{C_r=1} = 0$，$h(\theta^d)$ 关于 C_r 递减，故只需证 $f_3|_{C_r=0} + f_4|_{C_r=0} > 0$ 即可。令 $K = \dfrac{\Delta^2}{a}(0 < a < 1)$，则 $f_3|_{C_r=0} + f_4|_{C_r=0}$ 可写作：

$$f_3\big|_{C_r=0}+f_4\big|_{C_r=0}=l(a)\Delta^2=\frac{256+a(64(2H-7)-a(48(5+2H)+a(148+88H-a(22-a+(18-a)H))}{(8-a)^2a^3}\Delta^2$$

其中，$H=\sqrt{\dfrac{4-(8-a)a}{a^2}}$。

函数 $l(a)$ 关于 a 的关系如图 5-7 所示。

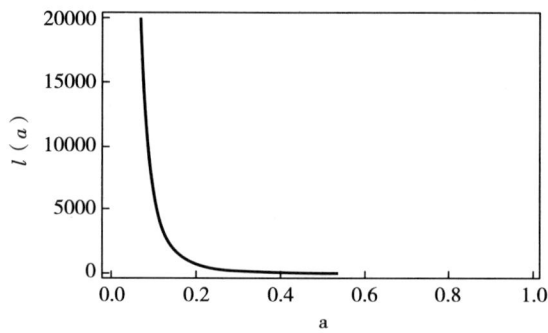

图 5-7 a 对 $l(a)$ 的影响

由图 5-7 可看出，$l(a)>0$ 恒成立，所以 $f_3\big|_{C_r=0}+f_4\big|_{C_r=0}>0$，$\Pi_R(\theta^d)>\Pi_R(\theta^d-\varepsilon)$。由于 $\Pi_R(\theta)$ 在 $[\theta^d,1)$ 递减，根据介质定理，定存在阈值 θ^{dr} 满足 $\Pi_R(\theta^{dr})>\Pi_R(\theta^d-\varepsilon)$。

结论 5-7 得证。

在闭环供应链中，双渠道模式下制造商和零售商可实现"双赢"。尽管分散决策下闭环供应链存在"双重边际"效应，但直销渠道的引入有效缓解了上述效应。双渠道模式下制造商选择降低批发价格，激励零售商降低传统渠道价格。尽管制造商传统渠道的边际利润降低，但渠道需求的增加导致了总利润增加。从图 5-8 可知，当 $\theta\in(\theta^{dk},\theta^d)$ 时，双渠道模式对零售商有利但却损害了制造商利益。原因为：制造商批发价格降低对零售商有利，但此时直销渠道收益不足以抵消直销渠道批发收益的下降,因此对制造商不利。当消费者对直销渠道的认可程度足够大时($\theta \geq \theta^{dr}$),直销渠道的优势较大导致对零售商不利。此时零售商应避免与直销渠道竞争,并降低传统渠道价格获取更多市场份额。

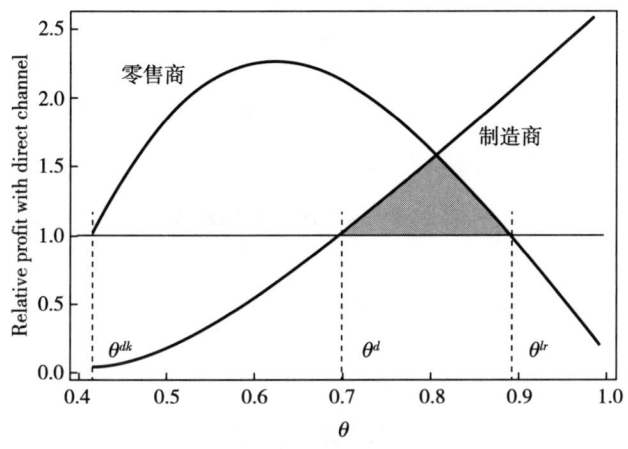

图 5-8　θ 对 Π_M^{DD*} 的影响

图 5-9 分析了再制造成本节约水平 Δ 对双渠道模式下制造商与零售商"共赢"区间的影响。若 Δ 增加,"共赢"区间扩大,说明产品再制造效率越高,双渠道模式对双方越有利。制造商引入直销渠道对零售商存在三方面影响:竞争效应(传统渠道部分市场份额向直销渠道转移)、批发价格效应(批发价格降低导致传统渠道需求量增加)和产品再制造的正外部性效应(再制造效率增加导致终端需求量增加)。若 Δ 增加,回收量和再制造总成本节约实现提高。此时制造商具有更大动力降低批发价格,传统渠道需求实现增加,间接表明双渠道模式下产品再制造的正外部性效应对零售商有利。相对于渠道竞争效应,产品再制造的正外部性与批发价格的降低效应起主导作用,因此零售商利润增加。

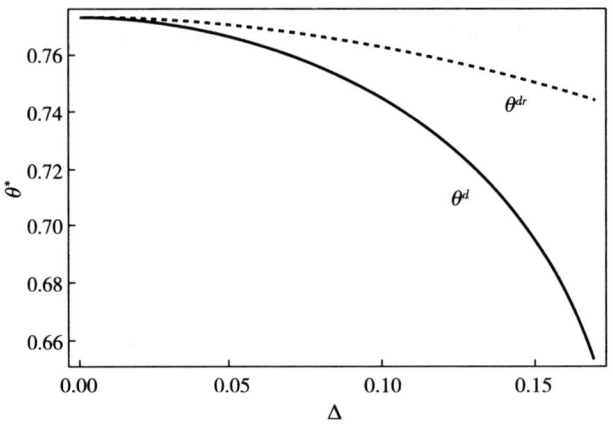

图 5-9 Δ 对 θ^d 和 θ^{dr} 的影响

本章小结

本章研究了闭环供应链的销售渠道选择问题。首先,分析了单销售渠道环境中制造商选择直销或传统渠道模式的条件;其次,分别在集中与分散决策的双渠道闭环供应链中,分析了制造商的销售渠道策略及影响。研究发现:①制造商的销售渠道选择与消费者对直销渠道的接受程度、回收及再制造成本相关;②集中决策下双渠道模式是"占优"策略,且回收或再制造效率提高会导致双渠道模式的优势增加;③分散决策下制造商引入直销渠道能有效缓解闭环供应链的"双重边际"效应,且制造商和零售商可实现"双赢"。

本章在顾客渠道偏好异质的背景下分析了闭环供应链的销售渠道选择问题,尽管得到了一些有意义的研究结论,但仍存在一些不足之处。首先,模型假设中考虑的是制造商回收模式,并未分析其他回收模式对制造商销售渠道选择的影响。零售商作为回收方时,在闭环供应链中零售商的渠道影响力会增加,因此可能会导致制造商选择双渠道模式的动力降低。对比两种回收模式下制造商的销售渠道选择决策更具有现实意义。其次,并未考虑制造商或零售商的风险偏好对闭环供应链决策的影响。例如,对于风险规避的制造商来说,为了有效地降低风险可能更偏好于选择传统的单渠道销售模式。最后,在随机需求或不对称需求、成本(回收、生产或渠道成本)信息下对本章研究问题进行探讨更加符合实际。

第六章 不同权力结构下双渠道闭环供应链定价与协调策略

第一节 引 言

关于双渠道闭环供应链的研究,大都基于在制造商领导情形下对供应链回收与定价决策的分析,而较少关注供应链渠道权力结构对决策的影响。渠道权力可理解为供应链中居于领导地位的一方对其他参与方决策的影响程度(Chen,2015)。供应链中的领导者在决策方面具有先行的优势,且能影响其他参与方的决策。传统供应链的研究大多数假设上游的生产商/制造商为渠道的领导者(GM、Ford 公司等),而随着市场的变化,下游零售商或回收商对供应链进行领导成为可能。例如,大型零售商 Walmart 和 RT-MART 在供应链中占主导地位,会通过渠道的控制力影响上游生产商的决策,而第三方回收商领导的供应链结构也相继出现(Choi et al.,2013)。

在闭环供应链中,渠道权力结构会对回收与定价决策产生影响。Choi 等

(2013）针对制造商、零售商和第三方构成的闭环供应链，分析发现零售商领导结构对系统最有利。此外，易余胤（2009a，2009b）、王文宾等（2011）均探讨了不同渠道权力结构下的供应链定价决策。Gao 等（2016）在不同渠道权力结构下闭环供应链的定价与市场努力联合决策问题。Wang 等（2015）在回收责任分担与不同渠道权力结构背景下研究了闭环供应链的最优奖惩机制设计问题。但上述渠道权力与闭环供应链决策联合分析的文献并未考虑销售渠道竞争所产生的影响。基于此，本章探讨不同渠道权力结构下双渠道闭环供应链的定价与协调决策。

针对制造商、零售商和第三方回收商构成的闭环供应链，分别考虑了以下四种决策情形：集中决策情形（模型 I）、制造商领导情形（模型 M）、零售商领导情形（模型 R）和第三方回收商领导情形（模型 C）。通过对不同决策模型的均衡及利润进行对比，对以下几个具体问题做出回答：①渠道权力结构会对双渠道闭环供应链的均衡价格、回收率及利润产生什么影响？②直销与传统渠道之间的竞争强度及相对渠道地位如何影响系统的利润？③如何设计合理契约协调不同渠道权力下的双渠道闭环供应链？

第二节　问题描述

考虑由制造商、零售商和第三方构成的双渠道闭环供应链。制造商以价格 w 向零售商批发价格，同时以价格 p_d 进行直销；制造商从第三方处回购废旧产品的回收转移支付价格为 b。新产品与再制造产品的生产成本分别为 c_m 和 c_r。其中，生产新产品的成本高于生产再制造产品的成本，用 $\Delta = c_m - c_r$ 表示单位再制造成本节约。与 Savaskan 等（2004）、Savaskan 和 Van Wassenhove

(2006) 研究相同,假设新产品与再制造产品之间不存在差异。

根据 Ingene 和 Parry (2007) 的研究,通过代表性消费者效应函数刻画直销与传统渠道的需求函数。消费者效用与不同渠道需求之间的关系表示为:

$$U = \sum_{i=d,r}\left(a_i q_i - \frac{q_i^2}{2}\right) - \theta q_i q_j - \sum_{i=d,r} p_i q_i \qquad (6-1)$$

式(6-1)中,q_i 表示渠道 i 的需求,p_i 表示渠道 i 的需求,$i \in \{d, r\}$。$\theta \in [0, 1)$ 代表渠道之间的竞争程度,$\theta = 0$ 表示传统与直销渠道完全是不相同的;随着 θ 的递增,渠道之间的替代性逐渐增加;若 $\theta \to 1$,两种销售渠道趋于完全替代。

在很多文献中均采用以上方法刻画双渠道需求函数 (Cai, 2010; Ingene and Parry, 2007)。对式 (6-1) 进行优化,可得到渠道需求函数为:

$$q_i = \frac{a_i - \theta a_j - p_i + \theta p_j}{1 - \theta^2} i, \ j = r, \ d; \ i \neq j \qquad (6-2)$$

渠道初始需求量的差异可代表渠道相对地位的差异,用 a_i/a_j 表示两种渠道之间的相对地位。若 $a_i/a_j = 1$,不同渠道的相对地位是对称的;$a_i/a_j = k > 1$ 则表示渠道 i 相对于渠道 j 来说具有优势。在渠道相对地位对称情形下,渠道需求为:

$$q_i = \frac{1}{1+\theta} - \frac{1}{1-\theta^2} p_i + \frac{\theta}{1-\theta^2} p_j i, \ j = d, \ r; \ i \neq j \qquad (6-3)$$

废旧产品的回收率假设为 τ ($0 \leq \tau \leq 1$),总的回收量故表示为 $\tau(q_r + q_d)$。不考虑回收的单位变动成本,回收成本函数为 $C(\tau) = C_L \tau^2$。其中,C_L 为成本函数的范围参数。该函数在闭环供应链研究中得到广泛运用 (Savaskan et al., 2004; Savaskan and Van Wassenhove, 2006),产品的单位平均生产成本可进一步表示为 $\bar{c} = (1 - \tau) c_m + \tau c_r = c_m - \Delta \tau$。

考虑了四种双渠道闭环供应链模型,如图 6-1 所示。实线表示产品的正向销售过程,虚线表示产品的逆向回收过程。成员之间的博弈关系在不同的渠道权力结构中不同,在集中决策下,制造商、零售商和第三方组成联盟共同进行决策;在分散化决策下,运用 Stacklberg 博弈模型刻画决策成员之间的决策顺序。

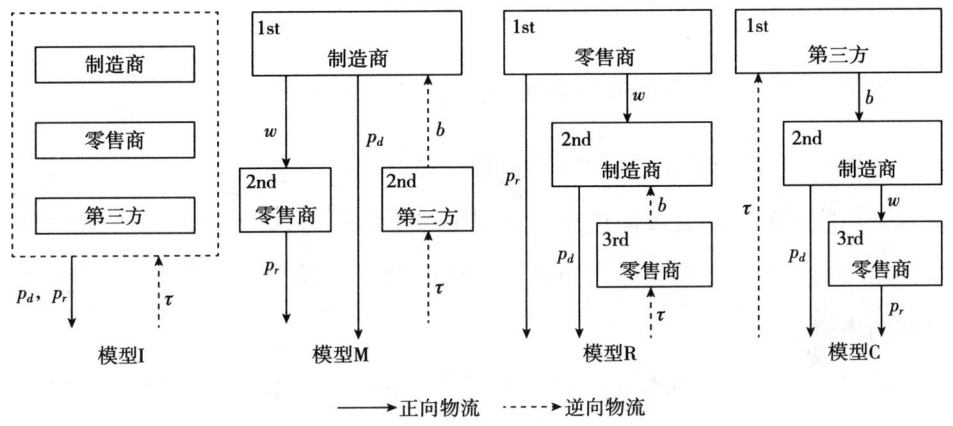

图 6-1　不同权力结构下双渠道闭环供应链模型

第三节　模型与均衡

本章分别建立集中决策模型和不同渠道权力结构下的双渠道模型,分析权力结构对闭环供应链定价与回收决策的影响。

一、集中决策(模型 I)

集中决策模型可为分散决策模型和双渠道闭环供应链协调提供基准。在集中决策下,决策成员联合确定直销和传统渠道价格 p_d、p_r 和回收率 τ。闭环供应链决策模型为：

$$\max_{p_r,p_d,\tau} \pi^I = (p_r - c_m + \Delta\tau)q_r + (p_d - c_m + \Delta\tau)q_d - C_L\tau^2 \tag{6-4}$$

为满足回收率的约束，参数 C_L 需足够大以保证回收的经济可行性，即 $\left.\dfrac{\partial \pi^I(\tau)}{\partial \tau}\right|_{\tau=1} < 0$。引理 6-1 给出了具体的条件。

引理 6-1 在集中决策下参数 C_L 需满足条件 $C_L \geq \dfrac{\Delta(1+k+2\Delta-2c_m)}{4(1+\theta)}$。

引理 6-1 首先确保了模型 I 存在唯一的均衡解；其次，该引理表明制造商难以回收再制造所有废旧产品。引理中关于 C_L 不等式条件的右边项表示能全部回收的边界点。值得提出的是，引理 6-1 同时确保了三种分散决策模型存在均衡解。

将式（6-4）分别对 p_d、p_r 和 τ 对求导并联立一阶条件，在集中决策下双渠道闭环供应链的均衡解为：

$$p_r^{I*} = p_d^{I*} = \dfrac{4(1+\theta)(k+c_m)C_L - (1+3k)\Delta^2}{8(1+\theta)C_L - 4\Delta^2}$$

$$\tau^{I*} = \dfrac{\Delta(1+k-2c_m)}{2(2(1+\theta)C_L - \Delta^2)}$$

根据均衡解分析可知，渠道价格和回收率关于再制造成本节约 Δ 递减，关于回收成本 C_L 递增，表明回收与再制造效率的提升对闭环供应链决策成员和消费者均有利。模型 I 中供应链系统的利润可通过将 p_r^{I*}、p_d^{I*} 和 τ^{I*} 代入式（6-4）中算出，结果如表 6-1 所示。

表 6-1 不同模型中供应链成员、系统利润

均衡解	模型 I	模型 M	模型 R	模型 C
π_M^*	N/A	$\dfrac{2C_L(2+k+\theta-L_2c_m)^2}{L_2(16L_3C_L-\Delta^2L_2)}$	$\dfrac{C_L^2 M_3^2}{8(4L_3C_L-\Delta^2)(2L_2C_L-\Delta^2)^2}$	$\dfrac{8L_3C_L^2(2+k+\theta-L_2c_m)^2}{L_2(16L_3C_L-\Delta^2L_2)^2}$

续表

均衡解	模型 I	模型 M	模型 R	模型 C
π_r^*	N/A	$\dfrac{L_3 M_2^2}{L_1 L_2^2 (16 L_3 C_L - \Delta^2 L_2)^2}$	$\dfrac{M_4^2}{8 L_1 (4 L_3 C_L - \Delta^2)(2 L_2 C_L - \Delta^2)}$	$\dfrac{4(1-\theta^2) C_L^2 (1-c_m)^2}{(\Delta^2(3+\theta) - 16(1+\theta) C_L)^2}$
π_c^*	N/A	$\dfrac{8 L_3 C_L^2 (2+k+\theta-L_2 c_m)^2}{L_2 (16 L_3 C_L - \Delta^2 L_2)^2}$	$\dfrac{L_3 M_5^2}{L_1 L_2^2 (16 L_3 C_L - \Delta^2 L_2)^2}$	$\dfrac{C_L (2+k+\theta-L_2 c_m)^2}{L_2 (16 L_3 C_L - \Delta^2 L_2)}$
π_T^*	$\dfrac{M_1}{8 L_1 (2 L_3 C_L - \Delta^2)}$	$\pi_m^{M*} + \pi_r^{M*} + \pi_c^{M*}$	$\pi_m^{R*} + \pi_r^{R*} + \pi_c^{R*}$	$\pi_m^{C*} + \pi_r^{C*} + \pi_c^{C*}$

二、制造商领导（模型 M）

供应链中上游制造商领导渠道的案例在现实中非常普遍（Xu et al.，2014）。在传统供应链中，制造商负责产品的设计与生产并直接决定了下游产品的销售和回收过程。例如，Xerox 在再制造行业中的成功实践很少说明了这一结构（Savaskan et al.，2004）；Apple 公司作为渠道领导者积极推行产品的"以旧换新"，在与下游零售商和回收商的合作中获得了大量收益（Cole et al.，2017）。在模型 M 中，供应链的决策顺序为：制造商首先确定批发价格 w^M、直销渠道价格 p_d^M 和回收转移支付价格 b^M；其次，零售商确定传统渠道价格 p_r^M，第三方选择回收率 τ^M。双渠道闭环供应链的决策问题为：

$$\begin{cases} \max\limits_{w^M, p_d^M, b^M} \pi_m^M = (w^M - c_m + (\Delta - b^M) \tau^M) q_r^M + (p_d^M - c_m + (\Delta - b^M) \tau^M) q_d^M \\ \text{s. t. } w^M \leqslant p_d^M \\ \quad \text{s. t. } \begin{cases} \max\limits_{p_r^M} \pi_r^M = (p_r^M - w^M) q_r^M \\ \max\limits_{\tau^M} \pi_c^M = b^M \tau^M (q_r^M + q_d^M) - C_L (\tau^M)^2 \end{cases} \end{cases}$$

(6-5)

在双渠道闭环供应链中，条件 $w^M \leqslant p_d^M$ 须满足以保证直销渠道的存在性。

模型 M 的均衡决策结果由引理 6-2 给出。

引理 6-2 在模型 M 中，均衡价格和回收率为：

$$p_d^{M*} = w^{M*} = \frac{8(1+\theta)(3+\theta)C_L c_m + (2+k+\theta)(8(1+\theta)C_L - \Delta^2(3+\theta))}{(3+\theta)(16(1+\theta)C_L - \Delta^2(3+\theta))}$$

$$p_r^{M*} = \frac{4(1+\theta)^2(3+\theta)C_L c_m - \Delta^2(3+\theta)(1+k(2+\theta)) + 4(1+\theta)(2-\theta(3+\theta)+k(7+3\theta))C_L}{(3+\theta)(16(1+\theta)C_L - \Delta^2(3+\theta))}$$

$$b^{M*} = \frac{\Delta}{2}, \quad \tau^{M*} = \frac{\Delta(2+k+\theta-(3+\theta)c_m)}{16(1+\theta)C_L - \Delta^2(3+\theta)}$$

根据引理 6-2 中的均衡解，可计算出制造商、零售商和第三方的均衡利润，结果如表 6-1 所示。由分析可知，$\frac{\partial \tau^*}{\partial k} > 0$、$\frac{\partial \pi_M^*}{\partial k} > 0$、$\frac{\partial \pi_T^*}{\partial k} > 0$，说明传统渠道相对地位的提高能提高回收量及实现制造商和零售商利润的增加。该结果表明，在制造商领导的双渠道闭环供应链中，传统销售渠道的相对地位增加有益于促进产品的回收。

三、零售商领导（模型 R）

在零售商领导情形下，闭环供应链的博弈顺序为：零售商首先确定传统渠道价格 p_r^R；其次，制造商确定产品的批发价格 w^R、直销渠道价格 p_d^R 和回收转移支付价格 b^R，第三方确定回收率 τ^R。在模型 R 中，双渠道闭环供应链的决策模型为：

$$\max_{p_r^R} \pi_r^R = (p_r^R - w^R) q_r^R$$

$$\begin{cases} \max_{w^R, p_d^R, b^R} \pi_m^R = (w^R - c_m + (\Delta - b^R)\tau^R) q_r^R + (p_d^R - c_m + (\Delta - b^R)\tau^R) q_d^R \\ \text{s. t. } w^R \leq p_d^R \\ \max_{\tau^R} \pi_c^R = b^R \tau^R (q_r^R + q_d^R) - C_L (\tau^R)^2 \end{cases} \quad (6-6)$$

模型 R 的均衡决策结果由引理 6-3 给出。

引理 6-3 在模型 R 中，闭环供应链的均衡价格和回收率为：

$$p_d^{R*} = w^{R*} = \frac{(\Delta^2 - 2(1+\theta)C_L)((3+k)\Delta^2 - 2(7+5\theta+k(3+\theta))C_L) +}{4(\Delta^2 - 4(1+\theta)C_L)(\Delta^2 - 2(3+\theta)C_L)}$$

$$p_r^{R*} = \frac{4C_L c_m(2(\theta+1)(5\theta+3)C_L - \Delta^2(3\theta+1)) - 4\Delta^2 C_L(2-\theta+4\theta k+7k) +}{4(\Delta^2 - 4(\theta+1)C_L)(\Delta^2 - 2(\theta+3)C_L)}$$

$$b^{R*} = \frac{\Delta}{2}, \quad \tau^{R*} = \frac{\Delta(2(7+3k+(5+k)\theta)C_L + 4(\Delta^2 - (5+3\theta)C_L)c_m - (3+k)\Delta^2)}{4(\Delta^2 - 4(1+\theta)C_L)(\Delta^2 - 2(3+\theta)C_L)}$$

根据引理 6-3, 可分别计算出模型 R 中制造商、零售商和第三方的均衡利润, 结果如表 6-1 所示。

四、第三方领导（模型 C）

近年来, 随着回收行业的不断发展, 一些大型的回收公司逐渐出现 (Ferguson, 2010)。从供应链权力结构的视角分析, 这类回收商作为闭环供应链的领导者以开展产品的回收活动。例如, SIMS Mental 管理公司、IBM 全球资产回收中心和 AER Worldwide 均属于这一类的回收商 (Choi et al., 2013)。在模型 C 中, 闭环供应链的决策顺序为: 第三方首先确定产品的回收率 τ^C 和回收转移支付价格 b^C; 其次, 制造商确定批发价格 w^C 和直销渠道价格 p_d^C; 最后, 零售商确定传统渠道价格 p_r^C。在模型 C 中, 双渠道闭环供应链的决策模型为:

$$\max_{\tau^C, b^C} \pi_c^C = b^C \tau^C (q_r^C + q_d^C) - C_L(\tau^C)^2$$

$$\text{s.t.} \begin{cases} \max\limits_{p_d^C, w^C} \pi_m^C = (w^C - c_m + (\Delta - b^C)\tau^C)q_r^C + (p_d^C - c_m + (\Delta - b^C)\tau^C)q_d^C \\ \text{s.t.} \quad w^C \leq p_d^C \\ \max\limits_{p_r^C} \pi_r^C = (p_r^C - w^C)q_r^C \end{cases}$$

(6-7)

对上述问题求解，在模型 C 中闭环供应链的均衡决策结果由引理 6-4 给出。

引理 6-4 在模型 C 中，闭环供应链的均衡价格和回收率为：

$$p_d^{C*} = w^{C*} = \frac{4(1+\theta)(3+\theta)C_L c_m + (2+k+\theta)(12(1+\theta)C_L - \Delta^2(3+\theta))}{(3+\theta)(16(1+\theta)C_L - \Delta^2(3+\theta))}$$

$$p_r^{C*} = \frac{\Delta^2(3+\theta)(1+k(2+\theta)) + 2(1+\theta)(-6+\theta(3+\theta) - k(15+7\theta))C_L - 2(1+\theta)^2(3+\theta)C_L c_m}{(3+\theta)(\Delta^2(3+\theta) - 16(1+\theta)C_L)}$$

$$b^{C*} = \frac{8(1+\theta)C_L}{\Delta(3+\theta)}, \quad \tau^{C*} = \frac{\Delta(2+k+\theta-(3+\theta)c_m)}{16(1+\theta)C_L - \Delta^2(3+\theta)}$$

根据引理 6-4 中的均衡结果，可分别计算出模型 C 中制造商、零售商和第三方的均衡利润，结果如表 6-1 所示。由分析可知，在模型 C 中回收转移支付价格与另两种决策模型中的结果不同。该结果表明：渠道的竞争会导致逆向供应链中的"双重边际"效应加剧，结果对制造商和零售商均不利。

第四节 不同决策模型对比

本节将对以上四种双渠道闭环供应链的均衡决策结果及利润进行对比，分析管理意义。为能更方便地比较结果，首先假设直销与传统渠道的相对地位是对称的（$k=1$）。

一、渠道相对地位对称情形

结论 6-1 在不同决策情形下最优回收转移支付价格满足关系：$b^{M*} = b^{R*} < b^{C*}$。

第六章 不同权力结构下双渠道闭环供应链定价与协调策略

证明：根据引理 6 - 2、引理 6 - 3 和引理 6 - 4：

$$b^{C*} - b^{M*} = \frac{8(1+\theta)C_L}{\Delta(3+\theta)} - \frac{\Delta}{2} = \frac{16(1+\theta)C_L - (3+\theta)^2}{2\Delta(3+\theta)} > 0$$

因此，$b^{M*} = b^{R*} < b^{C*}$。结论 6 - 1 得证。

结论 6 - 1 表明：首先，第三方领导下回收率最高，原因是第三方作为领导者具有强势的决策地位，从而能向制造商收取更高的回收转移支付价格。其次，在制造商与零售商领导情形下回收转移支付价格相同。对于制造商来说，回收转移支付价格的确定取决于在制造成本节约与回收成本两方面因素的权衡；制造商提高回收转移支付一方面能激励第三方提高回收率，但同时降低了再制造收益（$\Delta - b$ 下降）。因此，在模型 M 和模型 R 中，制造商的最优选择是确定 $b^* = \Delta/2$。

结论 6 - 2 在不同决策情形下均衡批发价格满足关系：$w^{C*} > w^{M*} > w^{R*}$。

证明：根据引理 6 - 2、引理 6 - 3 和引理 6 - 4：

$$w^{C*} - w^{M*} = \frac{4(1+\theta)C_L(1-c_m)}{16(1+\theta)C_L - \Delta^2(3+\theta)} > 0$$

$$w^{M*} - w^{R*} = \frac{(1-\theta)C_L(\Delta^4(1-\theta) - 2\Delta^2(5-\theta)(1+\theta)C_L + 32(1+\theta)^2 C_L^2)(1-c_m)}{(4(1+\theta)C_L - \Delta^2)(2(3+\theta)C_L - \Delta^2)(16(1+\theta)C_L - \Delta^2(3+\theta))}$$

令 $f(C_L) = \Delta^4(1-\theta) - 2\Delta^2(5-\theta)(1+\theta)C_L + 32(1+\theta)^2 C_L^2$，对称轴为 $C_L = \frac{\Delta^2(5-\theta)}{32(1+\theta)}$。由引理 6 - 1 可知，$C_L \geq \frac{\Delta(1+k+2\Delta-2c_m)}{4(1+\theta)} > \frac{\Delta^2}{2(1+\theta)}$。由于 $\frac{\Delta^2}{2(1+\theta)} - \frac{\Delta^2(5-\theta)}{32(1+\theta)} = \frac{\Delta^2(11+\theta)}{32(1+\theta)} > 0$，故 $f_{min}(C_L) = f_{min}\left(\frac{\Delta^2}{2(1+\theta)}\right) = 2\Delta^4(\theta+1) > 0$，$w^{M*} > w^{R*}$。

综合可知，$w^{C*} > w^{M*} > w^{R*}$，结论 6 - 2 得证。

结论 6 - 2 表明：在第三方领导双渠道闭环供应链中，制造商将提供最高的批发价格；在零售商领导下，批发价格低于制造商领导情形。

较为直观的是，相对于制造商领导结构，在零售商领导下制造商会向零售商提供更低的批发价格，原因是零售商作为领导者削弱了制造商的价格决策权。然而，第三方领导下的批发价格最高，原因是该决策情形下制造商为回购废旧产品向第三方支付了最高的回收转移价格，从而间接增加了制造商的成本。从理论层面分析，该结论对于双渠道闭环供应链管理具有一定的指导意义。在第三方领导结构中，回收方距离消费市场更远，因此回收的成本相对最高。与传统供应链相比，在第三方回收模式下闭环供应链存在两维的"双重边际"效应，分别来自正向销售和逆向回收渠道。在第三方回收模式下该效应表现得最为明显。

结论 6-3 （1）首先，不同决策情形下传统渠道的均衡价格满足 $p_r^{C*} > p_r^{M*} > p_r^{R*} > p_r^{I*}$；其次，当 $\theta < \theta^p$ 时，直销渠道的均衡价格满足 $p_d^{C*} > p_d^{M*} > p_d^{I*} > p_d^{R*}$；否则，直销渠道均衡满足 $p_d^{C*} > p_d^{M*} > p_d^{R*} > p_d^{I*}$。其中，$\theta^p$ 是方程 $p_d^{I*} - p_d^{R*} = 0$ 的一个正实根。

（2）当 $\theta < \theta^q$ 时，直销渠道的均衡数量满足 $q_d^{R*} > q_d^{I*} > q_d^{M*} > q_d^{C*}$；否则，$q_d^{R*} > q_d^{M*} > q_d^{I*} > q_d^{C*}$。传统渠道的均衡数量满足关系：$q_r^{I*} > q_r^{R*} > q_r^{M*} > q_r^{C*}$。其中，$\theta^q$ 是方程 $q_d^{M*} - q_d^{I*} = 0$ 的一个正实根。

证明：根据引理 6-2、引理 6-3 和引理 6-4：

$$p_r^{C*} - p_r^{M*} = \frac{2(1+\theta)^2 C_L(1-c_m)}{16(1+\theta)C_L - \Delta^2(3+\theta)} > 0$$

$$p_r^{M*} - p_r^{R*} = \frac{(1-\theta)C_L(-\Delta^4(1-\theta) + 2\Delta^2(1+\theta)(3-7\theta)C_L + 32\theta(1+\theta)^2 C_L^2)(-1+c_m)}{(\Delta^2(3+\theta) - 16(1+\theta)C_L)(\Delta^2 - 4(1+\theta)C_L)(\Delta^2 - 2(3+\theta)C_L)}$$

令 $h(C_L) = 32\theta(1+\theta)^2 C_L^2 + 2\Delta^2(1+\theta)(3-7\theta)C_L - \Delta^4(1-\theta)$，根据引理 6-1，可得 $h_{min}(C_L) = h(\frac{\Delta^2}{2(1+\theta)}) = 2\Delta^4(\theta+1) > 0$，故 $p_r^{M*} > p_r^{R*}$。又

$$p_r^{R*} - p_r^{I*} = \frac{2C_L(\Delta^4\theta + \Delta^2(1+\theta)(1-5\theta)C_L - 6(1-\theta)(1+\theta)^2 C_L^2)(1-c_m)}{(\Delta^2 - 4(1+\theta)C_L)(\Delta^2 - 2(1+\theta)C_L)(\Delta^2 - 2(3+\theta)C_L)}$$

运用类似地方法，可证 $p_r^{R*} > p_r^{I*}$。综合可得，$p_r^{C*} > p_r^{M*} > p_r^{R*} > p_r^{I*}$。

对于直销渠道均衡价格，分别作差可得：

$$p_d^{C*} - p_d^{M*} = \frac{4(1+\theta)C_L(-1+c_m)}{\Delta^2(3+\theta) - 16(1+\theta)C_L} > 0$$

$$p_d^{M*} - p_d^{I*} = \frac{\Delta^2(5-\theta)(1+\theta)C_L(1-c_m)}{(\Delta^2(3+\theta) - 16(1+\theta)C_L)(\Delta^2 - 2(1+\theta)C_L)} > 0$$

$$p_d^{R*} - p_d^{r*} = \frac{2C_L(\Delta^4 - \Delta^2(5-\theta)(1+\theta)C_L + 2(1-\theta)(1+\theta)^2 C_L^2)(1-c_m)}{(\Delta^2 - 4(1+\theta)C_L)(\Delta^2 - 2(1+\theta)C_L)(\Delta^2 - 2(3+\theta)C_L)}$$

经分析，存在阈值 θ^p 满足当 $\theta > \theta^p$ 时，$p_d^{R*} > p_d^{I*}$；否则，$p_d^{R*} \leq p_d^{I*}$。其中，θ^p 是方程 $\Delta^4 - \Delta^2(5-\theta)(1+\theta)C_L + 2(1-\theta)(1+\theta)^2 C_L^2 = 0$ 的一个正实根。因此，结论 6-3(1) 得证。

与 6-3（1）证明过程类似，可证 6-3（2）成立。

由结论 6-1 和 6-2 可知，渠道价格在第三方领导情形最高。另外，传统渠道价格在集中决策模式下最低，在模型 R 中其次，在模型 M 中最高。原因是在零售商领导情形中，回收转移支付价格和批发价格的降低导致传统渠道价格更低。然而，当渠道替代水平较低时，集中决策下直销渠道的均衡价格高于零售商领导情形。在双渠道环境下，制造商直接控制直销渠道，并且会策略性地利用直销渠道与传统渠道进行竞争。当直销与传统渠道替代率较弱时（$\theta < \theta^p$），零售商领导情形制造商会提供更低的直销渠道价格以获取竞争优势。

销售渠道的需求量变化与价格变化趋势相一致。首先，第三方领导下两种渠道的销售量均最低，传统渠道的数量在集中决策情形最高。其次，零售商领导下渠道的均衡需求高于制造商和第三方领导情形。再次，直销渠道的需求在零售商领导情形最高，且当渠道替代水平较高时（$\theta > \theta^q$），集中决策下直销渠道需求低于制造商领导情形。然而，在模型 M 中制造商通过降低直销渠道价格增加渠道竞争优势的空间变小，当渠道替代水平较低时，直销渠道需求也相应降低。最后，当两种渠道趋于完全竞争时，需求逐渐趋于相同。

结论 6-4 不同决策情形下均衡回收率满足：$\tau^{M*} = \tau^{C*} < \tau^{R*} < \tau^{I*}$。

证明：根据引理 6-2、引理 6-3 和引理 6-4：

$$\tau^{C*} - \tau^{R*} = \frac{\Delta C_L(\Delta^2(3+\theta) - 2(1+\theta)(7+\theta)C_L)(1-c_m)}{(\Delta^2 - 4(1+\theta)C_L)(\Delta^2 - 2(1+\theta)C_L)(\Delta^2 - 2(3+\theta)C_L)} > 0$$

$$\tau^{R*} - \tau^{M*} = \frac{\Delta(1-\theta)C_L(\Delta^2(1+3\theta) - 8(1+\theta)^2 C_L)(1-c_m)}{(\Delta^2 - 4(1+\theta)C_L)(\Delta^2(3+\theta) - 16(1+\theta)C_L)(\Delta^2 - 2(3+\theta)C_L)} > 0$$

因此，可得 $\tau^{M*} = \tau^{C*} < \tau^{R*} < \tau^{I*}$，故结论 6-4 得证。

结论 6-4 表明：首先，集中决策下双渠道闭环供应链的回收率最高；其次，在零售商回收下回收率高于其他分散决策情形，且制造商与第三方领导情形回收率相同。

以上结果的原因为：首先，在集中决策下所有成员均按最优决策进行选择，闭环供应链不存在决策效率的损失，故回收率也最高。其次，第三方的收益取决于回收转移支付价格的大小和总需求量的高低，尽管第三方领导情形回收转移支付价格最高，但渠道需求量最低。在模型 R 中回收率更高说明了渠道需求对第三方收益的影响占主导地位。而且，与第三方领导情形相比，在零售商领导下需求增加对于第三方利润的提高作用更明显。因此，此时回收商具有更强的动力去回收产品。该结果的管理启示为：在双渠道闭环供应链中回收方离市场距离越短则对回收越有利。

结论 6-5 (1) 不同决策情形下闭环供应链中制造商、零售商和第三方的最优利润满足关系：$\pi_m^{M*} > \pi_m^{R*} > \pi_m^{C*}$，$\pi_r^{R*} > \pi_r^{M*} > \pi_r^{C*}$，$\pi_c^{C*} > \pi_c^{R*} > \pi_c^{M*}$。

(2) 不同决策情形下双渠道闭环供应链系统利润满足关系：当 $\theta < \theta^{\pi}$ 时，$\pi_T^{I*} > \pi_T^{M*} > \pi_T^{R*} > \pi_T^{C*}$；否则，$\pi_T^{I*} > \pi_T^{R*} > \pi_T^{M*} > \pi_T^{C*}$。其中，$\theta^{\pi}$ 是方程 $\pi_T^{R*} - \pi_T^{M*} = 0$ 的一个正实根。

证明：对于制造商

$$\pi_m^{M*} - \pi_m^{R*} = \frac{(1-\theta)^2 C_L^2 (2\Delta^4 - \Delta^2(17+11\theta)C_L + 16(1+\theta)(2+\theta)C_L^2)(1-c_m)^2}{(16(1+\theta)C_L - \Delta^2(3+\theta))(4(1+\theta)C_L - \Delta^2)(\Delta^2 - 2(3+\theta)C_L)^2} > 0$$

$$\pi_m^{R*} - \pi_m^{C*} = -2C_L \left(\frac{4(1+\theta)(3+\theta)C_L}{(\Delta^2(3+\theta) - 16(1+\theta)C_L)^2} - \frac{(\Delta^2 - (5+3\theta)C_L)^2}{(4(1+\theta)C_L - \Delta^2)(\Delta^2 - 2(3+\theta)C_L)^2} \right)(1-c_m)^2$$

令 $f_1(\theta) = \dfrac{4(1+\theta)(3+\theta)C_L}{(\Delta^2(3+\theta) - 16(1+\theta)C_L)^2}$, $f_2(\theta) = \dfrac{(\Delta^2 - (5+3\theta)C_L)^2}{(4(1+\theta)C_L - \Delta^2)(\Delta^2 - 2(3+\theta)C_L)^2}$。

因为 $f_1(\theta)$ 和 $f_2(\theta)$ 均关于 θ 递减，易验证 $f_1(0) - f_2(0) < 0$ 且 $f_1(1) - f_2(1) < 0$，故 $\pi_m^{R*} > \pi_m^{C*}$。

类似地，可证明 $\pi_r^{R*} > \pi_r^{M*} > \pi_r^{C*}$、$\pi_c^{C*} > \pi_c^{R*} > \pi_c^{M*}$ 和结论 6-5（2）成立。

与大多数研究结果相一致，在双渠道闭环供应链中所有决策者均在自身作为渠道领导者情形下能获得最高利润。另外，从供应链系统角度来看，集中决策情形下系统的利润达到最大，原因是集中决策下渠道的总需求量和回收量最高，双渠道闭环供应链的决策效率是最优的。相反，系统的利润在第三方领导情形最低，原因是第三方领导下闭环供应链中的"双重边际"效应最严重。

较为有趣的是，分散化决策下渠道权力结构对系统利润的影响取决于渠道的替代水平 θ。当渠道替代水平较弱时，制造商领导情形系统的利润高于零售商领导情形；相反，零售商领导情形下系统利润更高。原因为：在双渠道闭环供应链中，系统的利润取决于生产成本和收益的高低。再制造成本节约增加对于降低生产成本是有利的，而渠道竞争程度提高会导致利润的降低。当 θ 足够大时，在模型 R 中渠道的总需求量高于其他两种渠道权力结构。因此，高回收率有效降低了成本并增加了收益，且再制造成本节约对系统利润的增加效应强于渠道冲突导致利润降低的效应，因此在模型 R 中系统的利润更高。相反，当 θ 较小时，渠道之间的差异化程度增加。此时在模型 M 中制造商会提高直销渠道价格和批发价格，以增加直销和传统渠道的边际收益。此时，直销渠道收益的增加效应强于再制造成本节约的降低效应，因此系统的利润在模型 M 中更高。

与单渠道闭环供应链决策相比，本书表明在双渠道闭环供应链中零售商领导结构并非始终对系统最有利，系统的最优选择与销售渠道的替代程度相关。该结果能为闭环供应链参与成员和政策制定者提供一定的借鉴。

二、渠道相对地位不对称情形

前文研究结果表明：在直销与传统渠道相对地位对称情行下，在制造商或零售商领导下系统的利润均有可能达到最优，结果取决于渠道之间的替代水平。接下来将分析渠道相对地位不对称情形下，渠道相对地位的高低 k 和替代水平 θ 对闭环供应链均衡决策及利润的影响。

结论 6 - 6 在渠道相对地位不对称情形下，双渠道闭环供应链决策成员均有动力成为渠道的领导者：$\pi_m^{M*} > \pi_m^{R*} > \pi_m^{C*}$，$\pi_r^{R*} > \pi_r^{M*} > \pi_r^{C*}$，$\pi_c^{C*} > \pi_c^{R*} > \pi_c^{M*}$。

证明：根据表 6 - 1 中的均衡解，可得：

$$\frac{\partial \pi_m^{M*}}{\partial k} = \frac{4 C_L(2 + k + \theta - (3 + \theta)c_m)}{(3 + \theta)(16(1 + \theta) C_L - \Delta^2(3 + \theta))} > 0$$

$$\frac{\partial \pi_m^{R*}}{\partial k} = \frac{C_L(2(7 + 3k + (5 + k)\theta) C_L + 4(\Delta^2 - (5 + 3\theta) C_L)c_m - (3 + k)\Delta^2)}{4(4(1 + \theta) C_L - \Delta^2)(2(3 + \theta) C_L - \Delta^2)} > 0$$

$$\frac{\partial \pi_m^{C*}}{\partial k} = \frac{16(1 + \theta) C_L^2(2 + k + \theta - (3 + \theta)c_m)}{(3 + \theta)(16(1 + \theta) C_L - \Delta^2(3 + \theta))^2} > 0$$

因此，π_m^{M*}、π_m^{R*} 和 π_m^{C*} 关于 k 递增。令 $f_m(k, \theta) = \frac{\partial \pi_m^{M*}}{\partial k}$，$f_r(k, \theta) = \frac{\partial \pi_m^{R*}}{\partial k}$，$f_c(k, \theta) = \frac{\partial \pi_m^{C*}}{\partial k}$。分析可知，$\frac{\partial f_m(k, 0)}{\partial k} = \frac{4 C_L}{48 C_L - 9 \Delta^2} > 0$，$\frac{\partial f_r(k, 0)}{\partial k} = \frac{C_L}{4(4 C_L - \Delta^2)} > 0$。又：

$$f_m(1, 0) - f_r(1, 0) = \frac{(1 - \theta)C_L(\Delta^4 - 3\Delta^2(3 + \theta)C_L + 16(1 + \theta)C_L^2)(1 - c_m)}{(16(1 + \theta)C_L - \Delta^2(3 + \theta))(4(1 + \theta)C_L - \Delta^2)(2(3 + \theta)C_L - \Delta^2)}$$

因此，$f_m(k,\theta) > f_r(k,\theta)$。类似地，可证明$f_r(k,\theta) > f_c(k,\theta)$。

根据结论6-5，当$k=1$时，$\pi_m^{M*} > \pi_m^{R*} > \pi_m^{C*}$。因此，当$k \neq 1$时，仍然存在$\pi_m^{M*} > \pi_m^{R*} > \pi_m^{C*}$。

类似地，可证明$\pi_r^{R*} > \pi_r^{M*} > \pi_r^{C*}$，$\pi_c^{C*} > \pi_c^{R*} > \pi_c^{M*}$。结论6-6得证。

结论6-6表明：渠道相对地位不对称情形下各决策者在自身领导情形下利润最高。首先，所有决策者均希望对渠道进行领导以获得价格的领导权。其次，渠道相对地位对闭环供应链决策者的最优选择并不产生影响，原因是渠道相对地位仅代表直销和传统渠道在竞争中所处的地位，然而渠道权力结构则代表决策成员在供应链中的决策地位。

然而渠道相对地位的强弱对双渠道闭环供应链系统的利润会产生怎样的影响？考虑到表达式的复杂性，我们用算例对问题进行分析。在三种分散化决策模型中，通过比较不同情形下系统的利润，可得到关于参数k的四个临界值，如图6-2所示。其中，$k_1(\theta)$和$k_2(\theta)$分别是方程$\pi_T^{M*} - \pi_T^{C*} = 0$和$\pi_T^{R*} - \pi_T^{C*} = 0$的两个实根，$k_3(\theta)$和$k_4(\theta)$是方程$\pi_T^{M*} - \pi_T^{R*} = 0$的两个实根。

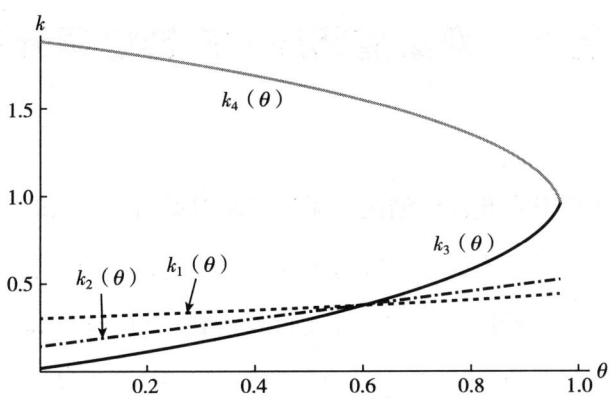

图6-2 渠道相对地位不对称情形下系统利润对比

由图 6-2 可知，当传统渠道的相对地位较弱时，算例分析结果表明第三方领导结构下系统的利润会高于其他两种决策结构。当 k 非常小时，直观分析直销渠道具有绝对优势地位，因此制造商领导结构可能对于系统最有利。然而，实际结果却有些不同。第三方领导结构对系统更有利的原因为：系统的收益主要来自渠道销售和再制造成本节约两方面，此时再制造成本节约效益占主导因素，故系统利润也相应更高。随着 k 的增加，制造商领导或零售商领导结构成为最优选择。由图 6-2 可以看出，不管渠道替代水平 θ 如何变化，当 k 处于中间水平时，制造商领导结构最优；当 k 足够大时，零售商领导结构更有利。

综合分析，上述结果与供应链权力结构研究结果类似，即所有参与者均希望对渠道实现领导。不同的是，在双渠道闭环供应链中，本书分析了直销和传统渠道相对地位的强弱对系统利润的影响。研究结果表明，当传统渠道地位较弱时，第三方领导结构对系统最有利。

第五节 双渠道闭环供应链协调分析

以上研究表明分散化决策结构将无法实现双渠道闭环供应链决策的最优，因此有必要通过设计合理的契约以对闭环供应链进行协调。

传统研究说明，制造商以成本确定批发价格则可实现供应链的协调，但该契约对于双渠道供应链的协调会失效（Chen et al.，2012）。在双渠道闭环供应链中，协调的关键是制造商需同时向零售商和第三方提供相关约定，以同时确保正向和逆向渠道同时达到最优。两部定价契约对于闭环供应链协调非常有效（Govindan et al.，2013；Savaskan et al.，2004；Savaskan and Van

Wassenhove，2006），且在实践中得到了广泛运用（Cachon et al.，2010）。本书计划利用该契约对不同渠道权力结构下的双渠道闭环供应链系统进行协调分析。

一、模型 M 的协调

在制造商—零售商—第三方构成的三级闭环供应链中，要实现闭环供应链的协调，制造商需同时对正向和逆向渠道进行协调。通过与基准模型进行对比，可知 $p_r^{M*} > p_r^{I*}$，$p_d^{M*} > p_d^{I*}$，$\tau^{M*} < \tau^{I*}$。闭环供应链协调的条件是所有均衡决策与集中决策情形相同，在模型 M 中，两部定价契约的实现思想为：首先，制造商按集中决策模型选择直销渠道价格，$p_d^{MC*} = p_d^{I*}$。其次，制造商分别向零售商和第三方提供契约 $(p_d^{I*}, w^{MC}, F_{MR})$ 和 $(p_d^{I*}, b^{MC}, F_{MC})$。其中，$w^{MC}$ 取决于零售商传统渠道均衡价格，而 b^{MC} 则取决于第三方的均衡回收率；F_{MR} 和 F_{MC} 分别表示零售商和第三方支付给制造商的最优转移支付。

当且仅当零售商和第三方能获得协调前的保留利润，他们才愿意接受制造商提供的契约。此时，制造商的决策问题为：

$$\max_{w^{MC}, b^{MC}} = (w - c_m + (\Delta - b)\tau)q_r + (p_d - c_m + (\Delta - b)\tau)q_d + F_{MR} + F_{MC}$$

$$\text{s.t.} \begin{cases} \tau^{MC*} = \tau^{I*} \\ p_r^{MC*} = p_r^{I*}, \quad p_d^{MC*} = p_d^{I*} \\ \pi_r^{MC*} \geq \pi_r^{M*}, \quad \pi_c^{MC*} \geq \pi_c^{M*}, \quad \pi_m^{MC*} \geq \pi_m^{M*} \end{cases} \quad (6-8)$$

对上述模型求解，可得到契约中的均衡批发价格和回收转移支付价格为：

$$w^{MC*} = \frac{4(1+\theta)C_L((2-\theta)c_m + \theta) - \Delta^2(2 + 2k + \theta - k\theta)}{8(1+\theta)C_L - 4\Delta^2}, \quad b^{MC*} = \Delta$$

在不考虑零售商和第三方的利润转移支付情况下，零售商和第三方的利润均实现了增加，$\pi_r^M(p_d^{I*}, w^{MC*}, b^{MC*}) \geq \pi_r^{M*}$，$\pi_c^M(p_d^{I*}, w^{MC*}, b^{MC*}) \geq \pi_c^{M*}$；

但制造商的利润却降低了，$\pi_m^M(p_d^{I*}, w^{MC*}, b^{MC*}) \leq \pi_m^{M*}$。因此，制造商将不会提供契约。为满足契约执行的条件，F_{MR} 和 F_{MC} 需要进一步满足以下条件：

$$\begin{cases} F_{MR}^* \leq \pi_r^M(p_d^{I*}, w^{MC*}) - \pi_r^{M*} \\ F_{MC}^* \leq \pi_c^M(p_d^{I*}, b^{MC*}) - \pi_c^{M*} \\ \pi_m^{M*} - \pi_m^M(p_d^{I*}, w^{MC*}, b^{MC*}) \leq F_{MR}^* + F_{MC}^* \\ \leq \pi_r^M(p_d^{I*}, w^{MC*}) + \pi_c^M(p_d^{I*}, b^{MC*}) - (\pi_r^{M*} + \pi_c^{M*}) \end{cases}$$

在该契约下，零售商、第三方和制造商的利润分别为：$\pi_r^{MC*} = \pi_r^M(p_d^{I*}, w^{MC*}) - F_{MR}^*$，$\pi_c^{MC*} = \pi_c^M(p_d^{I*}, b^{MC*}) - F_{MC}^*$，$\pi_m^{MC*} = \pi_m^M(p_d^{I*}, w^{MC*}, b^{MC*}) + F_{MR}^* + F_{MC}^*$。

结论 6-7 对模型 M 的协调契约进行了总结。

结论 6-7 在模型 M 中，制造商分别向零售商和第三方提供契约（p_d^{I*}，w^{MC*}，F_{MR}^*）和（p_d^{I*}，b^{MC*}，F_{MC}^*），可实现双渠道闭环供应链的协调。

结论表明：改进的两部定价契约能实现制造商领导的双渠道闭环供应链的协调。在协调契约下，所有决策者的利润均可实现增加，且系统总利润与集中决策情形相同。利润转移支付的大小 F_{MR}^* 和 F_{MC}^* 取决于零售商和第三方在契约中议价能力的大小。

二、模型 R 和模型 C 的协调

在零售商或第三方领导的双渠道闭环供应链中，协调需要分前后两个步骤进行。例如，要实现模型 C 的协调，第三方首先需根据制造商的决策协调逆向回收渠道；其次，制造商根据零售商的决策协调正向销售渠道。

首先，分析模型 R 的协调。制造商按集中决策情形选择直销渠道价格 $p_d^{RC*} = p_d^{I*}$，零售商向制造商提供契约（p_d^{I*}，w_{RC}，F_{RM}）。其中，w_{RC} 表示契约中的批发价格；F_{RM} 表示零售商向制造商收取的利润转移支付。零售商的决策问题为：

$$\max_{w^{RC}} \pi_r^{RC} = (p_r - w)q_r + F_{RM}$$

$$\text{s. t.} \begin{cases} p_r^{RC} = p_r^{I*}; \quad p_d^{RC} = p_d^{I*} \\ \pi_r^{RC*} \geq \pi_r^{R*}, \quad \pi_m^{RC*} \geq \pi_m^{R*} \end{cases} \quad (6-9)$$

对模型求解，可得均衡批发价格：

$$w^{RC*} = \frac{4(2+k)(1+\theta)C_L + 12(1+\theta)C_L c_m - (3+k)\Delta^2}{4(6(1+\theta)C_L - \Delta^2)}$$

其次，考虑制造商—第三方逆向渠道的协调。制造商向第三方回收商提供契约（p_d^{I*}，b_{RC}，F_{RC}）。其中，b_{RC} 为契约中根据回收率确定的回收转移支付价格；F_{RC} 表示第三方向制造商收取的利润转移支付。制造商的决策问题为：

$$\max_{b^{RC}} \pi_m^{RC} = (w - c_m + (\Delta - b)\tau)q_r + (p_d - c_m + (\Delta - b)\tau)q_d - F_{RM} + F_{RC}$$

$$\text{s. t.} \begin{cases} \tau^{RC*} = \tau^{I*} \\ p_r^{RC*} = p_r^{I*}, \quad p_d^{RC*} = p_d^{I*} \\ \pi_c^{RC*} \geq \pi_c^{R*}, \quad \pi_m^{RC*} \geq \pi_m^{R*} \end{cases} \quad (6-10)$$

求解可得：$b^{RC*} = \Delta$。进一步分析，利润转移支付 F_{RM}^* 和 F_{RC}^* 满足以下条件：

$$\begin{cases} F_{RM}^* \geq \pi_r^{R*} - \pi_r^R(p_d^{I*}, w^{RC*}) \\ F_{RC}^* \leq \pi_c^R(p_d^{'*}, b^{RC*}) - \pi_c^{R*} \\ \pi_m^{R*} - \pi_m^R(p_d^{I*}, w^{RC*}, b^{RC*}) \leq F_{RC}^* - F_{RM}^* \\ \leq \pi_c^R(p_d^{'*}, b^{RC*}) + \pi_r^R(p_d^{I*}, w^{RC*}) - (\pi_r^{R*} + \pi_c^{R*}) \end{cases}$$

综合以上分析，模型 R 的协调契约由结论 6-8 给出。

结论 6-8 在模型 R 中，若制造商选择直销渠道价格 $p_d^{RC*} = p_d^{I*}$，零售商向制造商提供契约（p_d^{I*}，w^{RC*}，F_{RM}^*），且制造商向第三方提供契约（p_d^{I*}，

b^{RC*}，F_{RC}^{*}），则双渠道闭环供应链可实现协调。

与模型 R 协调思想及分析过程类似，模型 C 中两部定价契约的相关变量求解不再具体给出，结论 6-9 给出了具体的契约形式。

结论 6-9 在模型 C 中，若制造商选择直销渠道价格 $p_d^{CC*} = p_d^{I*}$，第三方向制造商提供契约（p_d^{I*}，b^{CC*}，F_{CM}^{*}），且制造商向零售商提供契约（p_d^{I*}，w^{CC*}，F_{CR}^{*}），则双渠道闭环供应链可实现协调。转移支付 F_{CM}^{*} 和 F_{CR}^{*} 满足以下条件：

$$\begin{cases} F_{CM}^{*} \geq \pi_c^{C*} - \pi_c^C(p_d^{I*}, b^{CC*}) \\ F_{CR}^{*} \leq \pi_r^C(p_d^{I*}, w^{CC*}) - \pi_r^{C*} \\ \pi_m^{C*} - \pi_m^C(p_d^{I*}, w^{CC*}, b^{CC*}) \leq F_{CR}^{*} - F_{CM}^{*} \\ \leq \pi_r^C(p_d^{I*}, w^{CC*}) + \pi_c^C(p_d^{I*}, w^{CC*}) - (\pi_r^{C*} + \pi_c^{C*}) \end{cases}$$

第六节 算例分析

本节通过算例分析渠道替代水平 θ 对双渠道闭环供应链均衡决策及协调的影响。由于渠道相对地位不对称情形下均衡解的变化趋势与对称情形相一致，算例分析中只考虑渠道相对地位对称情形（$k=1$）。考虑到经济实践与模型的合理性，初始参数赋值如下：$\Delta = 0.15$，$C_L = 0.07$，$c_m = 0.3$。

一、参数 θ 对契约的影响

通过分析不同渠道权力结构下渠道替代程度对契约中利润转移支付范围的影响，探讨渠道权力结构和契约成立范围之间的关系。

图 6-3 表明：最优利润转移支付关于渠道替代水平下降，从制造商角度

分析，$\overline{F_{MR}^* + F_{MC}^*}$下降的速度快于$\underline{F_{MR}^* + F_{MC}^*}$，说明契约成立的范围随着渠道替代水平的增加而缩小。因此，渠道竞争程度增加能有效提高双渠道闭环供应链的效率。当渠道差异性较大时，$\overline{F_{MR}^*}$大于$\overline{F_{MC}^*}$，说明第三方在于制造商协商的过程中具有更强的议价能力。然而，当渠道竞争非常激烈时，零售商的议价能力强于第三方回收商。

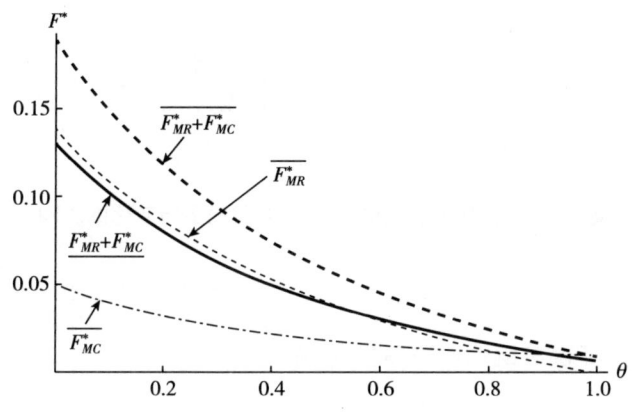

图6-3　θ对F_{MR}^*和F_{MC}^*的影响

图6-4分析了模型R和模型C中协调契约成立范围与渠道替代水平θ之间的关系。由图6-4（a）可知，当渠道竞争水平较低时，F_{RM}^*大于F_{RC}^*说明制造商需向零售商支付更高的利润以弥补零售商利润的损失。相反，当渠道替代性较强时，第三方向制造商支付的利润增加。随着θ的增加，$F_{RC}^* - F_{RM}^*$的差额逐渐变小，说明两部定价契约对于模型R的协调作用逐渐变小。

图6-4（b）给出了不同的结果。在模型C中，当渠道竞争程度较低时，制造商将向零售商收取更高的利润转移支付（$F_{CR}^* > F_{CM}^*$）；当渠道竞争程度较高时，制造商将提高对第三方的利润转移支付（$F_{CR}^* < F_{CM}^*$）。较为有趣的是，在模型C中契约的成立范围受渠道竞争程度变化的影响较小，说明两部

定价契约对于第三方领导结构的双渠道闭环供应链的协调更有效。原因是第三方领导情形下闭环供应链的"双重边际"效应最严重。

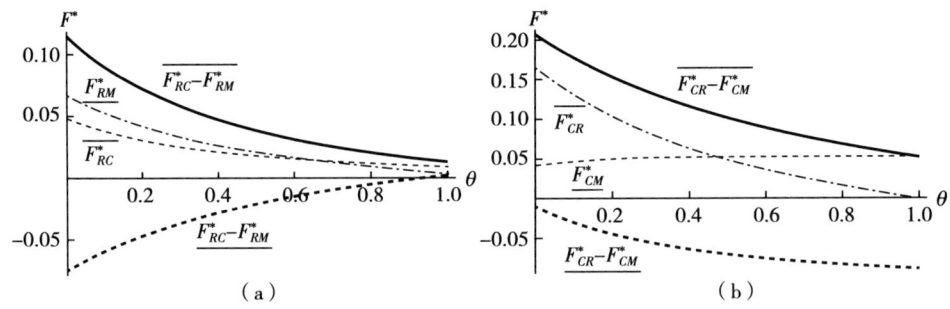

图6-4 模型R和模型C中θ对契约参数变化的影响

二、θ对闭环供应链均衡决策的影响

本节分析不同决策情形下渠道替代水平对闭环供应链均衡决策结果和回收率的影响。

由图6-5（a）可以看出，渠道替代水平增加降低了回收率，原因是渠道总需求量下降所导致。随着渠道竞争程度的增加，分散决策下最优回收率水平与集中决策下的最优水平差值逐渐变小。从环保角度来说，分散决策中模型R的回收率最高，因此对环境保护最有利。

图6-5（b）表明：均衡批发价格关于渠道替代水平递增，原因是直销渠道价格增加所导致。另外，渠道竞争水平提高会降低传统渠道的均衡价格，零售商降价能提高渠道竞争优势。然而，在集中决策下传统渠道价格关于渠道替代水平递增，原因是在集中决策下系统会提供相同的渠道价格以最大化需求。进一步对比可知，当渠道竞争水平足够大时，两销售渠道的价格逐渐收敛，$p_r^{i*} \to p_d^{i*}$, $i \in \{I, M, R, C\}$。原因为：当渠道替代性程度较高时，

任何一种渠道价格提高一单位将会导致大量的消费者发生购买转移（见图 6-6）。

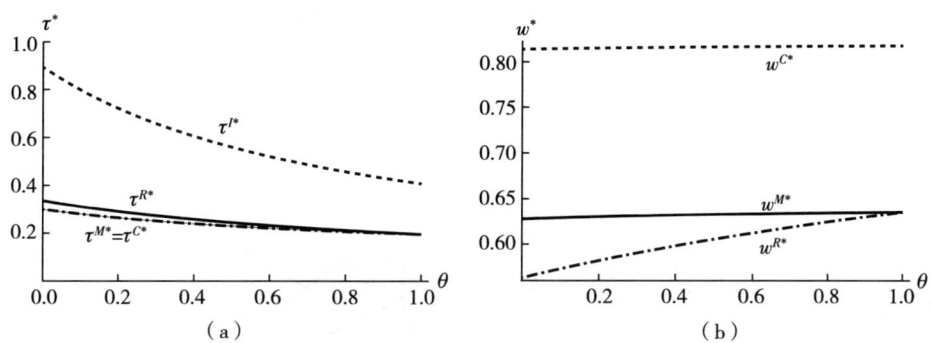

图 6-5　θ 对回收率和批发价格的影响

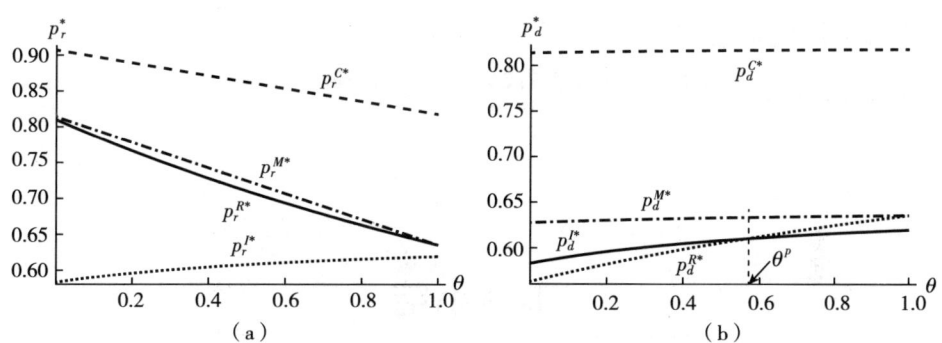

图 6-6　θ 对渠道均衡价格的影响

图 6-7 说明渠道替代程度增加会导致成员和系统利润降低。首先，当直销与传统渠道趋于完全竞争时，在制造商或零售商领导下系统利润随渠道竞争程度变化幅度很小，原因是渠道冲突导致制造商或零售商的渠道领导权力减弱。其次，系统的利润在制造商或零售商领导情形均有可能实现最优，其结果取决于渠道替代水平的变化。

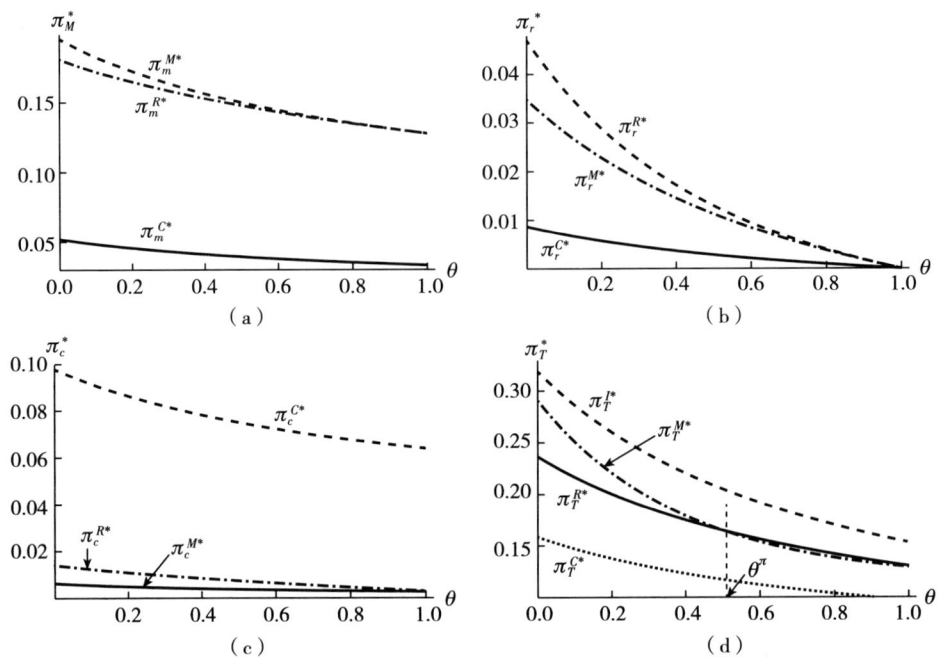

图 6-7 θ 对渠道成员及系统均衡利润的影响

本章小结

本章在不同渠道结构下探讨了双渠道闭环供应链的定价与协调决策，分析了直销与传统渠道的竞争和相对渠道地位对闭环供应链均衡决策和利润的影响。结果表明，渠道权力结构影响闭环供应链系统的效率。其中，在分散决策下，零售商领导结构中产品的回收率最高，但该结构并不一定始终对系统有利。当直销与传统渠道的相对地位等同时，从系统利润的角度分析，制造商领导与零售商领导结构均有可能实现最优，其结果取决于渠道的竞争水平。然而，当直销与传统渠道的相对渠道地位不对称时，三种领导结构下系统利润均有可能达到最大。该结果具有以下实践意义：①在双渠道闭环供应链中所有单个决策成员均应不断提高渠道决策权力，从而获取一定的决策优势。②从再制造产业实践的角度分析，政府和相关政策制定者应综合考虑渠道权力结构和渠道竞争水平对闭环供应链的影响，从而最终提高社会福利。另外，针对不同模式的双渠道闭环供应链模型，分别设计了改进的两部定价契约以对系统进行协调。

本章可从三个方向进行扩展分析。首先，考虑新产品与再制造产品的差异性更符合实际，考虑渠道和产品竞争对闭环供应链联合决策的影响具有一定的现实意义。其次，本章的研究结果基于确定性需求的研究假设，而不确定需求信息下研究结论是否成立值得进一步探讨。最后，将闭环供应链决策成员的风险态度考虑进来也是未来的一个研究点。

第七章　第三方回收下闭环供应链的销售渠道选择与协调

第一节　引　言

近年来，环境污染与资源枯竭问题已逐渐成为制约各国经济、社会与环境协调发展的重要因素之一。在此背景下，一方面，世界各国政府相继出台了多种政策引导和约束企业的生产行为，要求企业在追求经济效益的同时把环境保护的因素纳入企业的决策体系中；另一方面，许多知名企业（联想、索尼和戴尔等）通过实践证明了企业考虑环保行为（生产绿色度高的产品、回收废旧产品并进行再制造等）进行决策不仅能增加利润、提高产品的竞争能力，而且有利于减少环境污染，并塑造良好的企业社会形象。因此，闭环供应链管理逐渐引起了企业、政府和学者的高度关注，成为近年来的研究热点问题。

国内外学者从多方面对闭环供应链管理问题进行了研究，并取得了丰富的成果。销售渠道选择与协调定价问题关系到产品价值的实现和供应链决策效率的优化,因此是闭环供应链管理中重要的问题之一。Savaskan 等(2004)研究了闭环供应链的回收渠道选择与协调问题,提出了制造商回收、零售商回收和第三方回收三种方式,并指出零售商回收时效率最高,同时探讨了零售商回收的闭环供应链的协调问题。在此基础上,Savaskan 等(2004)和 Van Wassenhove(2006)研究了包含一个制造商和多个零售商组成的闭环供应链的协调问题。韩小花(2010)在竞争环境下研究了不同市场结构对闭环供应链回收渠道选择的影响。Huang 等(2013)在集中与分散决策情形下对比了单回收与双回收渠道模式对闭环供应链的影响,并从供应链和政策的角度分析了回收渠道选择决策。聂佳佳(2013)分别在集中与分散决策情形下建立了相关的决策模型,研究了信息分享对制造商回收模式选择的影响。洪宪培等(2012)分析了双渠道闭环供应链的定价与回收渠道选择的问题。

以上文献均关注的是闭环供应链回收渠道的选择,并未涉及闭环供应链销售渠道选择问题。一些学者研究了传统供应链中销售渠道选择的问题(Cai,2010;Yu et al.,2009;Xiao et al.,2014;Khouja et al.,2010;Xu et al.,2014;Chen et al.,2012)。随着电子商务的不断发展与信息技术的广泛应用,双渠道模式在闭环供应链管理中的研究应用也逐渐引起了人们的关注。徐兵和吴明(2012)研究指出,在双渠道闭环供应链中制造商回收优于零售商或第三方回收。易余胤和袁江(2012)在销售渠道与回收渠道均存在冲突的环境下研究了闭环供应链的协调定价问题,并运用两部收费制契约协调了分散化双渠道闭环供应链。在此基础上,林杰和曹凯(2014)考虑了渠道权力结构对双渠道闭环供应链最优决策的影响,比较了制造商领导和零售商领导下供应链均衡解与利润的变化。周岩等(2012)、张桂涛等(2013)在双渠道模式下研究了闭环供应链的网络均衡问题,并进一步分析了双销售渠道模式对网络均衡解的影响。Ma 等(2013)则研究了政府的补贴行为对双渠道闭环供应链定价决策的影响，并分析了补贴前后消费者剩余、供应链成员利润的变化。

综合来看，①很少有文献涉及闭环供应链的销售渠道选择问题，现有文献更多关注的是闭环供应链回收渠道的选择，因此从供应链成员及整个系统的角度分析闭环供应链的销售渠道选择决策问题非常具有现实意义。②部分文献关注了双渠道闭环供应链的协调契约设计问题（许茂增、唐飞，2013；Taleizadeh，2016），但均假设产品逆向回收过程不受销售量的影响，且主要运用的方法是收益共享契约。本书假设回收量受销售量约束，且运用一份简单的价格契约分别同收益共享契约和两部收费制契约相结合对双渠道闭环供应链进行了协调。鉴于此，区分已有研究，本书通过建立单渠道销售模式与双渠道销售模式的闭环供应链优化决策模型，主要回答以下四个问题：

（1）分散决策与集中决策情形下，供应链成员的最优价格决策、最优回收率该如何确定，闭环供应链系统的最优利润如何？

（2）从供应链决策成员及闭环供应链系统的角度来看，选择单渠道或双渠道销售模式的条件和范围分别该如何确定，不同的销售渠道模式对闭环供应链的最优决策会产生怎样的影响？

（3）针对传统渠道与直销渠道并存的双渠道闭环供应链，如何实现分散化决策下供应链的协调？

（4）模型中关键参数变化会对闭环供应链均衡解及利润产生怎样的影响？

第二节　问题描述和模型假设

本书所研究的闭环供应链结构如图 7-1 所示。图 7-1（a）为单销售渠道闭环供应链决策模型。在正向供应链中,制造商以价格 w 将产品批发给下游的零售商,然后零售商以价 p_r 将产品销售至市场;在逆向供应链中,第三方回收商首先以回收率 τ 回收市场中的废旧产品,其次制造商以转移支付价格 b 回购废旧产品并进行再制造。制造商将面临以下决策:在传统单一销售渠道的基础上是否应该增开直销渠道,双销售渠道模式是否优于单销售渠道模式。图 7-1 (b) 即为增加了直销渠道的双渠道闭环供应链决策模型,制造商以价格 p_d 将产品直接销售至市场,供应链其他成员的决策与单渠道决策模型相同。

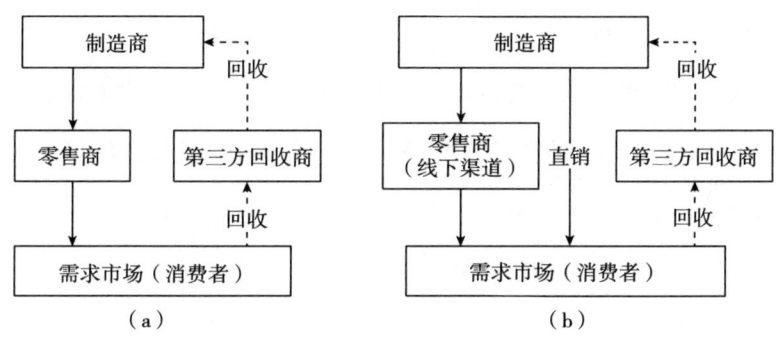

图 7-1 闭环供应链决策模型

为方便模型表示,本书用 π_i^j 表示供应链成员 i 在模型 j 中的利润,其中 $i \in \{M, R, TP, T\}$,分别表示制造商、零售商、第三方回收商和整个闭环供应链系统;$j \in \{SD, DD, SI, DI, SC\}$ 分别表示分散化决策下的单渠道闭环供应链决策模型 SD 和双渠道闭环供应链决策模型 DD、集中化决策下的单渠道和双渠道决策模型 SI 和 DI,以及双渠道闭环供应链协调决策模型 SC。

为简化模型,在不失一般性的前提下,对模型的具体假设如下:

(1) 制造商生产新产品的单位成本为 c_m,生产再制造产品的单位成本为 c_r,$c_r < c_m$,$\delta = c_m - c_r$ 表示制造商的再制造单位成本节约。为保证模型的合理

性和经济上的可行性，需要满足条件 $b \leq \delta$（Galbreth et al.，2013；Wu，2012；Yi et al.，2016；Gong and Zhou，2013），即制造商的回收转移支付价格不高于再制造单位成本节约。

（2）依据 Savaskan 等（2004）、Savaskan 和 Van Wassenhove（2006）的假设，新产品与再制造产品在质量、功能、价格和效用上完全相同，消费者对两种产品的接受程度相同。

（3）废旧产品的回收率满足 $0 \leq \tau \leq 1$，制造商的单位平均生产成本 $\bar{c}$ 可表示为 $(1-\tau)c_m + \tau c_r = c_m - \delta\tau$。所有回收的废旧产品均用于再制造，第三方回收商的回收成本可表示为 $C(\tau) = k\tau^2$，表明随着回收率的提高，回收成本增加且增加的速度变快。k（$k>0$）表示规模参数。

（4）采用线性的需求函数形式，对于单渠道供应链，需求函数为 $D(p_r) = \varphi - \alpha p_r$，其中，$\varphi$ 表示潜在的市场容量，α 表示市场需求对价格的反应。对于双渠道供应链，根据 Cai(2010)、Chen 等(2012)对需求函数的假设，传统零售渠道与网络直销渠道的需求函数可表示为：

$$D_r = \lambda\varphi - \alpha_1 p_r + \beta(p_d - p_r)$$

$$D_d = (1-\lambda)\varphi - \alpha_2 p_d + \beta(p_r - p_d)$$

其中，λ（$0 \leq \lambda \leq 1$）表示零售商传统渠道所占的市场份额（也可看作消费者对传统渠道的偏好程度），$1-\lambda$ 表示制造商直销渠道所占的市场份额，β（$0 \leq \beta \leq 1$）表示两种渠道之间的交叉价格弹性系数。为了更好地与单渠道供应链决策进行对比，我们用 $\alpha = \alpha_1 + \alpha_2$ 表示两种渠道同时将价格提高一个单位所带来的市场需求的减少量。$\xi = \alpha_1/\alpha$ 和 $1-\xi = \alpha_2/\alpha$ 可分别表示为传统渠道与直销渠道的需求价格弹性，所以双渠道模式下的需求函数可进一步表示为：

$$D_r = \lambda\varphi - \xi\alpha p_r + \beta(p_d - p_r)$$

$$D_d = (1-\lambda)\varphi - (1-\xi)\alpha p_d + \beta(p_r - p_d)$$

为保证模型的合理性,上述参数需要满足 D_d,$D_r \geq 0$ 且 p_r,$p_d \geq w$,因此可得到如下条件:$c_m < w \leq p_r \leq B\varphi/A\alpha$,$c_m < w \leq p_d \leq C\varphi/A\alpha$,其中,$A = \beta + \alpha(1-\xi)\xi$,$B = \beta + \alpha(1-\lambda)\xi$,$C = \beta + \alpha\lambda(1-\xi)$。

(5)对于单渠道和双渠道模式,制造商为渠道的 Stakelberg 领导者,零售商和第三方回收商均为跟随者。

(6)考虑单周期决策情形,且市场信息对于供应链所有成员来说均是完全的,所有供应链成员均为风险中性的决策者。

第三节 分散化决策模型

本章考虑分散化决策下单渠道与双渠道闭环供应链的决策问题,对比两种模式下均衡解及利润的变化,并分析闭环供应链的销售渠道选择决策。

一、单渠道闭环供应链模型(模型 SD)

在模型 SD 中,供应链的博弈按照如下顺序进行:首先,制造商确定产品的批发价格和对第三方的回收转移支付价格;其次,零售商根据制造商的最优决策选择产品的销售价格,同时第三方确定废旧产品的回收率。制造商、零售商和第三方回收商的决策模型为:

$$\max_{w,b} \pi_M^{SD} = (w - c_m + (\delta - b)\tau)(\varphi - \alpha p_r) \quad (7-1)$$

$$\max_{p_r} \pi_R^{SD} = (p_r - w)(\varphi - \alpha p_r) \quad (7-2)$$

$$\max_{\tau} \pi_{TP}^{SD} = b\tau(\varphi - \alpha p_r) - k\tau^2 \quad (7-3)$$

该博弈结构为完全信息条件下的动态博弈,因此存在子博弈精炼纳什均衡。容易验证制造商的利润函数 π_M^{SD} 是关于 w 和 b 的联合凹函数,零售商的利

润函数 π_R^{SD} 是关于 p_r 的凹函数，第三方回收商的利润函数 π_{TP}^{SD} 是关于 τ 的凹函数，模型存在最优解。则单渠道闭环供应链模型的均衡解为：

$$w^{SD*} = \frac{8k(\varphi + \alpha c_m) - \alpha \delta^2 \varphi}{16k\alpha - \alpha^2 \delta^2}, \quad b^{SD*} = \frac{\delta}{2}$$

$$\tau^{SD*} = \frac{\delta(\varphi - \alpha c_m)}{16k - \alpha \delta^2}, \quad p_r^{SD*} = \frac{4k(3\varphi + \alpha c_m) - \alpha \delta^2 \varphi}{16k\alpha - \alpha^2 \delta^2}$$

均衡解下最优的市场需求为：

$$D^{SD*} = \frac{4k(\varphi - \alpha c_m)}{16k - \alpha \delta^2}$$

相应地，制造商、零售商和第三方回收商的均衡利润为：

$$\pi_M^{SD*} = \frac{2k(\varphi - \alpha c_m)^2}{\alpha(16k - \alpha \delta^2)}, \quad \pi_R^{SD*} = \frac{16k^2(\varphi - \alpha c_m)^2}{\alpha(16k - \alpha \delta^2)^2}, \quad \pi_{TP}^{SD*} = \frac{k\delta^2(\varphi - \alpha c_m)^2}{(16k - \alpha \delta^2)^2}$$

二、双渠道闭环供应链模型（模型 DD）

在模型 DD 中，供应链的博弈按照如下顺序进行：首先，制造商确定产品的直销价格、对零售商的批发价格和支付给第三方回收商的转移支付价格；其次，零售商确定产品的销售价格，同时第三方回收商确定废旧产品的回收率。制造商基于利润最大化的决策模型：

$$\max_{w, p_d, b} \pi_M^{DD} = (w - c_m)D_r + (p_d - c_m)D_d + (\delta - b)\tau(D_r + D_d)$$

s. t. $w \leq p_d$ (7-4)

零售商基于利润最大化的决策模型为：

$$\max_{p_r} \pi_R^{DD} = (p_r - w)D_r$$

s. t. $w \leq p_r$ (7-5)

第三方回收商基于利润最大化的决策模型为：

$$\max_{\tau} \pi_{TP}^{DD} = b\tau(D_r + D_d) - k\tau^2 \quad (7-6)$$

可以证明上述问题属于凸规划问题，因此模型存在最优解。通过 Karush –

Kuhn-Tucker 优化条件构造拉格朗日问题求解上述模型。在分散化决策下闭环供应链的均衡价格(w_m^{DD*}, p_d^{DD*}, p_r^{DD*}, b^{DD*})、最优回收率τ^{DD*}、最优市场需求量(D_r^{DD*}, D_d^{DD*})和供应链渠道成员的最优利润(π_M^{DD*}, π_R^{DD*}, π_{TP}^{DD*})由表7-1给出。

结论7-1 ①当$0 \leq \lambda < \lambda_1 = \dfrac{\alpha\xi(8kc_m - \delta^2\varphi)}{(8k - \alpha\delta^2)\varphi}$时，传统渠道的需求量为负，零售商将不会进入市场；②当$\dfrac{\alpha\xi(8kc_m - \delta^2\varphi)}{(8k - \alpha\delta^2)\varphi} = \lambda_1 \leq \lambda \leq \lambda_2 = \xi$时，制造商通过传统与直销渠道两种方式销售产品，市场上共同存在两种渠道；③当$\lambda_2 < \lambda \leq 1$时，双渠道供应链的均衡解满足$w_m^{DD*} = p_d^{DD*}$，特别地，存在阈值$\lambda_S$，当$\lambda_2 < \lambda \leq \lambda_S$时，制造商将选择通过两种渠道销售产品；当$\lambda_S < \lambda \leq 1$时，制造商只选择通过传统渠道销售产品。其中：

$$\lambda_S = \dfrac{(H(8k(2\alpha\xi + \beta(2+\xi)))\varphi + 4k\alpha F(\beta(\xi-2) - 2\alpha\xi\xi)c_m - \alpha\delta^2\xi F)}{(4k(4\beta^2 - \alpha\beta(\xi-10)\xi + 2\alpha^2(2+\overline{\xi})\xi^2) - \alpha\delta^2 HF)\varphi}$$

$H = \beta + \alpha\xi$, $F = 2\beta + \alpha(2-\xi)\xi$

结论7-1表明制造商与零售商的渠道选择决策随着消费者渠道偏好的变化而变化。当顾客对传统渠道的偏好程度较低时($\lambda < \lambda_1$)，零售商即使选择可接受的最低销售价格$w_m^{DD*} = p_r^{DD*}$，市场的需求量仍然为负，因此零售商将不会进入市场。然而随着λ的不断增加($\lambda_1 \leq \lambda \leq \lambda_2$)，零售商将会不断提高产品的价格，制造商也会增加直销渠道从而与零售商之间展开竞争。当顾客对传统渠道的偏好程度较大时($\lambda_2 < \lambda_S$)，制造商首先必然会降低产品的销售价格直至$w_m^{DD*} = p_d^{DD*}$，从而增加产品的销售量以获得更多的市场份额和提高企业利润，而当λ超过阈值λ_S时，由于直销渠道的需求量逐渐降低直至为负，因此制造商将会退出直销渠道。

结论7-2 存在λ_K使当$\lambda_1 \leq \lambda \leq \lambda_K$时，$p_r^{DD*} \leq p_d^{DD*}$；否则，当$\lambda_K < \lambda \leq 1$时，$p_r^{DD*} > p_d^{DD*}$。其中：

$$\lambda_K = \frac{\xi(16kH - \alpha\delta^2(3\beta - \alpha\xi(2\xi-3))\varphi + 8k\alpha Ac_m)}{(8k(3\beta - \alpha(\xi-3)\xi) - \alpha\delta^2(3\beta - \alpha\xi(2\xi-3)))\varphi}$$

证明：将 p_r^{DD*} 与 p_d^{DD*} 作差并求解方程 $p_r^{DD*} - p_d^{DD*} = 0$ 即可比较两者关系并得到关于参数 λ 的阈值 λ_K。

结论 7-2 表明：当传统零售渠道所占的市场份额较小时，零售商会制定一个较低的价格，从而增加产品的销售量和企业的利润；当 λ 恰好达到阈值 λ_1 时，直销渠道的价格与传统渠道的价格相等；随着零售商市场份额的不断提高，零售商会不断提高价格以获取更高的边际利润。进一步可看出当两种渠道之间的交叉价格弹性系数足够大时，即任意一种渠道价格的微幅调整都将会引起大量消费者购买转移（当 $\beta \to \infty$ 时，$p_r^D \to p_d^D$），说明当两种渠道之间的替代性足够大时，在制造商确定直销渠道价格后，零售商会选择与制造商相同的价格来销售产品。

结论 7-3 在分散化决策下，单渠道与双渠道模式下制造商支付给第三方的最优转移价格均为 $\delta/2$。

结论 7-3 表明：在不考虑回收可变成本的条件下，制造商对第三回收商的最优转移支付不受制造商渠道选择决策的影响。在实施闭环供应链管理中，制造商如果将废旧产品的回收活动外包给第三方时，需要在转移支付 b 与成本节约 δ 之间做一个权衡。通过定理可以看出，当 $b = \delta/2$ 时，制造商的利润最大。

三、闭环供应链模型的销售渠道选择

本节在分散决策下分析闭环供应链的渠道选择决策。从决策成员与供应链系统的角度分析选择单渠道或双渠道模式的条件和范围。

结论 7-4 ①当 $0 \leq \lambda \leq \lambda_{D1}$ 时，$D_d^{DD*} \geq D^{SD*}$，当 $\lambda_{D1} < \lambda \leq \lambda_1$ 时，$D_d^{DD*} \leq D^{SD*}$；②当 $\lambda_1 < \lambda \leq \lambda_S$ 时，$D_r^{DD*} + D_d^{DD*} < D^{SD*}$；③当 $\lambda_S < \lambda \leq 1$ 时，存在 λ_{D2} 使当 $\lambda_S \leq \lambda \leq \lambda_{D2}$ 时，$D_r^{DD*} \leq D^{SD*}$，而当 $\lambda_{D2} \leq \lambda \leq 1$ 时，$D_r^{DD*} \geq D^{SD*}$。

表 7-1 不同决策情形下闭环供应链的均衡决策解

变量	$0 \leq \lambda < \lambda_1$	$\lambda_1 \leq \lambda \leq \lambda_2$	$\lambda_2 < \lambda \leq 1$
w^{DD*}	$\dfrac{(8kC + \alpha\delta^2)(-2\beta - \alpha\overline{\xi}(\lambda+\xi)))\varphi + 8k\alpha c_m A}{2\alpha A(8k - \alpha\delta^2)}$	$\dfrac{\begin{pmatrix}(-16kCH + \alpha\delta^2(4\beta^2 + 2\alpha^2(\lambda\overline{\xi}+\xi)\overline{\xi}\xi + \\ \alpha\beta(3(1+\overline{\xi})\xi - \lambda(2\overline{\xi}+\xi))))\varphi - \\ 16H A k \alpha c_m\end{pmatrix}}{2\alpha A(-16kH + \alpha\delta^2 F)}$	$\dfrac{\begin{pmatrix}(-8kH + \alpha\delta^2 F)E\varphi - \\ 8k\alpha HFc_m\end{pmatrix}}{\alpha F(\alpha\delta^2 F - 16kH)}$
p_r^{DD*}	$\dfrac{(8kC + \alpha\delta^2)(-2\beta - \alpha\overline{\xi}(\overline{\lambda}+\xi)))\varphi + 8k\alpha c_m A}{2\alpha A(8k - \alpha\delta^2)}$	$\dfrac{\begin{pmatrix}(-8k(2\beta^2 + 3\alpha^2\lambda\overline{\xi}\xi + \alpha\beta(\lambda+2\lambda\overline{\xi}+\\2\xi)) + \alpha^2\overline{\xi}\xi(-\xi+\lambda(-3+2\xi)))\varphi - \\3\overline{\xi})\xi) - \alpha^2\overline{\xi}\xi(-\xi+\lambda(-3+2\xi)))\varphi - \\8k\alpha(\beta+H)Ac_m\end{pmatrix}}{2\alpha A(-16kH + \alpha\delta^2 F)}$	$\dfrac{\begin{pmatrix}(4k(-4\beta H - 2\alpha(\beta(\overline{\lambda}+2) + 2\alpha\lambda)\xi + \\ \alpha^2(1-3\overline{\lambda})\xi^2) + \alpha\delta^2 F(2\beta+\alpha(\xi-\\ \lambda\overline{\xi})))\varphi - 4k\alpha(\beta+H)Fc_m\end{pmatrix}}{\alpha F(\alpha\delta^2 F - 16kH)}$
p_d^{DD*}	$\dfrac{(8kB - \alpha\delta^2)(2\beta + \alpha\xi(\overline{\lambda}+\overline{\xi})))\varphi + 8k\alpha Ac_m}{2\alpha A(8k - \alpha\delta^2)}$	$\dfrac{\begin{pmatrix}-16k(\beta+\alpha\xi)B + \alpha\delta^2(4\beta^2 + \alpha\beta(2-\\3\lambda-3\xi)\xi + \alpha^2\xi^2(4-3\lambda-3\xi+\\2\lambda\xi))\varphi - 16k\alpha HAc_m\end{pmatrix}}{2\alpha A(-16kH + \alpha\delta^2 F)}$	$\dfrac{\begin{pmatrix}(-8kH + \alpha\delta^2 F)E\varphi - 8k\alpha HFc_m\end{pmatrix}}{\alpha F(\alpha\delta^2 F - 16kH)}$
b^{DD*}	$\delta/2$	$\delta/2$	$\delta/2$
τ^{DD*}	$\dfrac{\delta(\varphi - \alpha c_m)}{8k - \alpha\delta^2}$	$\dfrac{\delta(-E\varphi + \alpha Fc_m)}{-16kH + \alpha\delta^2 F}$	$\dfrac{\delta(-E\varphi + \alpha Fc_m)}{-16kH + \alpha\delta^2 F}$

续表

变量	$0 \leq \lambda < \lambda_1$	$\lambda_1 \leq \lambda \leq \lambda_2$	$\lambda_2 < \lambda \leq 1$
D_r^{DD*}	0	$\dfrac{H((8k(\lambda-\xi)-\alpha\xi c_m)+\alpha\delta^2(-\lambda+\xi))\varphi}{32kH+2\alpha\delta^2 F}$	$\dfrac{H((\alpha\delta^2(\lambda-\xi)F+4k(2\beta(\xi-2\lambda)+\alpha\xi((2+\lambda)\xi-4\lambda)))\varphi+4k\alpha\xi Fc_m)}{F(\alpha\delta^2 F-16kH)}$
D_d^{DD*}	$\dfrac{(8k\bar{\lambda}+\alpha\delta^2(\xi-\lambda))\varphi-8k\alpha\bar{\xi}c_m}{16k-2\alpha\delta^2}$	$\dfrac{(\alpha\delta^2(\lambda-\xi)H+8k(\beta(1+\bar{\lambda})-2\alpha\bar{\lambda}\xi))\varphi-8k\alpha(\beta(1+\bar{\xi})+2\alpha\bar{\xi}\xi)c_m}{32kH+2\alpha\delta^2 F}$	$\dfrac{((\alpha\delta^2(\xi-\lambda)HF+4k(\beta^2(-4\bar{\lambda})-2\xi)-2\alpha^2(2-\lambda(2+\bar{\xi}))\xi-\alpha\beta\xi(10\bar{\lambda}+(1+\bar{\xi})+\lambda\xi)))\varphi-4k\alpha F(\beta(1+\bar{\xi})-2\alpha\xi\xi)c_m}{F(\alpha\delta^2 F-16kH)}\ \lambda_S<\lambda\leq 1$ $0\quad \lambda\leq\lambda_S$
π_M^{DD*}	$\dfrac{((-8k\bar{\lambda}+\alpha\delta^2(\xi-\lambda))\varphi+8k\alpha\bar{\xi}c_m)(\alpha c_m A-B\varphi)}{4\alpha A(8k-\alpha\delta^2)}$	$\dfrac{(\alpha^2\delta^2(\lambda-\xi)^2 H+8k(-2\beta^2-\alpha^2\xi(\lambda^2+\alpha\beta(\lambda^2-4\xi\bar{\lambda})+(2-(\bar{\lambda}+3)\lambda)\xi)))\varphi^2-8k\alpha c_m F(2E\varphi-\alpha Ec_m)}{4\alpha A(\alpha\delta^2 F-16kH)}$	$\dfrac{2k(E\varphi-\alpha Fc_m)^2}{\alpha F(16kH-\alpha\delta^2 F)}\ \lambda<\lambda_S$ $\dfrac{H(E\varphi-\alpha Fc_m)(\alpha\delta^2 F(\xi-\lambda)+4k(4\beta\lambda-2(\beta-2\alpha)\xi-\alpha(2+\lambda)\xi^2))\varphi-4k\alpha\xi Fc_m}{2\alpha F^2(16kH-\alpha\delta^2 F)}\ \lambda_S<\lambda\leq 1$

续表

变量	$0 \leq \lambda < \lambda_1$	$\lambda_1 \leq \lambda \leq \lambda_2$	$\lambda_2 < \lambda \leq 1$
π_R^{DD*}	0	$\dfrac{H((8k(\alpha\xi c_m - \lambda) + \alpha\delta^2(\lambda-\xi))\varphi)^2}{4(16kH - \alpha\delta^2 F)^2}$	$\dfrac{H((\alpha\delta^2(\lambda-\xi)F + 4k(2\beta(\xi-2\lambda) + \alpha\xi((2+\lambda)\xi - 4\lambda))\varphi + 4k\alpha\xi F c_m)^2}{F^2(16kH - \alpha\delta^2 F)^2}$
π_{TP}^{DD*}	$\dfrac{\left(\delta^2(\varphi - \alpha c_m)(\alpha\delta^2(\lambda-\xi))\varphi - 4k(\lambda+\overline{\lambda}) + 4k\alpha(\xi-\overline{\xi})c_m\right)^2}{4(8k - \alpha\delta^2)^2}$	$\dfrac{k(\delta\varphi E + \alpha\delta c_m F)^2}{(16kH - \alpha\delta^2 F)^2}$	$\begin{cases} \dfrac{k(\delta E\varphi - \alpha\delta F c_m)^2}{(16kH - \alpha\delta^2 F)^2},\ \lambda \leq \lambda_S \\[4pt] \dfrac{(\delta^2(E\varphi - \alpha F c_m)(\xi - \lambda)HF + 2k(\beta^2(4\overline{\xi} - 8\overline{\lambda}) - 2\alpha\beta(9\overline{\lambda} - 5 + (3+\lambda)\xi))\varphi + 2k\alpha F(2\beta\overline{\xi} - \alpha\xi(1-\overline{\xi}))c_m)}{2F(16kH - \alpha\delta^2 F)^2},\ \lambda_S < \lambda \leq 1 \end{cases}$

注: $1-\lambda = \overline{\lambda}$, $1-\xi = \overline{\xi}$, $A = \beta + \alpha(1-\xi)\xi$, $B = \beta + \alpha(1-\lambda)\xi$, $C = \beta + \alpha\lambda(1-\xi)$, $E = 2\beta - \alpha(-2+\lambda)\xi$, $F = 2\beta - \alpha(-2+\xi)\xi$, $H = \beta + \alpha\xi$。

结论 7-4 对比了单渠道与双渠道模式下市场的均衡需求量。当传统渠道与直销渠道共同存在时，由于两种渠道之间冲突的存在，在单渠道模式下市场的需求更高。这个结论不太直观，双渠道模式并不能必然增加。当消费者对传统渠道的偏好程度很低或很高时，市场上实际上只存在一种渠道，此时分别存在阈值 λ_{D1} 和 λ_{D2} 使双渠道模式下的需求量高于或低于单渠道模式下的需求量。

结论 7-5 当 $\lambda_1 \leq \lambda \leq \lambda_R$ 时，$\pi_R^{DD*} \leq \pi_R^{SD*}$；当 $\lambda_R < \lambda \leq 1$ 时，$\pi_R^{DD*} > \pi_R^{SD*}$。

当 $\lambda < \lambda_1$ 时，传统渠道的市场份额较低导致单渠道模式对零售商更为有利，而随着传统渠道所占的市场份额不断增加，零售商利润也相应地增加，直到偏好程度 λ 超过阈值 λ_R 时，双渠道模式对于零售商来说则更为有利。但总体来说，大多数情况下零售商选择单渠道模式则更为有利。

结论 7-6 ①当 $0 \leq \lambda \leq \lambda_2$ 时，$\pi_M^{DD*} > \pi_M^{SD*}$；②当 $\lambda_2 < \lambda \leq \lambda_S$ 时，存在 β_{M1} 使当 $\beta \geq \beta_{M1}$ 时，$\pi_M^{DD*} \geq \pi_M^{SD*}$，否则 $\pi_M^{DD*} < \pi_M^{SD*}$；③当 $\lambda_S < \lambda \leq 1$ 时，存在 β_{M2} 使当 $\beta \geq \beta_{M2}$ 时，$\pi_M^{DD*} \geq \pi_M^{SD*}$，否则 $\pi_M^{DD*} < \pi_M^{SD*}$。

结论 7-6 表明：对于制造商来说，大多数情况下双渠道模式要优于单渠道模式。当 $\lambda_2 < \lambda \leq \lambda_S$ 时，消费者对传统渠道的偏好程度较大，此时存在阈值 β_{M1} 使消费者由于渠道选择转移而带来制造商利润的增加超过由于零售商订货的减少所造成的制造商利润的降低水平时，双渠道模式对于制造商更为有利，否则，制造商会选择单渠道销售模式；当 $\lambda_S < \lambda \leq 1$ 时，当 β 超过阈值 β_{M2} 时，制造商通过传统渠道销售产品的边际利润增加对总利润增加的贡献更大。

结论 7-7 当 $0 \leq \lambda \leq \lambda_S$，$\pi_{TP}^{DP*} \geq \pi_{TP}^{SD*}$；当 $\lambda_S < \lambda \leq 1$ 时，存在 β_T 使当 $\beta \leq \beta_T$ 时，$\pi_{TP}^{DD*} \geq \pi_{TP}^{SP*}$，否则 $\pi_{TP}^{DD*} < \pi_{TP}^{SD*}$。

结论 7-7 表明：对于第三方回收商来说，大多数情形下双渠道销售模式中回收量更高。消费者对传统渠道的偏好增加会导致第三方的利润下降，这

第七章　第三方回收下闭环供应链的销售渠道选择与协调

是因为随着λ的不断增大，渠道之间的冲突增加会引起市场需求的下降，回收量也不断减少。然而当λ不断增加直至超过阈值$λ_S$时，第三方的利润受到渠道间交叉价格弹性系数的影响，当β较低时，消费者渠道转移所带来市场需求量的增加低于由于零售商订货的减少所造成的需求量的减少时，双渠道模式下第三方能获得更多的利润，否则单渠道模式对第三方更为有利。

结论7-8　对于$λ\in[0,1]$，双渠道闭环供应链的总利润$π_T^{DD*}$总是高于单渠道闭环供应链的利润$π_T^{SD*}$。

结论7-8表明：当传统渠道所占的市场份额较高（低）时，闭环供应链实际上只存在一种渠道，但此时整个供应链的利润仍然高于单渠道模式下供应链的总利润，这是因为尽管只存在传统零售渠道或直销渠道某一种渠道，但实际上制造商与零售商均参与了供应链的决策，如通过价格信息与需求信息的传递或改变服务的质量从而影响市场价格与需求，此时供应链的总利润仍然会高于单渠道模式。当两种渠道并存时，双渠道模式下单位产品的边际利润高于单渠道模式，从而供应链的总利润也相应会更高。

第四节　集中化决策模型

在集中化决策下，制造商与零售商合作进行决策。通过对单渠道与双渠道两种模式下均衡解及利润情况进行对比，分析关键参数变化对闭环供应链渠道选择决策的影响。

一、单渠道闭环供应链模型（模型SI）

在模型SI中，制造商与零售商共同确定最优的销售价格和最优的回收率，此时整个闭环供应链系统基于利润最大化的决策模型为：

$$\max_{p_r,\tau} \pi^{SI} = (p_r - c_m + \delta\tau)(\varphi - \alpha p_r) - k\tau^2 \tag{7-7}$$

易验证函数是关于变量 p_r 和 τ 的联合凹函数，模型存在最优解。将式（7-7）分别对 p_r 和 τ 求一阶导数并联立方程，可得到集中决策下单渠道闭环供应链的均衡价格、回收率与需求为：

$$p_r^{SI*} = \frac{2k\varphi - \alpha\delta^2\varphi + 2k\alpha c_m}{4k\alpha - \alpha^2\delta^2}, \quad \tau^{SI*} = \frac{\delta(\varphi - \alpha c_m)}{4k - \alpha\delta^2}, \quad D^{SI*} = \frac{2k(\varphi - \alpha c_m)}{4k - \alpha\delta^2}$$

因为回收率需满足 $0 \leq \tau^* \leq 1$，所以参数 k 须满足 $4k > \delta(\alpha\delta + \varphi - \alpha c_m)$，相应地，闭环供应链系统的均衡利润为：

$$\pi^{SI*} = \frac{k(\varphi - \alpha c_m)^2}{\alpha(4k - \alpha\delta^2)}$$

二、双渠道闭环供应链模型（模型 DI）

在模型 DI 中，制造商和零售商作为一个整体共同决定传统与直销渠道价格和废旧产品回收率，此时双渠道闭环供应链基于利润最大化的决策模型为：

$$\max_{p_r,p_d,\tau} \pi^{DI} = (p_r - c_m)D_r + (p_d - c_m)D_d + \delta\tau(D_r + D_d) - k\tau^2 \tag{7-8}$$

易验证目标函数是关于变量 p_d、p_r 和 τ 的联合凹函数，模型存在最优解。将式（7-8）分别对决策变量求一阶条件并联立方程，可得到双渠道闭环供应链的均衡价格、回收率为：

$$p_r^{DI*} = \frac{(4kB - \alpha\delta^2(2\beta + \alpha\xi(\lambda + \bar{\xi})))\varphi + 4k\alpha A c_m}{2\alpha GA}$$

$$p_d^{DI*} = \frac{(4kB - \alpha\delta^2(2\beta + \alpha\xi(2 - \lambda - \bar{\xi})))\varphi + 4k\alpha A c_m}{2\alpha GA}$$

$$\tau^{DI*} = \frac{\delta(\varphi - \alpha c_m)}{4k - \alpha\delta^2}$$

其中，$\bar{\xi} = 1 - \xi$，$\bar{\lambda} = 1 - \lambda$，$G = 4k - \alpha\delta^2$。

集中决策下双渠道闭环供应链的最优回收率与单渠道模式下的最优回收

率相同,参数 k 同时也需满足 $4k > \delta(\alpha\delta + \varphi - \alpha c_m)$,则均衡解下的传统渠道与直销渠道的需求量为:

$$D_r^{DI*} = \begin{cases} \dfrac{(4k\lambda + \alpha\delta^2(-\lambda+\xi))\varphi - 4k\alpha\xi c_m}{8k - 2\alpha\delta^2} & \lambda \geq \lambda^{l1} = \dfrac{\alpha\xi(\delta^2\varphi - 4kc_m)}{(\alpha\delta^2 - 4k)\varphi} \\ 0 & 否则 \end{cases}$$

$$D_d^{DI*} = \begin{cases} \dfrac{(4k\bar{\lambda} + \alpha\delta^2(\lambda-\xi))\varphi - 4k\alpha\xi c_m}{8k - 2\alpha\delta^2} & \lambda \leq \lambda^{l2} = \dfrac{(4k - \alpha\delta^2\xi)\varphi - 4k\alpha\xi c_m}{(4k - \alpha\delta^2)\varphi} \\ 0 & 否则 \end{cases}$$

与分散决策的双渠道闭环供应链相似,集中决策下当传统与直销渠道的市场份额非常低时,渠道的需求量为零。双渠道闭环供应链的总利润为:

$$\pi^{DI*} = \begin{cases} \dfrac{(4G^2(2\delta^2 L\Gamma_2 - 4k\delta^2 L^2) - \Gamma_2((4kB - \alpha\delta^2(2\beta + \alpha\xi(\bar{\lambda}+\bar{\xi})))\varphi) - 2\alpha(2k - \alpha\delta^2)Ac_m)}{4G^2\alpha A} & \lambda \leq \lambda^{l1} \\ \dfrac{(-\alpha^2\delta^2(\lambda-\xi)^2 + 4k(\beta + \alpha(\lambda^2 + \xi - 2\lambda\xi)))\varphi^2 - 4k\alpha\Gamma_1 c_M(\varphi + L)}{4G\alpha A} & \lambda^{l1} < \lambda \leq \lambda^{l2} \\ \dfrac{(4G^2(-4k\delta^2 L^2 + 2\delta^2 L\Gamma_1) + \Gamma_1(-4kB + \alpha\delta^2(2\beta + \alpha\bar{\xi}(\lambda+\xi)))\varphi + 2a(2k - \alpha\delta^2)Ac_m)}{4G^2\alpha A} & \lambda > \lambda^{l2} \end{cases}$$

其中,$L = \varphi - \alpha c_m$,$\Gamma_1 = (4k\lambda + \alpha\delta^2(\xi-\lambda))\varphi - 4k\alpha\xi c_m$,$\Gamma_2 = (4k\bar{\lambda} + \alpha\delta^2(\lambda-\xi))\varphi 4k\alpha\bar{\xi}c_m$。

结论 7-9 在集中决策下,对于 $\lambda \in [0,1]$,当且仅当 $\lambda = \lambda_2 = \xi$ 时,$\pi^{DI*} = \pi^{SI*}$;否则双渠道闭环供应链的利润 π^{DI*} 高于单渠道闭环供应链的利润 π^{SI*}。

结论 7-9 说明:对于集中控制的供应链决策模型,在大多数情形双渠道销售模式下供应链系统的利润更高,仅当 $\lambda = \xi$ 时两种渠道模式的系统总利相等。这是因为集中化决策下双渠道模式的产品销售量更高,因此供应链系统的利润也会更高。

结论 7-10 ①当 $0 \leq \lambda \leq \lambda_1$ 时,π_T^{DI*} 与 π_T^{DD*} 的关系取决于交叉价格影响系数 β 的影响;②当 $\lambda_1 \leq \lambda \leq \lambda_S$ 时,$\pi_T^{DI*} > \pi_T^{DD*}$;③当 $\lambda_S \leq \lambda \leq 1$ 时,π_T^{DI*} 与 π_T^{DD*} 的关系取决于交叉价格影响系数 β 的影响。

结论 7-10 表明:当 $\lambda \in [\lambda_1, \lambda_S]$ 时,对于双渠道闭环供应链来说,集中化决策下系统的利润要高于分散决策情形,这是因为分散化决策下"双重边际化效应"的存在导致了决策效率的损失,但在双渠道供应链管理中集中决策的效率始终要优于分散化决策的效率这个结论并不总是成立,这是由于双渠道模式下两种渠道之间存在替代效应,当某一种渠道所占的市场份额足够大时,另一种渠道的需求量将会为零。与 Dubey 等(2015)的结论相类似:当参数 λ 足够大或者足够小时,集中决策下供应链系统的利润会低于分散决策下的利润。由于 $\lambda^{f1} < \lambda_1$,$\lambda^{f2} > \lambda_S$,所以当 $\lambda \in [0, \lambda]$ 或 $\lambda \in [\lambda_S, 1]$ 时,集中与分散决策下双渠道闭环供应链系统利润的大小取决于渠道间交叉价格影响系数的变化。

上述结论表明在 $\lambda \in [\lambda_1, \lambda_S]$ 时,在双渠道闭环供应链中集中化决策要比分散化决策更有效率。因此,有必要去探讨分散化决策下双渠道闭环供应链的协调机制,从而改进分散化系统的绩效以达到集中决策的水平。

第五节 双渠道闭环供应链的协调机制

双渠道供应链的协调问题比传统单渠道供应链的协调问题要复杂得多。在双渠道闭环供应链管理中,制造商不仅增开了直销渠道,同时逆向回收的过程对于供应链的协调来说均提出了挑战。因此，本书首先分析由批发价格、直销价格和转移支付价格构成的价格契约对于协调双渠道闭环供应链的效果，然后在此价格契约的基础上进行改进。

一、价格契约（w^{SC}、p_d^{DI*}、b^{SC}）的协调性分析

本书只探讨$\lambda \in [\lambda_1, \lambda_S]$范围内双渠道闭环供应链的协调问题。为了实现闭环供应链的协调，假设制造商首先利用自身对渠道的控制力使直销渠道的价格p_d^{DD*}等于集中决策下的最优价格p_d^{DI*}，其次向零售商提供一份契约（w^{SC}、p_d^{DI*}、b^{SC}），其中w^{SC}为契约下制造商向零售商的批发价格，b^{SC}为契约下制造商向第三方提供的转移支付价格。对于零售商来说，则必须使契约下的销售价格等于集中决策下的最优价格，才能达到集中决策时最优的销售量。把p_d^{DI*}代入零售商的最优价格反应函数中，可得到：

$$p_r(w^{SC}) = \frac{w^{SC}(\beta + \alpha\xi) + \lambda\varphi + \beta p_d^{DI*}}{2(\beta + \alpha\xi)}$$

再令$p_r(w^{SC}) = p_r^{DI*}$，则可得到：

$$w^{SC} = \frac{(4k\beta B + \alpha\delta^2(-2\beta^2 - 2\alpha^2\xi^2 - \alpha\beta\xi(2 + \bar{\lambda} + \bar{\xi})))\varphi + 4k\alpha(\beta + 2\alpha\xi)Ac_m}{2\alpha GHA}$$

可验证$p_d^{DI*} - w^{SC} = \frac{\xi((\alpha^2\delta^2\xi(-\lambda + \xi) - 4kB)\varphi + 4k\alpha Ac_m)}{2GHA} \geq 0$，$p_r^{DI*} - w^{SC} = \frac{\Gamma_1}{-2GH} \geq 0$，满足批发价格不大于两种渠道价格的假设，从而保证模型的现实可操作性。

进一步把p_d^{DI*}、p_r^{DI*}和w^{SC}代入第三方回收商的利润函数中并对回收率τ求一阶条件可得：

$$\tau^{SC} = \frac{b(\varphi - \alpha c_m)}{4k - \alpha\delta^2}$$

要实现闭环供应链的协调，则必须使$\tau^{SC} = \tau^{DI*}$，因此可得到最优转移支

付价格为：

$$b^{SC} = \delta$$

在契约（w^{SC}、p_d^{DI*}、b^{SC}）下，零售商、第三方回收商和制造商的利润分别为：

$$\pi_R^{SC*} = \frac{((4k\lambda + \alpha\delta^2(-\lambda + \xi))\varphi - 4k\alpha\xi c_m)^2}{4(-4k + \alpha\delta^2)^2(\beta + \alpha\xi)}$$

$$\pi_{TP}^{SC*} = \frac{k\delta^2(\varphi - \alpha c_m)^2}{(4k - \alpha\delta^2)^2}$$

$$\pi_M^{SC*} = \frac{\begin{pmatrix} (\alpha^4\delta^4(\lambda-\xi)^2\xi^2 + 16k^2B^2 - 8k\alpha\delta^2(\beta^2 - \alpha\beta(\lambda-2)\xi + \\ \alpha^2(1-\lambda(\bar{\lambda}+\xi))\xi^2))\varphi^2 + 8kc_m\alpha A((-4kB + \alpha\delta^2(2\beta + \\ \alpha\xi(2-\lambda+\xi)))\varphi - \alpha(\alpha\delta^2 H - 2kA)c_m) \end{pmatrix}}{4G^2 H\alpha A}$$

在契约（w^{SC}、p_d^{DI*}、b^{SC}）下，有 $\pi^{SC*} = \pi_M^{SC*} + \pi_R^{SC*} + \pi_{TP}^{SC*} = \pi^{DI*}$，即市场的需求量与集中决策下市场的最优需求量相等，且供应链的总利润也等于集中决策下系统的总利润，因此可得到命题 7-1。

命题 7-1 如果 $\lambda \in [\lambda_1, \lambda_S]$，契约（$w^{SC}$、$p_d^{DI*}$、$b^{SC}$）可实现分散化双渠道闭环供应链的协调。

命题 7-1 说明了契约（w^{SC}、p_d^{DI*}、b^{SC}）可以实现分散决策的双渠道闭环供应链的协调。但不难发现该契约并不满足供应链协调的基本条件，即每个成员在契约下的情况至少不比协调前差。由于 $\pi_{TP}^{SC*} - \pi_{TP}^{DD*} > 0$，$\pi_R^{SC*} - \pi_R^{DD*} > 0$，$\pi_M^{SC*} - \pi_M^{DD*} < 0$，说明该契约下制造商作为契约的提供方利润却减少了，因此并不是每个供应链成员的条件都得到了改善，该契约在现实的经济实践中是无法实施的。

那么，在此契约的基础上，接下来我们将探究能否将此价格契约与其他形式的契约相结合从而实现供应链的完美协调，即整个供应链达到集中决策的水平且每个供应链成员在契约均衡下变得更好。

二、将收益分享契约与 (w^{SC}、p_d^{DI*}、b^{SC}) 相结合

对于供应链的总利润 π^{DI*},假设零售商所能获得的比例为 θ_1 ($0 \leq \theta_1 \leq 1$),第三方所获得的比例为 θ_2 ($0 \leq \theta_2 \leq 1$),则制造商所获得的比例为 ($1-\theta_1-\theta_2$)。那么对于零售商、第三方和制造商来说,契约能得以实施的条件是成员的利润不低于协调前的保留利润,因此可得到命题7-2。

命题7-2 如果 $\lambda \in [\lambda_1, \lambda_S]$,价格契约与收益分享契约相结合 ($w^{SC}$、$p_d^{DI*}$、$b^{SC}$、$\theta_1$、$\theta_2$) 能实现双渠道闭环供应链的协调,契约参数满足:

$$\begin{cases} \theta_1 \geq \pi_R^{DD*}/\pi^{SC*} \\ \theta_2 \geq \pi_{TP}^{DD*}/\pi^{SC*} \\ (\pi_R^{DD*}+\pi_{TP}^{DD*})/\pi^{SC*} \leq \theta_1+\theta_2 \leq (1-\pi_M^{DD*})/\pi^{SC*} \end{cases}$$

命题7-2表明:在新的契约下,系统的总利润达到了集中决策的水平,且制造商、零售商和第三方的利润均高于分散决策情形,说明了契约的有效性。从命题7-2中可以看出,若 θ_1 与 θ_2 越小,制造商能分享到的利润就越多。在现实的经济实践中,契约参数 θ_1 与 θ_2 的确定具体取决于供应链成员的议价能力。另外,契约下制造商将以更低的批发价格向零售商批发($w^{SC} < w^{DD*}$),零售商同时也将以更低的价格($p_r^{DI*} < p_r^{DD*}$)销售产品;同时制造商的转移支付价格等于单位再制造成本节约,从而使回收率达到集中决策的水平,而制造商为了实现供应链的协调所做出的让步将通过对供应链总收益的再次分配而得到补偿。

三、将两部收费制契约与 (w^{SC}、p_d^{DI*}、b^{SC}) 相结合

两部收费制契约在闭环供应链的协调问题中运用得非常广泛。制造商通过向零售商与第三方收取一笔固定的费用(如特许经营费等)作为利润的分成,从而在保证零售商与第三方利润均不减少的情况下使整个供应链的利润

达到集中决策的水平。假设制造商向零售商收取费用F_1,向第三方收取费F_2,零售商与第三方回收商选择是否接受此契约。那么对于零售商、第三方回收商和制造商来说,契约能得以实施的条件是所有的供应链成员至少能获得保留利润,因此可得到命题7-3。

命题7-3 如果$\lambda \in [\lambda_1, \lambda_S]$,价格契约与两部收费制契约相结合($w^{SC}$、$p_d^{DI*}$、$b^{SC}$、$F_1$、$F_2$)能实现双渠道闭环供应链的协调,契约参数满足:

$$\begin{cases} F_1 \leqslant \pi_R^{SC*} - \pi_R^{DD*} \\ F_2 \leqslant \pi_{TP}^{SC*} - \pi_{TP}^{DD*} \\ \pi_M^{DD*} - \pi_M^{SC*} \leqslant F_1 + F_2 \leqslant \pi_R^{SC*} - \pi_R^{DD*} + \pi_{TP}^{SC*} - \pi_{TP}^{DD*} \end{cases}$$

命题7-3表明:将价格契约与两部收费制契约相结合的本质与收益分享契约相结合是相同的。在新的契约下,与分散决策相比,制造商的批发价格更低,转移支付价格更高;闭环供应链系统的利润达到了集中决策的水平;对于制造商来说,为了实现供应链的协调而做出的让步通过对零售商与第三方收取的费用F_1和F_2作为补偿。不难发现,F_1和F_2越大,则对于制造商也就更为有利,但具体取值的确定取决于供应链成员间议价的能力。该契约易于实施且能得到良好的协调效果,因此能为双渠道闭环供应链管理的协调问题提供重要的借鉴作用。

第六节 算例分析

为了验证本书的结论和协调契约对双渠道闭环供应链协调的有效性,进一步挖掘研究的管理与实践意义,本节给出具体的数值算例进行分析。主要内容包括:①分析消费者的渠道偏好系数λ对供应链成员渠道选择决策的影响;②分析所设计的契约对供应链的协调效果。具体的参数取值如表7-2所示。

表7-2 模型参数赋值

变量	φ	c_m	c_r	δ	k	β	α	ξ
取值	800	20	10	10	2000	5	20	0.7

一、消费者渠道偏好对均衡解及利润的影响

本节选取消费者的渠道偏好系数为影响变量,分析参数 λ 对供应链均衡解及利润的影响。

1. 集中决策情形（模型 DI 和模型 SI）

由图7-2可知:集中决策下当 $\lambda = \xi = 0.7$ 时,双渠道模式两种渠道的均衡价格与单渠道模式下的均衡价格相同;当 $\lambda < 0.7$ 时,双渠道模式中直销渠道的价格要高于传统零售渠道的价格,且随着 λ 的增大,决策者会不断提高传统渠道价格且降低直销渠道价格以获取更多的利润;当 $\lambda > 0.7$ 时,传统零售渠道的价格超过了直销渠道的价格。图7-3表明:当 $\lambda = \xi$ 时,两种模式的闭环供应链系统的利润相同,其他情形下,双渠道闭环供应链的利润总是要高于单渠道模式的供应链系统的总利润。这是因为双渠道模式下产品的边际利润远高于单渠道模式,从而使利润也更高,进一步说明集中决策情形双渠道模式要优于单渠道模式的决策效率。

2. 分散决策情形（模型 DD 和模型 SD）

图7-4表明:随着消费者对传统渠道的偏好程度增加,传统渠道的均衡价格提高,直销渠道的均衡价格降低。这是因为随着 λ 的增加,零售商会通过不断提高产品价格以增加产品的边际收益和总利润;同时制造商为了增加

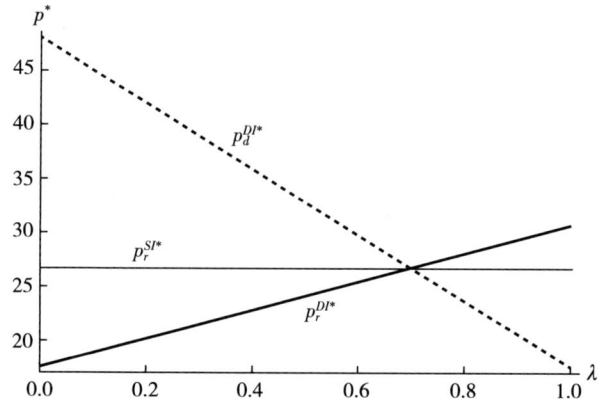

图 7-2　参数 λ 对均衡价格的影响

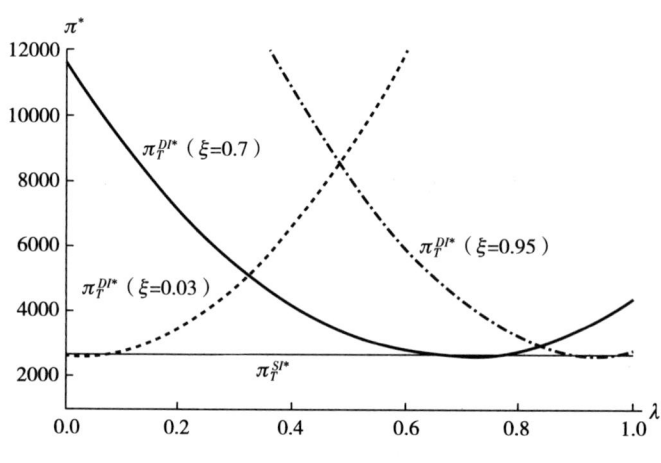

图 7-3　参数 λ 对 π_T^* 的影响

直销渠道的竞争优势，从而会不断降低产品的价格。当 λ 不断增加达到阈值 λ_K 时，两种渠道的最优价格相等，进一步验证了结论 7-2。然而在分散决策下，通过计算可知，当 $\lambda = 0.50662$ 时，在双渠道模式下的直销价格与单渠道模式下的价格相同，当 $\lambda < 0.50662$ 时，$p_d^{DD*} > p_r^{SD*}$；当 $\lambda > 0.76725$ 时，在单渠道模式下的价格高于双渠道模式中传统渠道的价格。图 7-5 反映了存在

临界值 λ_{D1} 和 λ_{D2} 使其当 $\lambda < \lambda_{D1}$ 或 $\lambda > \lambda_{D2}$ 时，双渠道模式下总需求高于单渠道模式下的需求；$\lambda \in [\lambda_{D1}, \lambda_{D2}]$ 时，在单渠道模式下市场需求要高于双渠道模式总市场需求。这是因为当 λ 足够小或者足够大时，双渠道模式中渠道两种渠道之间的渠道冲突较小，或只存在一种销售渠道，因此总的销售量较高；在双渠道模式中两种渠道之间的冲突增加，所以导致了双渠道中总需求量下降，低于单渠道模式下的需求。

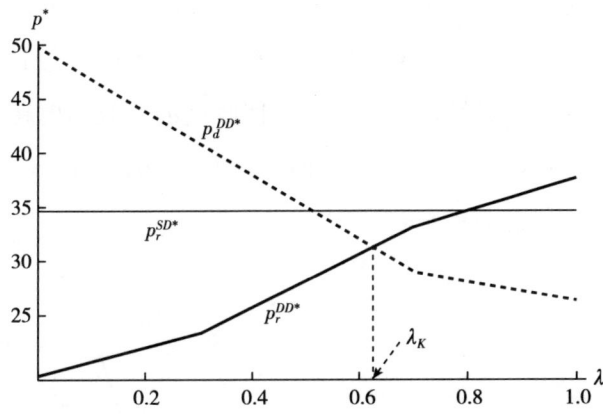

图 7-4　参数 λ 对 p^* 的影响

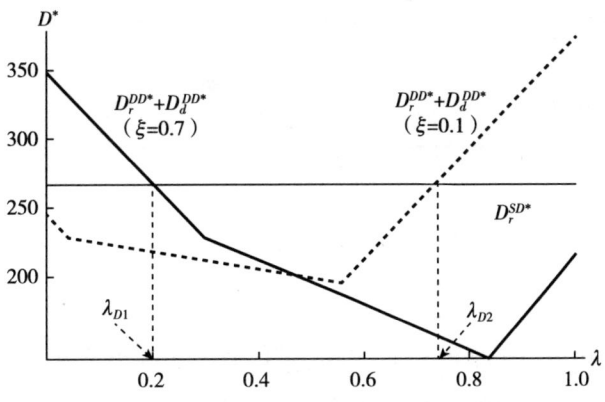

图 7-5　参数 λ 对 D^* 的影响

图 7-6 表明：与单渠道模式相比，对于零售商来说，大多数情形下（$\lambda \leq \lambda_R = 0.75798$），双渠道模式对于零售商来说更加不利，这是由于零售商面临来自制造商直销渠道的竞争。当 $\lambda > 0.75798$ 时，零售商在双渠道模式下则获得更多的利润，这是因为当 λ 足够大时，直销渠道的份额很低导致制造商会退出市场，零售商的利润也因此增加。另外，当 $\lambda \leq \lambda_1 = 0.3$ 时，零售商的利润为零，这是因为当传统渠道的市场份额 λ 很小时，零售商的销售收益不足以弥补成本从而选择退出传统渠道。通过图 7-7 可以看出：对于第三方回收商来说，当 $\lambda \leq \lambda_S$ 时，双渠道模式下的利润水平总是高于单渠道模式下的利润，这是因为在双渠道模式下第三方回收商的回收率更高，所以利润也更高。与结论 7-9 相一致，在 $\lambda > \lambda_S$ 时，存在阈值 β_T 使其当 $\beta \geq \beta_T$ 时，单渠道模式对于第三方回收商更有利。

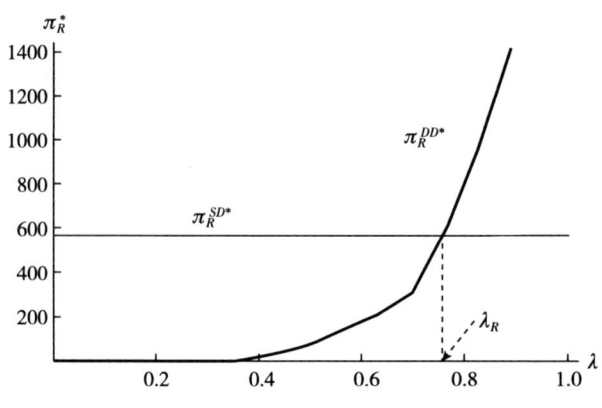

图 7-6　参数 λ 对 π_r^* 的影响

图 7-8 反映了双渠道模式下，制造商的收入来源包括直销渠道的产品销售和传统渠道的间接批发两个部分，所以在 $\lambda \leq \lambda_2$ 时，在双渠道模式下制造商能获得更多的利润。当 $\lambda \in [\lambda_2, \lambda_S]$ 时，与结论 7-6 相一致，存在阈值 β_{M1} 和 β_{M2} 使得当 $\beta \geq \beta_{M1}$ 或 $\beta \geq \beta_{M2}$ 时，在双渠道模式下制造商的利润更高。总之，

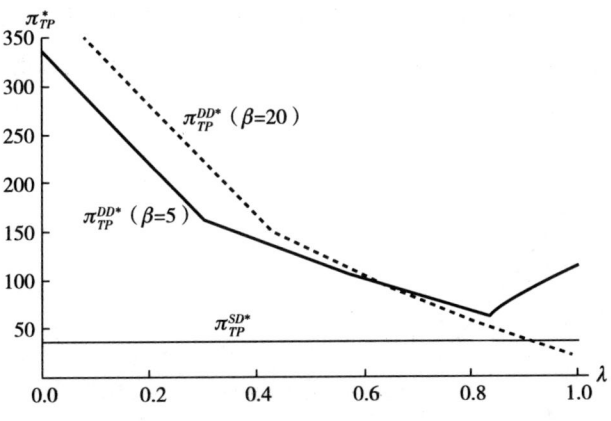

图 7-7 参数 λ 对 π_{3p}^* 的影响

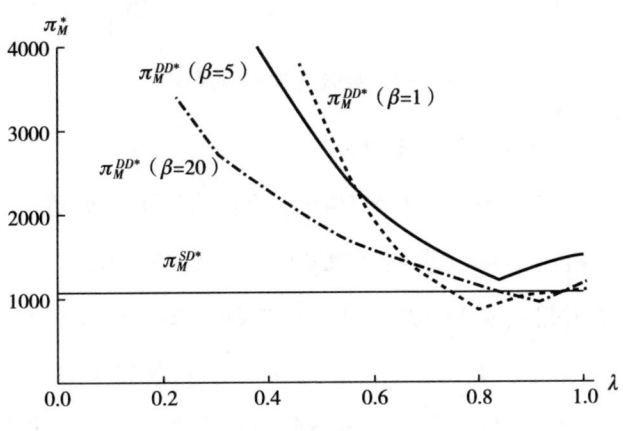

图 7-8 参数 λ 对 π_M^* 的影响

大多数情形下双渠道模式对制造商更为有利，只有当零售商传统渠道的市场份额较高时，制造商的利润受渠道交叉影响系数 β 变化的影响。图 7-9 给出了一个重要的结论，在分散决策下，双渠道模式下供应链系统的总利润总是高于单渠道模式下系统的利润。尽管从直观上看，在双渠道模式下由于渠道冲突的存在使渠道的销售量减少，对消费者不太有利，但供应链的成员是受益的；另外，政府应尽可能通过有效的途径对供应链的内外部协调提供有效的政策支持，更好地引导双渠道模式的发展，从而使其对决策成员及消费者均有利。

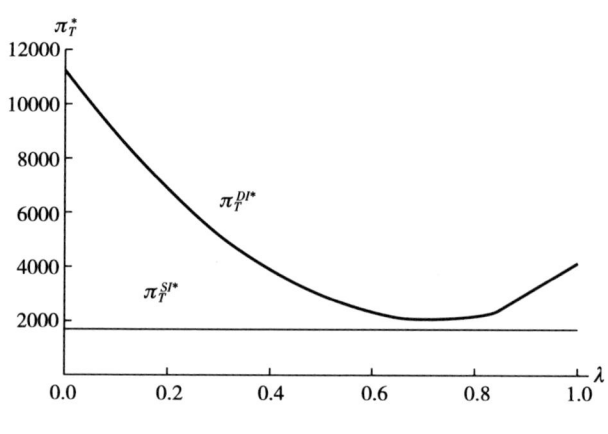

图 7-9　参数 λ 对 π_T^* 的影响

3. 集中决策与分散决策情形对比

图 7-10 分析了集中决策与分散决策两种情形下单渠道模式的闭环供应链系统的利润随再制造单位成本节约 δ 的变化趋势。在闭环供应链管理中，系统的总利润随再制造成本节约的增加而增加，集中决策情形下系统的总利润要高于分散决策时系统的总利润，这是由于分散决策时"双重边际化效应"所致。图 7-11 分析了集中决策与分散决策两种情形下单渠道模式的闭环供应链系统的利润随消费者的渠道偏好系数 λ 的变化趋势。对于双渠道闭环供应链来说，集中决策下系统的总利润并不一定高于分散决策下系统的总利润。当参数 λ 足够小（$\lambda < \lambda_1$）或者足够大（$\lambda > \lambda_s$）时，随着渠道交叉价格系数 β 的变化分散决策下双渠道闭环供应链系统的总利润可能会高于集中决策下系统的总利润。然而，当 $\lambda \in [\lambda_1, \lambda_s]$ 时，集中决策下双渠道闭环供应链系统的利润更高。

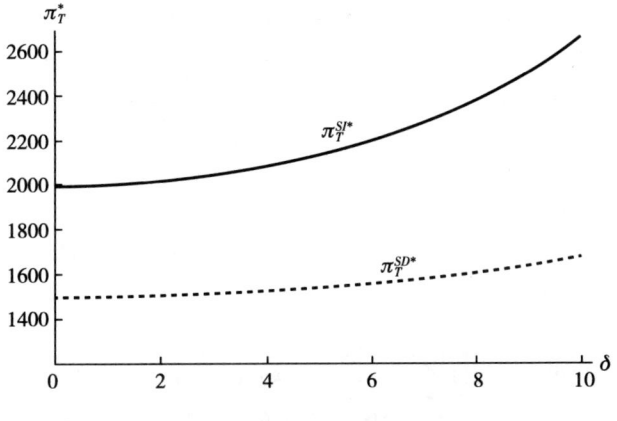

图 7-10 参数 δ 对 π_T^* 的影响

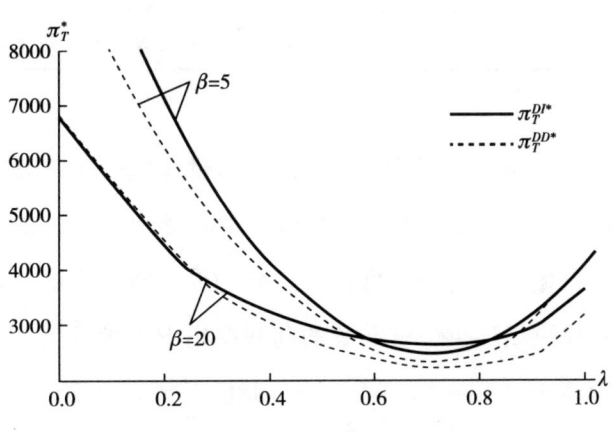

图 7-11 参数 λ 对 π_T^* 的影响

二、契约对双渠道闭环供应链协调的分析

表 7-3 对比了分散决策、集中决策和契约下双渠道闭环供应链均衡决策及利润的变化,并分析了消费者渠道偏好对双渠道闭环供应链协调的影响。可以得到以下结论。

表7-3 双渠道闭环供应链均衡决策结果

变量	$\lambda=0.35$			$\lambda=0.55$			$\lambda=0.75$		
	DD	DI	SC	DD	DI	SC	DD	DI	SC
w^*	24.06	—	19.65	26.87	—	18.04	28.53	—	16.44
p_d^*	39.27	37.32	37.32	33.39	31.23	31.23	28.53	25.15	25.15
p_r^*	24.57	22.10	22.10	29.41	24.71	24.71	33.81	27.32	27.32
b^*	5.00	—	10.00	5.00	—	10.00	5.00	—	10.00
τ^*	0.28	0.67	0.67	0.24	0.67	0.67	0.19	0.67	0.67
D_d^*	210.8	220.0	220.0	139.7	140.0	140.0	55.2	60.0	60.0
D_r^*	9.7	46.7	46.7	48.2	126.7	126.7	100.3	206.7	206.7
π_M^*	4406	—	3793.6	2423.2	—	1324.6	1477.6	—	-426.7
π_R^*	4.9		114.6	122.4		844.4	529.2		2248
π_{TP}^*	151.9	—	888.9	110.4	—	888.9	75.5	—	888.9
π_T^*	4562.8	4797.1	4797.1	2656.0	3058.0	3058.0	2082.3	2710.1	2710.1

（1）在双渠道闭环供应链中，集中决策时供应链的决策效率总要优于分散决策时供应链的决策效率。与分散决策下的均衡解相比，集中决策下最优直销渠道价格、最优零售价格更低；第三方的最优回收率更高，废旧产品的回收量增加；双渠道闭环供应链系统的利润在集中决策下更高。进一步，在所设计的价格契约（w^{SC}、p_d^{DI*}、b^{SC}）下，我们发现制造商对零售商的产品批发价格降低，最优的渠道价格及回收率均达到了集中决策的水平，最优回收转移支付价格高于分散化决策下的转移支付价格，且供应链系统的总利润达到了集中决策的水平。

（2）但通过对比发现，虽然价格契约（w^{SC}、p_d^{DI*}、b^{SC}）保证了双渠道闭环供应链系统的利润达到了集中决策的水平，但是在该契约下并不是每一个供应链成员的情况较协调前均能变得更好，说明该契约不具备现实操作的条件。在该契约下，零售商与第三方的利润均比分散决策情形要高，但制造商的利润却比分散决策情形要低，因此作为渠道的领导者制造商必然不会愿意提供这样的契约。那么将收益分享契约或两部定价契约分别与价格契约相结合，重新对系统的利润进行分配，在保证系统的决策效率达到集中化决策水平的前提下使每一个供应链成员的情况均能变得更好，双渠道闭环供应链实现了完美协调。

图 7-12 表明在收益分享契约中，契约参数 θ_1 和 θ_2 随消费者的渠道偏好系数 λ 的变化趋势。例如，当 $\lambda=0.45$ 时，参数 θ_1 和 θ_2 需要满足 $\theta_1 \geq 0.1115$，$\theta_2 \geq 0.1466$ 且 $\theta_1 + \theta_2 \leq 0.3288$，在此范围下将收益分享契约与价格契约（$w^{SC}$、$p_d^{DI*}$、$b^{SC}$）相结合才能实现双渠道闭环供应链的完美协调。进一步通过图 7-12 可以发现，随着消费者对传统渠道的偏好不断增加，参数 θ_1 和 θ_2 的下限和上限均不断增加，进一步说明了此时零售商和第三方在契约中的主动性就越强，会有可能获得更多的利润。图 7-13 说明了在两部收费制契约中，契约参数 F_1 和 F_2 随消费者的渠道偏好系数 λ 的变化趋势。与图 7-12 的变化相一致，随着消费者对传统渠道的偏好不断增加，参数 F_1 和 F_2 的下限和上限均不断上升，说明零售商与第三方在契约中则能发挥更大的主动权。

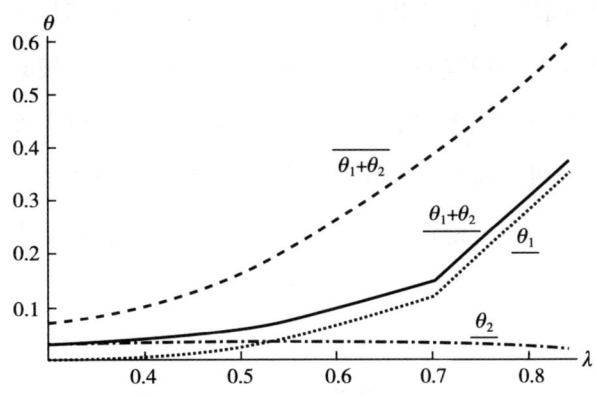

图 7-12　参数 λ 对 θ_1、θ_2 的影响

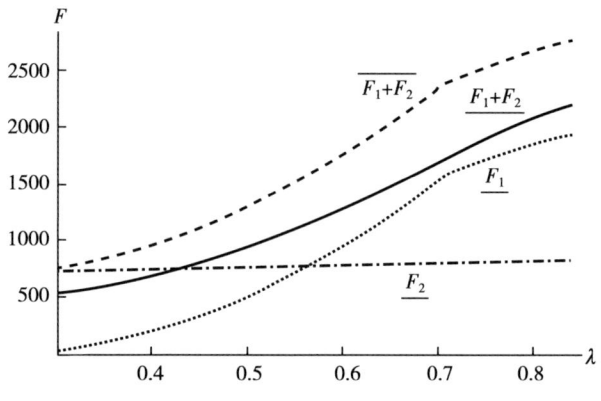

图7-13 参数 λ 对 F_1、F_2 的影响

本章小结

本章针对单个制造商、零售商和第三方回收再制造商构成的闭环供应链系统，构建了集中与分散决策情形下单渠道与双渠道销售模式的闭环供应链决策模型。首先，通过求解得到了不同模型的均衡、节点企业及闭环供应链系统的最优利润；进一步讨论了集中决策与分散决策两种情形下闭环供应链的渠道选择决策，从供应链成员和系统的角度分析了选择单渠道或双渠道销售模式的条件。其次，针对分散化决策供应链存在"双重边际化"效应的问题，以集中化的最优决策结果为基准，探讨了双渠道闭环供应链的协调问题。研究发现制造商通过提供一份简单的价格契约能实现双渠道闭环供应链的协调，使系统的利润达到集中决策的水平，但作为契约的提供方制造商并不能获得协调前的保留利润，因此将价格契约与收益共享或两部收费制契约相结合实现了双渠道闭环供应链的协调。最后，用算例分析了消费者的渠道偏好

程度对闭环供应链均衡决策及利润的影响，并进一步验证了所设计的契约对协调双渠道闭环供应链的有效性。

本章所考虑的需求函数仍然为确定性线性需求函数形式，回收过程中也并未考虑回收过程（质量、价格和供给等）的不确定性，而不确定性需求及回收背景下的相关决策模型仍有待进一步分析；另外，本章只考虑了制造商作为渠道领导者的闭环供应链决策模型，而不同的渠道力量结构会对供应链的决策产生重要的影响，供应链其他决策成员作为领导者时双渠道闭环供应链的优化决策与协调问题值得进一步探讨。

参考文献

[1] Abhishek V, Jerath K, Zhang Z J. Agency selling or reselling? Channel structures in electronic retailing [J]. Management Science, 2015, 62 (8): 2259 – 2280.

[2] Arya A, Mittendorf B, Sappington D E M. The bright side of supplier encroachment [J]. Marketing Science, 2007, 26 (5): 651 – 659.

[3] Arya A, Mittendorf B. Supply chain consequences of Subsidies for corporate social responsibility [J]. Production & Operations Management, 2014, 24 (8): 1346 – 1357.

[4] Atasu A, Toktay L B, Van Wassenhove L N. How collection cost structure drives a manufacturer's reverse channel choice [J]. Production and Operations Management, 2013, 22 (5): 1089 – 1102.

[5] Bakal I S, Akcali E. Effects of random yield in remanufacturing with price – sensitive supply and demand [J]. Production & Operations Management, 2009, 15 (3): 407 – 420.

[6] Blair R D, Lafontaine F. The economics of franchising [M]. Cambridge: Cambridge University Press, 2005.

[7] Bulow J I, Klemperer P D. Multimarket oligopoly: strategic substitutes and complements [J]. Journal of Political Economy, 1985, 93 (3): 488 - 511.

[8] Cachon G P, Kök A G. Competing manufacturers in a retail supply chain: on contractual Form and coordination [J]. Management Science, 2010, 56 (3): 571 - 589.

[9] Cai G G. Channel selection and coordination in dual - channel supply chains [J]. Journal of Retailing, 2010, 86 (1): 22 - 36.

[10] Chen J, Zhang H, Sun Y. Implementing coordination contracts in a manufacturer Stackelberg dual - channel supply chain [J]. Omega, 2012, 40 (5): 571 - 583.

[11] Chen L G, Ding D, Ou J. Power structure and profitability in assembly supply chains [J]. Production & Operations Management, 2015, 23 (9): 1599 - 1616.

[12] Chen X, Wang X, Chan H K. Manufacturer and retailer coordination for environmental and economic competitiveness: A power perspective [J]. Transportation Research Part E: Logistics and Transportation Review, 2017, 97: 268 - 281.

[13] Chiang W Y K, Chhajed D, Hess J D. Direct marketing, indirect profits: A strategic analysis of dual - channel supply - chain design [J]. Management science, 2003, 49 (1): 1 - 20.

[14] Choi T M, Li Y, Xu L. Channel leadership, performance and coordination in closed loop supply chains [J]. International Journal of Production Economics, 2013, 146 (1): 371 - 380.

[15] Chu X, Zhong Q, Li X. Reverse channel selection decisions with a joint third - party recycler [J]. International Journal of Production Research, 2018,

56 (18): 5969-5981.

[16] Cole D, Mahapatra S, Webster S. A comparison of buyback and trade-in policies to acquire used products for remanufacturing [J]. Journal of Business Logistics, 2017, 24 (5): 1-16.

[17] Cui Q. Quality investment, and the contract manufacturer's encroachment [J]. European Journal of Operational Research, 2019, 279 (2): 407-418.

[18] Dan B, Xu G, Liu C. Pricing policies in a dual-channel supply chain with retail services [J]. International Journal of Production Economics, 2012, 139 (1): 312-320.

[19] De Giovanni P, Zaccour G. A two-period game of a closed-loop supply chain [J]. European Journal of Operational Research, 2014, 232 (1): 22-40.

[20] Duan C, Deng C, Gharaei A, et al. Selective maintenance scheduling under stochastic maintenance quality with multiple maintenance actions [J]. International Journal of Production Research, 2018, 56 (23): 7160-7178.

[21] Dubey R, Gunasekaran A, Sushil Singh T. Building theory of sustainable manufacturing using total interpretive structural modelling [J]. International Journal of Systems Science: Operations & Logistics, 2015, 2 (4): 231-247.

[22] Dukes A J, Geylani T, Srinivasan K. Strategic assortment reduction by a dominant retailer [J]. Marketing Science, 2009, 28 (2): 309-319.

[23] Dumrongsiri A, Fan M, Jain A, et al. A supply chain model with direct and retail channels [J]. European Journal of Operational Research, 2008, 187 (3): 691-718.

[24] Fein A J, Anderson E. Patterns of credible commitments: territory and

brand selectivity in industrial distribution channels [J]. Journal of Marketing, 1997, 61 (2): 19 -34.

[25] Ferguson M. Strategic issues in closed - loop supply chains with remanufacturing [M]. Boca Raton, FL: Auerbach Publications, 2010.

[26] Ferrer G, Swaminathan J M. Managing new and remanufactured products [J]. Management Science, 2006, 52 (1): 15 -26.

[27] Frazier G L, Lassar W M. Determinants of distribution intensity [J]. Journal of Marketing, 1996, 60 (4): 39 -51.

[28] Furguson M E, Toktay L B. The effect of competition on recovery strategies [J]. Production and Operations Management, 2006, 15 (15): 351 -368.

[29] Galbreth M R, Boyaci T, Verter V. Product Reuse in Innovative Industries [J]. Production and Operations Management, 2013, 22 (4): 1011 - 1033.

[30] Gao J, Han H, Hou L, et al. Pricing and effort decisions in a closed - loop supply chain under different channel power structures [J]. Journal of Cleaner Production, 2016, 112 (1): 2043 -2057.

[31] Geylani T, Dukes A J, Srinivasan K. Strategic manufacturer response to a dominant retailer [J]. Marketing Science, 2007, 26 (2): 164 -178.

[32] Gharaei A, Hoseini Shekarabi S A, Karimi M. Modelling And optimal lot - sizing of the replenishments in constrained, multi - product and bi-objective EPQ models with defective products: Generalised Cross Decomposition [J]. International Journal of Systems Science: Operations & Logistics, 2020, 7 (3): 262 - 274.

[33] Gharaei A, Karimi M, Hoseini Shekarabi S A. Joint economic lot - sizing in multi - product multi - level integrated supply chains: generalized benders

decomposition [J]. International Journal of Systems Science: Operations & Logistics, 2020, 7 (4): 309 –325.

[34] Gharaei A, Karimi M, Shekarabi S A H. An integrated multi – product, multi – buyer supply chain under penalty, green, and quality control polices and a vendor managed inventory with consignment stock agreement: The outer approximation with equality relaxation and augmented penalty algorithm [J]. Applied Mathematical Modelling, 2019, 69: 223 –254.

[35] Gong X, Zhou S X. Optimal production planning with emissions trading [J]. Operations Research, 2013, 61 (4): 908 –924.

[36] Govindan K, Popiuc M N, Diabat A. Overview of coordination contracts within forward and reverse supply chains [J]. Journal of Cleaner Production, 2013, 47: 319 –334.

[37] Guan H, Gurnani H, Geng X, et al. Strategic inventory and supplier encroachment [J]. Manufacturing & Service Operations Management, 2019, 21 (3): 536 –555.

[38] Ha A, Long X, Nasiry J. Quality in supply chain encroachment [J]. Manufacturing & Service Operations Management, 2016, 18 (2): 280 –298.

[39] Han X, Wu H, Yang Q, et al. Reverse channel selection under remanufacturing risks: Balancing profitability and robustness [J]. International Journal of Production Economics, 2016, 182: 63 –72.

[40] Hao Y, Helo P, Shamsuzzoha A. Virtual factory system design and implementation: integrated sustainable manufacturing [J]. International Journal of Systems Science: Operations & Logistics, 2018, 5 (2): 116 –132.

[41] He Q, Wang N, Yang Z, et al. Competitive collection under channel inconvenience in closed – loop supply chain [J]. European Journal of Operational

Research, 2019, 275 (1): 155-166.

[42] Hong X, Govindan K, Xu L, et al. Quantity and collection decisions in a closed-loop supply chain with technology licensing [J]. European Journal of Operational Research, 2017, 256 (3): 820-829.

[43] Hoseini Shekarabi S A, Gharaei A, Karimi M. Modelling and optimal lot-sizing of integrated multi-level multi-wholesaler supply chains under the shortage and limited warehouse space: generalised outer approximation [J]. International Journal of Systems Science: Operations & Logistics, 2019, 6 (3): 237-257.

[44] Hsiao L, Chen Y J. Strategic motive of introducing internet channels in a supply chain [J]. Production & Operations Management, 2012, 23 (1): 36-47.

[45] Huang M, Song M, Lee L H, et al. Analysis for strategy of closed-loop supply chain with dual recycling channel [J]. International Journal of Production Economics, 2013, 144 (2): 510-520.

[46] Huang S, Guan X, Chen Y J. Retailer information sharing with supplier encroachment [J]. Production and Operations Management, 2018, 27 (6): 1133-1147.

[47] Ingene C A, Parry M E. Bilateral monopoly, identical distributors, and game-theoretic analyses of distribution channels [J]. Journal of the Academy of Marketing Science, 2007, 35 (4): 586-602.

[48] Jerath K, Zhang Z J. Store within a store [J]. Journal of Marketing Research, 2009, 47 (4): 748-763.

[49] Karakayali I, Emir-Farinas H, Akcali E. An analysis of decentralized collection and processing of end-of-life products [J]. Journal of Operations

Management, 2007, 25 (6): 1161-1183.

[50] Kazemi N, Abdul-Rashid S H, Ghazilla R A R, et al. Economic order quantity models for items with imperfect quality and emission considerations [J]. International Journal of Systems Science: Operations & Logistics, 2018, 5 (2): 99-115.

[51] Khouja M, Park S, Cai G. Channel selection and pricing in the presence of retail-captive consumers [J]. International Journal of Production Economics, 2010, 125 (1): 84-95.

[52] Kunert P. Whitman vows to end channel conflict at HP [EB/OL]. [2013-02-20]. http://www.channelregister.co.uk/2013/02/20/hp_vows_to_end_channel_conflict.

[53] Lariviere M A. Quantitative models for supply chain management: supply chain contracting and coordination with stochastic demand [M]. Norwell, MA: Kluwer Academic Publishers, 1999.

[54] Li T, Xie J, Zhao X, et al. On supplier encroachment with retailer's fairness concerns [J]. Computers & Industrial Engineering, 2016, 98: 499-512.

[55] Li T, Zhang R, Liu B. Pricing decisions of competing supply chains under power imbalance structures [J]. Computers & Industrial Engineering, 2018, 125: 695-707.

[56] Li W, Chen J. Backward integration strategy in a retailer Stackelberg supply chain [J]. Omega, 2018, 75: 118-130.

[57] Li Z, Gilbert S M, Lai G. Supplier encroachment as an enhancement or a hindrance to nonlinear pricing [J]. Production and Operations Management, 2015, 24 (1): 89-109.

[58] Li Z, Gilbert S M, Lai G. Supplier encroachment under asymmetric information [J]. Management Science, 2013, 60 (2): 449-462.

[59] Liu H, Lei M, Deng H, et al. A dual channel, quality-based price competition model for the WEEE recycling market with government subsidy [J]. Omega, 2016, 59: 290-302.

[60] Liu Y, Zhang Z J. Research note - the benefits of personalized pricing in a channel [J]. Marketing Science, 2006, 25 (1): 97-105.

[61] Luo Z, Chen X, Chen J, et al. Optimal pricing policies for differentiated brands under different supply chain power structures [J]. European Journal of Operational Research, 2017, 259 (2): 437-451.

[62] Ma W, Zhao Z, Ke H. Dual-channel closed-loop supply chain with government consumption-subsidy [J]. European Journal of Operational Research, 2013, 226 (2): 221-227.

[63] Ma Z J, Zhang N, Dai Y, et al. Managing channel profits of different cooperative models in closed-loop supply chains [J]. Omega, 2016, 59 (3): 251-262.

[64] Maiti T, Giri B C. Two-way product recovery in a closed-loop supply chain with variable markup under price and quality dependent demand [J]. International Journal of Production Economics, 2017, 183: 259-272.

[65] Mukhopadhyay S K, Yao D Q, Yue X. Information sharing of value-adding retailer in a mixed channel hi-tech supply chain [J]. Journal of Business Research, 2008, 61 (9): 950-958.

[66] Mukhopadhyay S K, Zhu X, Yue X. Optimal contract design for mixed channels under information asymmetry [J]. Production and Operations Management, 2008, 17 (6): 641-650.

[67] Rabbani M, Foroozesh N, Mousavi S M, et al. Sustainable supplier selection by a new decision model based on interval – valued fuzzy sets and possibilistic statistical reference point systems under uncertainty [J]. International Journal of Systems Science: Operations & Logistics, 2019, 6 (2): 162 – 178.

[68] Rabbani M, Hosseini – Mokhallesun S A A, Ordibazar A H, et al. A hybrid robust possibilistic approach for a sustainable supply chain location – allocation network design [J]. International Journal of Systems Science: Operations & Logistics, 2020, 7 (1), 60 – 75.

[69] Raju J S, Sethuraman R, Dhar S K. The introduction and performance of store brands [J]. Management Science, 1995, 41 (6): 957 – 978.

[70] Raju J, Zhang Z J. Channel coordination in the presence of a dominant retailer [J]. Marketing Science, 2005, 24 (2): 254 – 262.

[71] Saha S, Sarmah S P, Moon I. Dual channel closed – loop supply chain coordination with a reward – driven remanufacturing policy [J]. International Journal of Production Research, 2016, 54 (5): 1503 – 1517.

[72] Savaskan R C, Bhattacharya S, Van Wassenhove L N. Closed – loop supply chain models with product remanufacturing [J]. Management science, 2004, 50 (2): 239 – 252.

[73] Savaskan R C, Van Wassenhove L N. Reverse channel design: the case of competing retailers [J]. Management Science, 2006, 52 (1): 1 – 14.

[74] Sayyadi R, Awasthi A. A simulation – based optimisation approach for identifying key determinants for sustainable transportation planning [J]. International Journal of Systems Science: Operations & Logistics, 2018, 5 (2): 161 – 174.

[75] Sayyadi R, Awasthi A. An integrated approach based on system dynam-

ics and ANP for evaluating sustainable transportation policies [J]. International Journal of Systems Science: Operations & Logistics, 2020, 7 (2): 182 - 191.

[76] Shi R, Zhang J, Ru J. Impacts of power structure on supply chains with uncertain demand [J]. Production and Operations Management, 2013, 22 (5): 1232 - 1249.

[77] Singh N, Vives X. Price and quantity competition in a differentiated duopoly [J]. The RAND Journal of Economics, 1984, 15 (4): 546 - 554.

[78] Sun X, Tang W, Chen J, et al. Manufacturer encroachment with production cost reduction under asymmetric information [J]. Transportation Research Part E: Logistics and Transportation Review, 2019, 128: 191 - 211.

[79] Taleizadeh A A, Sane - Zerang E, Choi T M. The effect of marketing effort on dual - channel closed - loop supply chain systems [J]. IEEE Transactions on Systems, Man, and Cybernetics: Systems, 2016, 48 (2): 265 - 276.

[80] Tannenbaum J. Franchisees resist poaching via software, kiosks, Internet [N]. Wall Street Journal, 1995 - 10 - 30.

[81] Toyasaki F, Boyaci T, Verter V. An analysis of monopolistic and competitive take - back schemes for WEEE recycling [J]. Production and Operations Management, 2011, 20 (6): 805 - 823.

[82] Tsao Y C. Design of a carbon - efficient supply - chain network under trade credits [J]. International Journal of Systems Science: Operations & Logistics, 2015, 2 (3): 177 - 186.

[83] Tsay A A, Agrawal N. Channel conflict and coordination in the ecommerce age [J]. Production and Operations Management, 2004, 13 (1): 93 - 110.

[84] Walls M, Palmer K. Upstream pollution, downstream waste disposal,

and the design of comprehensive environmental policies [J]. Journal of Environmental Economics and Management, 2001, 41 (1): 94 – 108.

[85] Wang N, He Q, Jiang B. Hybrid closed – loop supply chains with competition in recycling and product markets [J]. International Journal of Production Economics, 2019, 217: 246 – 258.

[86] Wang W, Zhang Y, Zhang K, et al. Reward – penalty mechanism for closed – loop supply chains under responsibility – sharing and different power structures [J]. International Journal of Production Economics, 2015, 170 (12): 178 – 190.

[87] Wang Y, Niu B, Guo P. On the advantage of quantity leadership when outsourcing production to a competitive contract manufacturer [J]. Production and Operations Management, 2013, 22 (1): 104 – 119.

[88] Webb K L. Managing channels of distribution in the age of electronic commerce [J]. Industrial Marketing Management, 2002, 31 (2): 95 – 102.

[89] Wei J, Zhao J. Pricing decisions with retail competition in a fuzzy closed – loop supply chain [J]. Expert Systems with Applications, 2011, 38 (9): 11209 – 11216.

[90] Wu C H. Price and service competition between new and remanufactured products in a two – echelon supply chain [J]. International Journal of Production Economics, 2012, 140 (1): 496 – 507.

[91] Wu X, Zhou Y. The optimal reverse channel choice under supply chain competition [J]. European Journal of Operational Research, 2017, 259 (1): 63 – 66.

[92] Xia J, Niu W. Adding clicks to bricks: An analysis of supplier encroachment under service spillovers [J]. Electronic Commerce Research and Ap-

plications, 2019, 37.

[93] Xiao T J, Choi T M, Cheng T. Product variety and channel structure strategy for a retailer – Stackelberg supply chain [J]. European Journal of Operational Research, 2014, 233 (1): 114 – 124.

[94] Xie J P, Liang L, Liu L H, et al. Coordination contracts of dual – channel with cooperation advertising in closed – loop supply chains [J]. International Journal of Production Economics, 2017, 183 (1): 528 – 538.

[95] Xu G Y, Dan B, Zhang X, et al. Coordinating a dual – channel supply chain with risk – averse under a two – way revenue sharing contract [J]. International Journal of Production Economics, 2014, 147: 171 – 179.

[96] Xu J, Liu N. Research on closed loop supply chain with reference price effect [J]. Journal of Intelligent Manufacturing, 2017, 28 (1): 51 – 64.

[97] Yan W, Xiong Y, Xiong Z, et al. Bricks vs. clicks: Which is better for marketing remanufactured products? [J]. European Journal of Operational Research, 2015, 242 (2): 434 – 444.

[98] Yang H, Chen W. Retailer – driven carbon emission abatement with consumer environmental awareness and carbon tax: Revenue – sharing versus cost – sharing [J]. Omega, 2018, 78: 179 – 191.

[99] Yang H, Luo J, Zhang Q. Supplier encroachment under nonlinear pricing with imperfect substitutes: Bargaining power versus revenue – sharing [J]. European Journal of Operational Research, 2018, 267 (3): 1089 – 1101.

[100] Yi P, Huang M, Guo L, et al. Dual recycling channel decision in retailer oriented closed – loop supply chain for construction machinery remanufacturing [J]. Journal of Cleaner Production, 2016, 137: 1393 – 1405.

[101] Yoo W S, Lee E. Internet channel entry: A strategic analysis of mixed

channel structures [J]. Marketing Science, 2011, 30 (1): 29 – 41.

[102] Yoon D H. Supplier encroachment and investment spillovers [J]. Production and Operations Management, 2016, 25 (11): 1839 – 1854.

[103] Yu H S, Zeng A Z, Zhao L. Single or dual sourcing: decision – making in the presence of supply chain disruption risks [J]. Omega, 2009, 37 (4): 788 – 800.

[104] Yue X, Liu J. Demand forecast sharing in a dual – channel supply chain [J]. European Journal of Operational Research, 2006, 174 (1): 646 – 667.

[105] Zhang J, Cao Q, He X. Manufacturer encroachment with advertising [J]. Omega, 2020, 91.

[106] Zhang J, Li S, Zhang S, et al. Manufacturer encroachment with quality decision under asymmetric demand information [J]. European Journal of Operational Research, 2019, 273 (1): 217 – 236.

[107] Zhang S, Wang C, Yu C, et al. Governmental cap regulation and manufacturer's low carbon strategy in a supply chain with different power structures [J]. Computers & Industrial Engineering, 2019, 134: 27 – 36.

[108] Zheng B, Yang C, Yang J, et al. Dual – channel closed loop supply chains: Forward channel competition, power structures and coordination [J]. International Journal of Production Research, 2017, 55 (12): 3510 – 3527.

[109] Zhou Y W, Cao Z H, Zhong Y. Pricing and alliance selection for a dominant retailer with an upstream entry [J]. European Journal of Operational Research, 2015, 243 (1): 211 – 223.

[110] 王文宾, 达庆利, 聂锐. 考虑渠道权力结构的闭环供应链定价与协调 [J]. 中国管理科学, 2011, 19 (5): 29 – 36.

[111] 王文宾,达庆利.奖惩机制下竞争制造商的废旧产品回收决策模型[J].中国管理科学,2013,21(5):50-56.

[112] 王先甲,周亚平,钱桂生.生产商规模不经济的双渠道供应链协调策略选择[J].管理科学学报,2017,20(1):17-31.

[113] 卢荣花,李南.电子产品闭环供应链回收渠道选择研究[J].系统工程理论与实践,2016,36(7):1687-1695.

[114] 付小勇,朱庆华,赵铁林.基于逆向供应链间回收价格竞争的回收渠道选择策略[J].中国管理科学,2014,22(10):72-79.

[115] 包晓英,唐志英,唐小我.基于回收再制造的闭环供应链差异定价策略及协调[J].系统管理学报,2010(5):546-552.

[116] 许茂增,唐飞.基于第三方回收的双渠道闭环供应链协调机制[J].计算机集成制造系统,2013,19(8):2083-2089.

[117] 孙嘉轶,滕春贤,陈兆波.基于回收价格与销售数量的再制造闭环供应链渠道选择模型[J].系统工程理论实践,2013,33(12):3079-3086.

[118] 孙燕红,涂燚鑑,徐晓燕,等.基于顾客渠道偏好的服务竞争模型[J].管理科学,2011,24(4):62-70.

[119] 李晓静,艾兴政,唐小我,等.竞争性供应链下再制造产品的回收渠道研究[J].管理工程学报,2016,30(3):90-98.

[120] 李新然,吴义彪.以旧换再补贴对双渠道销售闭环供应链的影响[J].科研管理,2015,36(9):106-118.

[121] 张桂涛,胡劲松,孙浩,等.具有缺陷产品的双渠道闭环供应链网络均衡[J].中国管理科学,2013,21(5):68-79.

[122] 陈晓红,汪继,王傅强.消费者偏好和政府补贴下双渠道闭环供应链决策研究[J].系统工程理论与实践,2016,36(12):3111-3122.

[123] 林杰, 曹凯. 双渠道竞争环境下的闭环供应链定价模型 [J]. 系统工程理论与实践, 2014, 34 (6): 1416-1424.

[124] 易余胤, 袁江. 渠道冲突环境下的闭环供应链协调定价模型 [J]. 管理科学学报, 2012, 15 (1): 54-65.

[125] 易余胤. 具竞争零售商的再制造的闭环供应链模型研究 [J]. 管理科学学报, 2009, 12 (6): 45-54.

[126] 易余胤. 基于再制造的闭环供应链博弈模型 [J]. 系统工程理论与实践, 2009, 29 (8): 28-35.

[127] 罗美玲, 李刚, 张文杰. 双渠道供应链中双向搭便车研究 [J]. 系统管理学报, 2014, 23 (3): 314-323.

[128] 周岩, 胡劲松, 孙浩, 等. 具有模糊需求的双渠道闭环供应链网络均衡 [J]. 中国管理科学, 2012, 20 (S2): 481-490.

[129] 周建亨, 赵瑞娟. 搭便车效应影响下双渠道供应链信息披露策略 [J]. 系统工程理论与实践, 2016, 36 (11): 2839-2852.

[130] 郑本荣, 杨超, 杨珺, 等. 闭环供应链的销售渠道选择与协调策略研究 [J]. 系统工程理论与实践, 2016, 36 (5): 1180-1192.

[131] 洪宪培, 王宗军, 赵丹. 闭环供应链定价模型与回收渠道选择决策 [J]. 管理学报, 2012, 9 (12): 1848-1855.

[132] 聂佳佳, 张娜娜. 联合采购对存在强势零售商闭环供应链回收策略的影响 [J]. 系统管理学报, 2015, 24 (1): 98-106.

[133] 聂佳佳. 预测信息分享对制造商开通直销渠道的影响 [J]. 管理工程学报, 2012, 26 (2): 106-112.

[134] 聂佳佳. 零售商信息分析对闭环供应链回收模式的影响 [J]. 管理科学学报, 2013, 16 (5): 69-82.

[135] 徐兵, 吴明. 双渠道闭环供应链的三种回收模式的建模分析

[J]．数学的实践与认识，2012，42（11）：10-19．

[136] 唐秋生，任玉珑，王勇，等．需求不确定的双源双渠道闭环供应链库存优化模型[J]．预测，2011，30（4）：30-35．

[137] 黄宗盛，聂佳佳，胡培．基于微分对策的再制造闭环供应链回收渠道选择策略[J]．管理工程学报，2013，27（3）：93-102．

[138] 曹晓刚，郑本荣，闻卉．考虑顾客偏好的双渠道闭环供应链定价与协调决策[J]．中国管理科学，2015，23（6）：107-117．

[139] 韩小花．基于制造商竞争的闭环供应链回收渠道的决策分析[J]．系统工程，2010，28（5）：36-41．

[140] 缪朝炜，夏志强．基于以旧换新的闭环供应链决策模型[J]．管理科学学报，2016，19（9）：49-66．

附　录

附录 A

表 A-1　渠道需求不对称情形闭环供应链均衡解

模型 AE-MS	均衡
w^{AE-MS*}	$\dfrac{8A_1KA_4 - \Delta^2(2+4\chi+\beta(A_3+A_2\chi)) + 8A_1^2 Kc_m}{2A_1(8A_1K - A_2\Delta^2)}$
p_d^{AE-MS*}	$\dfrac{8A_1K(1+\beta\chi) - \Delta^2(5+\chi+\beta(3+5\chi+2\beta\chi)) + 8A_1^2 Kc_m}{2A_1(8A_1K - A_2\Delta^2)}$
p_r^{AE-MS*}	$\dfrac{4A_1K(2\beta+(3-\beta^2)\chi) - \Delta^2(1+5\chi+\beta(5+2\beta+3\chi)) + 4A_1^3 Kc_m}{2A_1(8A_1K - A_2\Delta^2)}$
τ^{AE-MS*}	$\dfrac{\Delta(2+\chi A_1 - A_2 cm)}{8A_1K - A_2\Delta^2}$
π_R^{AE-MS*}	$\dfrac{\overline{\beta}(4A_1Kc_m - \Delta^2\overline{\chi} - 4A_1K\chi)^2}{4A_1(8A_1K - A_2\Delta^2)^2}$

续表

模型 AE – MS	均衡
π_M^{AE-MS*}	$\dfrac{4A_1K(2+\chi(\chi+\beta(4+\beta\chi)))-4A_1^2Kc_m(2(2+\chi+\beta\chi)-A_2c_m)-\bar{\beta}\Delta^2\bar{\chi}^2}{4A_1^2(8A_1K-A_2\Delta^2)}$
模型 AE – RS	均衡
w^{AE-RS*}	$\dfrac{4A_1K((5-\beta)\Delta^2-4(3-\beta)A_1K)c_m-\Delta^4(5+3A_4+5\beta\chi)-16A_1K^2(\chi+\beta(2+\beta\chi))+4\Delta^2K(3+4\chi+\beta(8+\beta+4A_1\chi))}{8A_1B_1(2A_1K-\Delta^2)}$
p_d^{AE-RS*}	$\dfrac{4A_1K(1+\beta\chi)+4A_1^2Kcm}{4A_1(2A_1K-\Delta^2)}+$ $\dfrac{\Delta^2(\Delta^2(7+A_4+7\beta\chi)-4K(6+\chi+\beta(2+(6+\beta)\chi))-4(1-\beta^2)Kcm)}{8B_1A_1(2A_1K-\Delta^2)}$
p_r^{AE-RS*}	$\dfrac{16A_1K^2(2\beta+(3-\beta^2)\chi)+\Delta^4(1+7\chi+\beta(7+\chi))-4\Delta^2K(1+10\chi+\beta(8+3\beta+4\chi-2\beta\chi))+4A_1K(4A_1^2K-(1+3\beta)\Delta^2)c_m}{8A_1B_1(2A_1K-\Delta^2)}$
τ^{AE-RS*}	$\Delta\left(\dfrac{1+\chi-2c_m}{4A_1K-2\Delta^2}-\dfrac{\bar{\beta}(\Delta^2\bar{\chi}+4A_1K\chi-4A_1Kc_m)}{2A_1B_1(4A_1K-2\Delta^2)}\right)$
π_R^{AE-RS*}	$\dfrac{\bar{\beta}(4A_1Kc_m-\Delta^2\bar{\chi}-4A_1K\chi)^2}{16A_1^2B_1(2A_1K-\Delta^2)}$
π_M^{AE-RS*}	$\dfrac{\bar{\beta}\Delta^4\bar{\chi}^2+16A_1K^2(4+\chi(\chi+\beta(8+3\beta\chi)))-8\Delta^2K(4+\chi(\bar{\chi}-\beta(8+\beta+3\beta\chi)))-8A_1Kc_m(4A_1K(4+\chi+3\beta\chi))+\Delta^2(7+A_4+7\beta\chi)-2A_1(2\Delta^2-(5+3\beta)K)c_m}{32A_1^2B_1(2A_1K-\Delta^2)}$
模型 AE – VN	均衡
w^{AE-VN*}	$\dfrac{2A_1K(3\beta+(2+\beta^2)\chi)-\Delta^2(2+3\chi+\beta(4+(2+\beta)\chi))+2(4-\beta)A_1^2Kcm}{A_1(12A_1K-A_3\Delta^2)}$
p_d^{AE-VN*}	$\dfrac{6A_1K(1+\beta\chi)-\Delta^2(4+\chi+\beta(2+(4+\beta)\chi))+6A_1^2Kcm}{A_1(12A_1K-A_3\Delta^2)}$
p_r^{AE-VN*}	$\dfrac{2A_1K(3\beta+(4-\beta^2)\chi)-\Delta^2(1+4\chi+\beta(4+\beta+2\chi))+2A_1^2(2+\beta)Kcm}{A_1(12A_1K-A_3\Delta^2)}$

模型 AE-VN	均衡
τ^{AE-VN*}	$\dfrac{\Delta(3+(2+\beta)\chi - A_3 c_m)}{12A_1 K - A_3 \Delta^2}$
π_R^{AE-VN*}	$\dfrac{\overline{\beta}(4A_1 Kc_m - \Delta^2 \overline{\chi} - 4A_1 K\chi)^2}{A_1(12A_1 K - A_3 \Delta^2)^2}$
π_M^{AE-VN*}	$\dfrac{A_1^2 Kc_m((4A_1(13+5\beta)K - A_3^2 \Delta^2)c_m - 2L_2) - A_1 \Delta^2 KL_1 + 4A_1^2 K^2(9+\chi(4\chi+\beta(18+5\beta\chi))) - 2\overline{\beta}\Delta^4 \overline{\chi}^2}{A_1^2(12A_1 K - A_3 \Delta^2)^2}$

注: $A_1 = 1+\beta$, $A_2 = 3+\beta$, $A_3 = 5+\beta$, $A_4 = \beta+\chi$, $\overline{\chi} = 1-\chi$, $\overline{\beta} = 1-\beta$;

$B_1 = 4K - \Delta^2$, $B_2 = 6K - \Delta^2$, $B_3 = 8K - \Delta^2$;

$L_1 = 21 - 3\beta - 8\chi + 2\beta(21+\beta)\chi + (12-\beta(4-\beta(9+\beta)))\chi^2$;

$L_2 = 4A_1 K(9+4\chi+5\beta\chi) - \Delta^2(17+\beta+A_1(8+\beta)\chi)$。

附录 B

如果传统零售渠道具有更强的相对低位($\alpha_d = \chi$ ($0 < \chi < 1$), $\alpha_r = 1$),运用上标 $AE-j1$, $j \in \{MS, RS, VN\}$ 表示三种决策模型。不同模型的均衡由表 B-1 给出。

表 B-1 渠道需求不对称情形闭环供应链均衡解($\alpha_r = 1$, $\alpha_d = \chi$)

模型 AE-MS1	均衡
$w^{AE-MS1*}$	$\dfrac{4A_1 A_2 Kc_m - (A_2 \Delta^2 - 4A_1 K)(1+\beta+2\chi)}{A_2(8A_1 K - A_2 \Delta^2)}$

续表

模型 AE－MS1	均衡
$p_d^{AE-MS1*}$	$\dfrac{4A_1A_2Kc_m - (A_2\Delta^2 - 4A_1K)(1+\beta+2\chi)}{A_2(8A_1K - A_2\Delta^2)}$
$p_r^{AE-MS1*}$	$\dfrac{2A_1K(7-2\beta-\beta^2+2A_1\chi) + 2A_1^2A_2Kc_m - A_2\Delta^2(2+A_1\chi)}{A_2(8A_1K - A_2\Delta^2)}$
$\tau^{AE-MS1*}$	$\dfrac{\Delta(A_1+2\chi-A_2c_m)}{8A_1K - A_2\Delta^2}$
$\pi_R^{AE-MS1*}$	$\dfrac{\overline{\beta}(2A_1K(5+\beta-2\chi) A_2\Delta^2\overline{\chi} - 2A_1A_2Kc_m)^2}{A_1A_2^2(8A_1K - A_2\Delta^2)^2}$
$\pi_M^{AE-MS1*}$	$\dfrac{K(A_1+2\chi-A_2c_m)^2}{(3+\beta)(8A_1K - A_2\Delta^2)}$
模型 AE－RS1	均衡
$w^{AE-RS1*}$	$\dfrac{2A_1Kc_m}{4A_1K - 2\Delta^2} + \dfrac{(A_1K-\Delta^2)}{(4A_1K-2\Delta^2)}\left(1+\chi+\dfrac{\beta(\Delta^2\overline{\chi}+2A_1Kc_m - A_1K(3-\chi))}{2A_1(A_2K-\Delta^2)}\right)$
$p_d^{AE-RS1*}$	$\dfrac{2A_1Kc_m}{4A_1K - 2\Delta^2} + \dfrac{(A_1K-\Delta^2)}{(4A_1K-2\Delta^2)}\left(1+\chi+\dfrac{\overline{\beta}(\Delta^2\overline{\chi}+2A_1Kc_m - A_1K(3-\chi))}{2A_1(A_2K-\Delta^2)}\right)$
$p_r^{AE-RS1*}$	$\dfrac{\Delta^4(A_2+\chi+3\beta\chi) - 2A_1\Delta^2K(7-\beta+2\chi+4\beta\chi) + A_1^2K^2(15-7\beta+3\chi+5\beta\chi) - 2A_1K((1+3\beta)\Delta^2 - A_1(3+5\beta)K)cm}{4A_1(2A_1K-\Delta^2)(A_2K-\Delta^2)}$
$\tau^{AE-RS1*}$	$\dfrac{\Delta}{(4A_1K-2\Delta^2)}\left(1+\chi-2c_m+\dfrac{(1-\beta)(\Delta^2\overline{\chi}+2A_1Kc_m - A_1K(3-\chi))}{2A_1(A_2K-\Delta^2)}\right)$
$\pi_R^{AE-RS1*}$	$\dfrac{\overline{\beta}(A_1K(3-\chi) - \Delta^2\overline{\chi} + 2A_1Kcm)^2}{8A_1^2(2A_1K-\Delta^2)(A_2K-\Delta^2)}$
$\pi_M^{AE-RS1*}$	$\dfrac{K(\Delta^2(1+3\beta+A_2\chi) - A_1K(3+5\beta+(7+\beta)\chi) + 2A_1((5+3\beta)K - 2\Delta^2)cm)^2}{16A_1^2(2A_1K-\Delta^2)(A_2K-\Delta^2)^2}$
模型 AE－VN1	均衡
$w^{AE-VN1*}$	$\dfrac{4A_1Kc_m - (\Delta^2 - A_1K)(A_1+2\chi)}{A_1(7+\beta)K - A_2\Delta^2}$

续表

模型 AE-VN1	均衡
$p_d^{AE-VN1*}$	$\dfrac{4A_1Kc_m - (\Delta^2 - A_1K)(A_1+2\chi)}{A_1(7+\beta)K - A_2\Delta^2}$
$p_r^{AE-VN1*}$	$\dfrac{A_1K(4-\beta(2-\chi)+\chi) - \Delta^2(2+A_1\chi) + 2A_1^2Kc_m}{(7+\beta)A_1K - A_2\Delta^2}$
$\tau^{AE-VN1*}$	$\dfrac{\Delta(A_1+2\chi-A_2c_m)}{(7+\beta)A_1K - A_2\Delta^2}$
$\pi_R^{AE-VN1*}$	$\dfrac{\bar{\beta}(\Delta^2\bar{\chi} + 2A_1Kc_m - \beta K(3-\chi))^2}{A_1((7+\beta)A_1K - A_2\Delta^2)^2}$
$\pi_M^{AE-VN1*}$	$\dfrac{K(2A_1K-\Delta^2)(A_1+2\chi-A_2c_m)^2}{((7+\beta)A_1K - A_2\Delta^2)^2}$

注：$A_1=1+\beta$，$A_2=3+\beta$，$A_3=5+\beta$，$A_4=\beta+\chi$，$\bar{\chi}=1-\chi$，$\bar{\beta}=1-\beta$。